te ODIO no me abandones

La información contenida en este libro se basa en las investigaciones y experiencias personales y profesionales del autor y no debe utilizarse como sustituto de una consulta médica. Cualquier intento de diagnóstico o tratamiento deberá realizarse bajo la dirección de un profesional de la salud.
La editorial no aboga por el uso de ningún protocolo de salud en particular, pero cree que la información contenida en este libro debe estar a disposición del público. La editorial y el autor no se hacen responsables de cualquier reacción adversa o consecuencia producidas como resultado de la puesta en práctica de las sugerencias, fórmulas o procedimientos expuestos en este libro. En caso de que el lector tenga alguna pregunta relacionada con la idoneidad de alguno de los procedimientos o tratamientos mencionados, tanto el autor como la editorial recomiendan encarecidamente consultar con un profesional de la salud.

Título original: I HATE YOU – DON'T LEAVE ME: THIRD EDITION
Traducido del inglés por Elsa Gómez Belastegui
Diseño de portada: Editorial Sirio, S.A.
Maquetación: Toñi F. Castellón

Publicado originalmente por HPBooks en 1989

Edición publicada por acuerdo con TarcherPerigee, un sello de Penguin Publishing Group, una división de Penguin Random House LLC.

C/ Rosa de los Vientos, 64
Pol. Ind. El Viso
29006-Málaga
España

www.editorialsirio.com
sirio@editorialsirio.com

I.S.B.N.: 978-84-19105-28-8
Depósito Legal: MA-1329-2022

Impreso en Imagraf Impresores, S. A.
c/ Nabucco, 14 D - Pol. Alameda
29006 - Málaga

Impreso en España

Puedes seguirnos en Facebook, Twitter, YouTube e Instagram.

El papel utilizado para la impresión de este libro está **libre de cloro** elemental (ECF) y su procedencia está certificada por una entidad independiente, no gubernamental, que promueve la sostenibilidad de los bosques.

PEFC

Jerold J. Kreisman & Hal Straus

te ODIO no me abandones

COMPRENDER EL TRASTORNO LÍMITE DE LA PERSONALIDAD

Como todo lo demás,
aun así,
para Doody

Índice

Agradecimientos

El doctor Kreisman le está eternamente agradecido a su esposa, Judy, cuya tolerancia y apoyo han hecho posible este libro y todo lo demás. Queremos dar las gracias a nuestra agente, Danielle Egan-Miller, de Browne & Miller Literary Associates, y a Lauren Appleton, de Penguin Random House, por su estímulo y su apoyo a este trabajo.

Prefacio

Es muy gratificante elaborar esta tercera edición de *Te odio, no me abandones: comprender el trastorno límite de la personalidad*. Nos sentimos honrados de que nuestro libro, después de más de treinta años y de haber sido traducido a diez idiomas, continúe siendo un recurso importante en todo el mundo, tanto para el público en general como para los sectores especializados, y de que esto nos obligue a hacer una sustancial actualización.

En los diez años transcurridos desde la última revisión, ha habido importantes avances en los campos de la neurobiología, la fisiología y la genética; gracias a ellos, las teorías del desarrollo y los métodos de tratamiento son actualmente mucho más precisos. Para el público especializado, hemos conservado las fuentes de referencia clásicas y las hemos complementado, hasta el último instante, con la información y los recursos más actualizados. Para el público en general, nuevamente hemos intentado explicar conceptos científicos y teóricos complejos de un modo que resulte fácil de entender; con este propósito, hemos incluido muchos más casos clínicos y ejemplos de pacientes que ilustren dichos conceptos.

Te odio, no me abandones surgió originariamente de la frustración que sentía en su trabajo clínico el autor principal por la falta de información estructurada sobre un trastorno en gran medida desconocido para el público, y que muchos profesionales malinterpretaban por completo. Nos gustaría creer que la publicación de nuestro libro, el primero de gran difusión sobre el trastorno límite de la personalidad (TLP,) ayudó a sacar este trastorno de las sombras. En la segunda edición, veinte años después, destacábamos los numerosos estudios que se habían llevado a cabo y los nuevos métodos de tratamiento, y cómo todo ello indicaba que el trastorno límite de la personalidad no era una afección sin esperanza, sino con un pronóstico favorable. Desde entonces, se ha escrito mucho sobre el TLP. El público está considerablemente más informado sobre sus particularidades, y quienes lo padecen se han mostrado más comunicativos acerca de sus experiencias, entre ellos varias celebridades. Demi Lovato incluso utilizó el título de este libro para una de sus canciones, que muchos de sus fans interpretaron como una canción sobre alguien que batalla con el TLP.

Desgraciadamente, sin embargo, los trastornos mentales en general, y el trastorno límite de la personalidad en particular, siguen marcados por un fuerte estigma. La imagen del TLP que suelen presentar los medios de comunicación es generalmente la de personas perturbadas y temerarias, en su mayoría mujeres. Que el pronóstico de este trastorno sea optimista normalmente no se tiene en cuenta. Y, en cualquier caso, las investigaciones sobre el tema siguen siendo insuficientes, en comparación con las dedicadas a otras afecciones menos comunes. Confiamos en que esta tercera edición del libro contribuirá a que se comprendan mejor todos los trastornos mentales y a reducir la aversión hacia ellos.

Jerold J. Kreisman
Hal Straus

Nota a los lectores y lectoras

En las ediciones anteriores de este libro, pedíamos a los lectores que fueran indulgentes con nosotros por utilizar la expresión *los borderline* (*los límite*) para referirnos a quienes presentan señales del TLP, por considerarla menos pesada y fácil de manejar que una designación más precisa, como sería «los individuos que manifiestan señales y síntomas coincidentes con el diagnóstico formal del trastorno límite de la personalidad».

Durante todo este tiempo nos ha inquietado el hecho de que esa expresión abreviada reduce a la persona a una calificación estigmatizadora. En esta revisión hemos procurado evitarla, y emplear denominaciones quizá menos fluidas, como *individuo borderline* o *persona con TLP*. Al darnos cuenta de que esta última frase implica la compañía de un invitado indeseado, pensamos en utilizar en su lugar *un individuo que tiene personalidad límite*, pero incluso en este caso está implícita la custodia de una posesión no deseada. Ninguna de las denominaciones nos satisface, pero no hemos sido capaces de encontrarles un sustituto adecuado. A pesar de haber fracasado en la búsqueda de una nomenclatura más acertada, queremos expresar nuestro respeto hacia quienes sufren de TLP, nuestra empatía con quienes están a su lado y la necesidad de que todos extendamos nuestra comprensión a quienes batallan por recuperar y mantener la salud mental.

Capítulo uno

El mundo del trastorno límite de la personalidad

Todo parecía irreal. Nada era como es. Eso es lo que yo quería..., encontrarme solo conmigo mismo en otro mundo donde la verdad es incierta y la vida retrocede ante sí.

—De *Largo viaje hacia la noche*, de Eugene O'Neill*

El doctor White pensó que sería un asunto relativamente sencillo. En los cinco años que Jennifer había sido paciente suya, apenas había tenido problemas médicos. Aquellas molestias estomacales, pensó, se deberían probablemente a una gastritis, así que le recetó antiácidos. Pero cuando los dolores de estómago se agudizaron, a pesar del tratamiento y de que las pruebas rutinarias no indicaran nada fuera de lo normal, el doctor White la ingresó en el hospital.

Tras un reconocimiento médico exhaustivo, el doctor le preguntó si había algo que pudiera estar causándole una particular tensión, en casa o en el trabajo. Jennifer respondió al instante que ser gerente de personal de una gran empresa suponía una fuerte presión, pero, añadió, «una presión como la que tanta gente vive en su trabajo». Dijo también que en casa últimamente había habido más ajetreo del

* N. de la T.: Madrid: Editorial Cátedra, 2005. 5.ª edición. Edición y traducción de Ana Antón Pacheco [Título original: *Long Day's Journey into the Night*. New Haven: Gladstone, 1956].

habitual. Su marido era abogado y, como no daba abasto en el bufete, Jennifer había intentado echarle una mano a la vez que atendía a sus responsabilidades de madre. Pero dudaba mucho que nada de aquello tuviera relación con los dolores de estómago.

Cuando el doctor White indicó la conveniencia de que la viera un psiquiatra, ella al principio se resistió. Solo una vez que las molestias se convirtieron en punzadas agudas aceptó a regañadientes hablar con el doctor Gray.

Tuvieron su primer encuentro en el hospital unos días después. Cuando el doctor llegó a la habitación, Jennifer estaba en la cama, con más aspecto de niña que de mujer de veintiocho años, y la habitación no era un cubículo anónimo sino una especie de guarida personalizada. Había un animal de peluche en la cama a su lado, y otro en la mesilla de noche junto a varias fotos de su marido y su hijo. Las tarjetas de aquellos que le deseaban una pronta recuperación estaban meticulosamente dispuestas en fila sobre el alféizar de la ventana, con un adorno floral a cada lado.

Al principio Jennifer se mostró muy formal, y fue respondiendo con gran seriedad a todas las preguntas que le hacía el doctor Gray. Luego hizo alguna broma sobre que su trabajo la hubiera hecho «acabar en el psiquiatra». Cuanto más hablaba, más triste se la veía. Su voz iba siendo cada vez menos dominante y más infantil.

Contó que acababan de ascenderla en la empresa y que el nuevo puesto le exigía más; tenía nuevas responsabilidades que le creaban inseguridad. Su hijo, de cinco años, había empezado el colegio, y estar separados les estaba costando mucho a los dos. Con Allan, su marido, desde hacía un tiempo las discusiones eran constantes. Dijo que a veces se veía cambiar súbitamente de humor y que tenía problemas para dormir. Que había ido perdiendo poco a poco el apetito y estaba adelgazando. Que cada día tenía menos capacidad de concentración, menos energía y deseo sexual.

El doctor Gray le recomendó probar un tratamiento con antidepresivos, que efectivamente mejoraron los síntomas gástricos y parecieron normalizar los patrones de sueño. En unos días, Jennifer estaba lista para que le dieran el alta, y aceptó continuar la terapia en régimen ambulatorio.

En las siguientes visitas, habló más sobre su infancia. Había crecido en una ciudad pequeña, era hija de un prestigioso empresario y una mujer de la alta sociedad. Su padre, presbítero de la iglesia local, esperaba que Jennifer y sus dos hermanos mayores fueran perfectos en todo, ya que, como les recordaba continuamente, la comunidad examinaba con lupa todo lo que hacían. Pero ni el comportamiento de Jennifer ni sus notas ni lo que pensaba estaban nunca a la altura. Temía a su padre, y a la vez buscaba continuamente –en vano– su aprobación. Su madre tenía una actitud pasiva y distante, pero los dos juntos pasaban revista a las amigas y amigos de Jennifer y a menudo los consideraban inaceptables; como consecuencia, tenía pocas amigas y menos citas con chicos aún.

Le habló al doctor Gray de sus emociones cambiantes y de cómo la montaña rusa emocional se hizo aún más extrema al entrar en la universidad. Hasta entonces no había probado el alcohol, y empezó a beber, a veces en exceso. Sin previo aviso, se sentía en un momento sola y deprimida y un instante después exultante de felicidad y amor. En ocasiones tenía explosiones de rabia contra sus amigos, arrebatos de ira que de niña y de adolescente había logrado reprimir.

Fue más o menos por aquella época cuando empezó a deleitarse con la atención que le prestaban los chicos, algo que antes había evitado de plano. Pero aunque le gustaba que la desearan, siempre sentía que los estaba engañando, que no era de verdad quienes ellos creían. Así que poco después de empezar a salir con un chico, saboteaba la relación convirtiendo cualquier incidente en motivo de discordia.

Allan estaba a punto de terminar la carrera de Derecho cuando lo conoció y, desde el principio, demostró su firme deseo de estar con ella; se negaba a desistir cada vez que Jennifer intentaba retirarse. A Allan le gustaba elegirle la ropa y aconsejarla sobre cómo caminar, cómo hablar y cómo alimentarse. Insistió en que empezara a acompañarlo al gimnasio al que iba con regularidad, a hacer ejercicio con él.

«Allan me dio una identidad», explicó Jennifer. Le había explicado cómo relacionarse con los socios del despacho de abogados y con los clientes, cuándo ser agresiva y cuándo recatada. Y ella fue creándose una «compañía de actrices», personajes a los que podía llamar a escena según lo requiriera la ocasión.

Se casaron, por insistencia de Allan, antes de que Jennifer terminara su primer año de carrera. Dejó los estudios y empezó a trabajar como recepcionista, pero su jefe, al darse cuenta de que era una chica inteligente, la fue ascendiendo a puestos de más responsabilidad.

En casa, sin embargo, el ambiente se empezó a enrarecer. A Allan, el trabajo y la pasión por el culturismo le hacían pasar buena parte del día fuera de casa, y para Jennifer era insoportable. A veces iniciaba una discusión por cualquier motivo solo para retenerlo en casa un rato más. Con frecuencia lo provocaba para que le pegara, y después lo invitaba a que le hiciera el amor.

Jennifer apenas tenía amigos. Despreciaba un poco a las mujeres, que le parecían todas chismosas y anodinas. Confiaba en que el nacimiento de su hijo, Scott, al cabo de dos años de matrimonio le proporcionaría la compañía que le faltaba. Se decía que su hijo siempre la querría y que siempre podría contar con él. Pero atender a todas las necesidades de un recién nacido en la práctica la superó, y pronto decidió reincorporarse al trabajo.

A pesar de los ascensos y de los frecuentes elogios que recibía en la oficina, seguía sintiéndose insegura, sentía que era «una impostora». Tuvo una aventura con un compañero de trabajo casi cuarenta años mayor que ella.

«Normalmente soy una mujer cabal –le dijo al doctor Gray–. Pero hay otro lado de mí que a veces toma las riendas y me controla. Soy una buena madre, pero ese otro lado me convierte en una puta, ¡me obliga a hacer locuras!».

Jennifer seguía ridiculizándose a sí misma sin piedad, sobre todo cuando estaba sola; en los momentos de soledad, se sentía abandonada y se decía que no podía ser de otra manera, puesto que era un ser despreciable. La ansiedad amenazaba entonces con apoderarse de ella si no encontraba algún escape. A veces se daba entonces un atracón de comida; un día se comió el bol entero de masa que había preparado para hacer galletas. Se pasaba horas mirando fotos de su hijo y de su marido, intentando «mantenerlos vivos en el cerebro».

El aspecto físico de Jennifer cambiaba radicalmente de una sesión de terapia a otra. Si llegaba directamente del trabajo, iba vestida con un traje de ejecutiva que le daba un aire de madurez y sofisticación. Pero en sus días libres, se presentaba en pantalones cortos y calcetines hasta debajo de las rodillas, con el pelo recogido en dos trenzas; en estas citas se comportaba como una niña pequeña, hablaba con voz aguda y utilizaba un vocabulario más reducido.

A veces se transformaba delante mismo del doctor Gray. Un instante se mostraba perspicaz e inteligente y trataba seriamente de comprenderse mejor a sí misma, y de repente se convertía en una niña coqueta y seductora que se declaraba incapaz de funcionar en el mundo de los adultos. Podía ser encantadora y obsequiosa, o manipuladora y hostil. Podía levantarse y salir furiosa de una sesión jurando no volver jamás, y en la siguiente sesión encogerse, con miedo a que el doctor Gray se negara a volver a recibirla.

Jennifer se sentía realmente como una niña vestida con armadura de adulta. Que los adultos la trataran con respeto la dejaba perpleja; estaba convencida de que en cualquier momento verían lo que se escondía debajo del disfraz, se revelaría su realidad de reina desnuda. Necesitaba a alguien que la quisiera y la protegiera del mundo. Buscaba desesperadamente la comunicación íntima, pero en cuanto alguien se acercaba demasiado, huía.

Jennifer sufre de trastorno límite de la personalidad (TLP). No es la única. Los estudios estiman que al menos diecinueve millones de estadounidenses (entre el tres y el seis por ciento de la población) presentan síntomas fundamentales del TLP, y muchos estudios hacen pensar que esta cifra se queda muy corta.[1, 2] Aproximadamente el diez por ciento de los pacientes que acuden a las consultas externas de psiquiatría y el veinte por ciento de los pacientes ingresados (y entre el quince y el veinticinco por ciento del total de pacientes que reciben algún tipo de atención psiquiátrica) tienen un diagnóstico de TLP. Es uno de los trastornos de la personalidad más comunes.[3, 4]

Sin embargo, a pesar de su prevalencia, el TLP sigue siendo relativamente desconocido para el público en general. Si preguntamos a cualquiera por la calle qué sabe sobre la ansiedad, la depresión o el alcoholismo, probablemente sea capaz de hacer una descripción esquemática, si no técnicamente precisa, de esas afecciones. Si le pedimos que defina lo que es el trastorno límite de la personalidad, posiblemente no sepa ni de qué le estamos hablando. La respuesta, en cambio, será muy distinta si le preguntamos por este trastorno a cualquier especialista en salud mental con un poco de experiencia. Primero lo oiremos suspirar profundamente, luego exclamará que, de todos sus pacientes psiquiátricos, aquellos con trastorno límite de la personalidad son los más difíciles, a los que más teme, a los que más conviene evitar; más que a los que sufren de esquizofrenia, alcoholismo o dependencia de sustancias; más que a cualquier otro paciente. Durante décadas, el TLP ha sido como una sombra acechante, el «tercer mundo», por así decirlo, de los trastornos mentales: impreciso, muy extendido y vagamente amenazante.

Que el público mayoritario tenga tan poco conocimiento sobre el TLP se debe en parte a que su diagnóstico es todavía relativamente nuevo. Durante años, la expresión *trastorno límite* se utilizó como categoría general en la que encuadrar a aquellos pacientes que no se ajustaban a los diagnósticos definidos para otras afecciones mentales. Las personas a las que se consideraba «límite» (*borderline*) estaban aparentemente más enfermas que los pacientes neuróticos (que experimentan una ansiedad aguda derivada de un conflicto emocional), pero menos que los pacientes psicóticos (a los que, debido a su distanciamiento de la realidad, les es imposible funcionar con normalidad).

El TLP coexiste y limita a veces con otras afecciones mentales como depresión, ansiedad, esquizofrenia, alcoholismo, dependencia de sustancias psicoactivas (incluida la nicotina), trastornos bipolar (maníaco-depresivo), de somatización (hipocondría), de identidad disociativo (personalidad múltiple), por déficit de atención con hiperactividad (TDAH), por estrés postraumático (TEPT), de la conducta alimentaria, obsesivo-compulsivo, fobias, histeria, sociopatía y otros trastornos de la personalidad.

Aunque el término *borderline* se acuñó en la década de 1930, el trastorno en sí no se definió con claridad hasta los años setenta del pasado siglo. Durante todo ese tiempo, los psiquiatras no conseguían ponerse de acuerdo en si el TLP era un trastorno en sí mismo, independiente, y mucho menos en los síntomas concretos que debían manifestarse para poder diagnosticarlo.

Pero a medida que fueron siendo cada vez más las personas que acudían a un terapeuta a causa de un mismo conjunto de problemas, los parámetros de este trastorno empezaron a tomar forma y estructura precisas. En 1980, la Asociación Estadounidense de Psiquiatría definió por primera vez el diagnóstico del trastorno límite de la personalidad en la tercera edición del *Manual diagnóstico y estadístico de los trastornos mentales* (*DSM-III*), la «biblia» diagnóstica de la profesión psiquiátrica. Desde entonces, se han hecho dos revisiones más de este manual; la más reciente, el *DSM-5*, se publicó en 2013 (en 2014 la versión en castellano). Aunque varias escuelas de psiquiatría siguen debatiendo las causas y la naturaleza exactas del TLP y cómo tratarlo, el trastorno se ha reconocido oficialmente como un importante problema de salud mental en Estados Unidos. De hecho, los pacientes con TLP hacen uso de los servicios de salud mental en un porcentaje mayor que aquellos a los que se les ha diagnosticado cualquier otro trastorno, prácticamente.[5,6] Además, los estudios han constatado que alrededor del noventa por ciento de los pacientes a los que se les ha diagnosticado TLP comparten al menos otro diagnóstico psiquiátrico de importancia.[7, 8] Por otra parte, el TLP suele estar conectado con afecciones médicas notables, especialmente en las mujeres, como dolores de cabeza y otro tipo de dolencias de carácter crónico, artritis y enfermedades de los sistemas cardiovascular, gastrointestinal, urinario, pulmonar, hepático, inmunitario y oncológico. [9, 10, 11, 12, 13, 14, 15] En 2008, la Cámara de Representantes de Estados Unidos designó el mes de mayo como el Mes de la Concienciación sobre el Trastorno Límite de la Personalidad. Sin embargo, lamentablemente, la actual investigación del TLP patrocinada por el Gobierno es mínima en comparación con la de otras afecciones mentales menos comunes, como la esquizofrenia o el trastorno bipolar.

En muchos sentidos, el trastorno límite de la personalidad ha sido para la psiquiatría lo que un virus para la medicina general: una denominación imprecisa para una enfermedad vaga pero perniciosa, frustrante de tratar, difícil de definir e imposible de explicar adecuadamente al paciente.

Fronteras demográficas

De las personas con las que nos relacionamos a diario, ¿quiénes sufren TLP?

Se llama Carlotta, tu amiga desde los tiempos del colegio. Un día, por un pequeño desaire, te acusa de haberla traicionado y te dice que en realidad nunca has sido su amiga. Semanas o meses más tarde, te vuelve a llamar, simpática y habladora, como si no hubiera pasado nada.

Se llama Bob, uno de tus jefes. Un día, Bob te colma de elogios por tu eficiencia en una tarea de lo más común; otro, te reprende por un error sin importancia. Unas veces es reservado y distante; otras, se convierte inesperada y alborotadamente en «un colega más».

Se llama Arlene, la novia de tu hijo. Una semana es la viva imagen de la elegancia y la sofisticación; la siguiente es una punk de la cabeza a los pies. Una noche rompe con tu hijo, y unas horas más tarde vuelve, prometiéndole devoción eterna.

Se llama Brett, tu vecino de al lado. Incapaz de enfrentarse al desmoronamiento de su matrimonio, en un momento niega la infidelidad de su esposa, más que obvia, y en el siguiente asume toda la culpa. Se aferra desesperadamente a su familia, y pasa continuamente de la culpa y el autodesprecio a los ataques furibundos contra su mujer y sus hijos, que tan «injustamente» lo han acusado.

Si las personas que hay detrás de estos breves perfiles parecen incoherentes, no deberíamos sorprendernos, ya que la incoherencia es el rasgo distintivo del TLP. Incapaces de tolerar la paradoja, quienes sufren de trastorno límite de la personalidad son paradojas andantes, pura contradicción. Su inconstancia es justamente una de las principales razones por las que a los profesionales de la salud mental les ha resultado tan difícil definir un conjunto invariable de criterios para diagnosticar este trastorno.

Y si este perfil te resulta más que conocido, tampoco deberías sorprenderte. Hay muchas probabilidades de que tengas un cónyuge, pariente, amigo cercano o compañero de trabajo que sufra de TLP. Quizá no te resulte del todo desconocido este trastorno o quizá reconozcas en ti algunas de sus características.

Pese a lo difícil que es precisar las cifras, los profesionales de la salud mental coinciden generalmente en que el número de individuos afectados por el trastorno límite de la personalidad está creciendo, y a ritmo rápido; aunque también hay quien afirma que es el conocimiento que tienen los terapeutas de su existencia lo que va en aumento, y no el número de pacientes.

¿Es realmente una «plaga» moderna el TLP, o solo es nueva su denominación diagnóstica? Lo cierto, en cualquiera de los casos, es que este trastorno nos ha permitido comprender más a fondo las bases psicológicas de diversas afecciones relacionadas con él. Numerosos estudios han asociado el TLP con la anorexia, la bulimia, la drogodependencia, el trastorno por déficit de atención con hiperactividad (TDAH) y el suicidio entre los adolescentes, que han aumentado todos ellos de manera alarmante en la última década. Algunos estudios han encontrado la sintomatología completa del TLP en casi el cincuenta por ciento de los pacientes ingresados por trastornos de la conducta alimentaria en un determinado centro.[16] Otros estudios han descubierto que más del cincuenta por ciento de quienes tienen una dependencia de sustancias psicoactivas muestran asimismo los síntomas propios de este trastorno.

Las tendencias autodestructivas o suicidas son muy comunes entre quienes sufren de TLP; de hecho, son uno de los criterios definitorios del trastorno. Hasta un setenta por ciento de estos pacientes intentan suicidarse, y la incidencia de suicidios consumados es de entre el ocho y el diez por ciento, e incluso más alta en el caso de los adolescentes. Un historial de tentativas de suicidio previas, una vida familiar caótica y la falta de sistemas de apoyo aumentan las probabilidades de que se consume. Y el riesgo se multiplica aún más entre quienes padecen, además de TLP, trastornos depresivos o maníaco-depresivos (bipolares), alcoholismo o drogodependencia.[17, 18]

Cómo diagnostican los psiquiatras los trastornos mentales

Antes de 1980, el DSM-I y el DSM-II hacían una descripción muy general de las «enfermedades psiquiátricas». Sin embargo, a partir del DSM-III los trastornos psiquiátricos se han definido basándose en paradigmas estructurados y categóricos; es decir, se indican diversos síntomas que apuntan a un diagnóstico en particular, y, cuando los síntomas de un individuo se corresponden con cierto número de criterios, se considera que cumple los requisitos categóricos para dicho diagnóstico. Curiosamente, en las cuatro revisiones del DSM realizadas desde 1980, los ajustes que se han hecho a los criterios que definen el TLP han sido mínimos. Como pronto veremos, son nueve los criterios asociados con el TLP, y se considera que el diagnóstico es el acertado si los síntomas de un individuo se corresponden con cinco o más de los nueve.

El paradigma categórico de este trastorno ha suscitado controversia entre los psiquiatras, especialmente en lo que respecta al diagnóstico de los trastornos de la personalidad. A diferencia de la mayoría de las afecciones psiquiátricas, este paradigma sostiene que los trastornos de la personalidad se desarrollan en la juventud y son de larga duración; sus rasgos tienden a persistir y, si cambian, es solo al cabo del tiempo, muy poco a poco. En contraposición con esto, atendiendo al mismo sistema categórico de definiciones, el diagnóstico puede cambiar abrupta y engañosamente en cualquier momento: en el caso del TLP, si un paciente que cumplía cinco criterios característicos del trastorno deja de mostrar uno solo de ellos, en teoría se considera que está curado. Y una «curación» así de precipitada es a todas luces incoherente con el concepto de personalidad.

Por esta y otras razones, algunos investigadores y profesionales clínicos han planteado la necesidad de ajustar el DSM a un enfoque *dimensional* del diagnóstico. El nuevo modelo trataría de determinar lo que podrían llamarse «grados de TLP», ya que es evidente que algunos individuos afectados por este trastorno tienen un funcionamiento personal y social de más alto nivel que otros. Los autores de este libro sugerimos que, en lugar de concluir que alguien tiene o no tiene TLP, debería reconocerse el trastorno en sí a lo largo de un espectro. Este enfoque concedería un grado de importancia diferente a los criterios que lo definen, dependiendo de cuáles sean los que las investigaciones demuestren que son más decisivos y duraderos. Con este tipo de método se podría desarrollar un prototipo representativo «puro» del trastorno límite de la personalidad que permitiría evaluar al paciente en función de su grado de coincidencia con la descripción. Se podría utilizar un enfoque dimensional para medir las limitaciones funcionales, y determinar de este modo si un paciente con TLP tiene mayor o menor capacidad de funcionamiento observando su habilidad para realizar tareas cotidianas. Además, se emplearían otros métodos para medir rasgos particulares como la impulsividad, la necesidad de novedades, la dependencia de una recompensa, la evitación de lo doloroso o la neurosis (que comprende características como vulnerabilidad al estrés, escaso control de los impulsos, ansiedad, variabilidad del estado de ánimo, etc.) que se han asociado con el TLP.[19, 20, 21] Con adaptaciones como estas, tal vez sería posible medir con mayor precisión los cambios y los grados de mejoría, en lugar de simplemente determinar la presencia o ausencia del trastorno en un individuo.

Para entender la diferencia entre estos dos enfoques definitorios, piensa en la forma en que percibimos el «género». La determinación de si una persona es hombre o mujer es una definición *categórica*, basada en factores físicos, genéticos y hormonales objetivos. Las designaciones de masculinidad o feminidad, sin embargo, son conceptos *dimensionales*, en los que influyen criterios personales, culturales y de otra índole menos objetivos en conjunto. En el apéndice A se describen los modelos tridimensionales que ya se han propuesto y que en estos momentos se están perfeccionando: el Modelo Alternativo de Diagnóstico de Trastornos de la Personalidad que propone en el DSM-5 la Asociación Estadounidense de Psiquiatría (AMPD, por sus siglas en inglés), la Clasificación Internacional de las Enfermedades (CIE-11) de la Organización Mundial de la Salud y los Criterios de Dominio de Investigación (RDoC) del Instituto Nacional de Salud Mental de Estados Unidos. Es probable que las futuras ediciones del DSM incorporen indicaciones dimensionales para el diagnóstico.

El diagnóstico de TLP

El DSM-5 establece categóricamente nueve criterios propios del TLP, cinco de los cuales deben estar presentes para poder diagnosticarlo.[22] Salvo por alguna pequeña modificación, las características formales que definen el TLP se han mantenido inamovibles durante más de cuarenta años. A primera vista, es posible que los criterios parezcan inconexos o relacionados entre sí solo a nivel periférico. Cuando se examinan con detalle, sin embargo, se ve que los nueve están intrínsecamente conectados e interactúan uno con otro, de tal modo que un criterio provoca la activación de otro como los pistones de un motor de combustión.

Estos nueve criterios pueden sintetizarse como sigue (todos ellos se explican con detalle en el capítulo dos):

1. Esfuerzos desesperados por impedir el abandono, real o imaginario.
2. Relaciones interpersonales inestables e intensas.
3. Falta de un sentido de identidad claro.
4. Impulsividad en conductas potencialmente autolesivas, como abuso de sustancias psicoactivas, conducta sexual compulsiva, robo en establecimientos, conducción temeraria o ingesta descontrolada de alimentos.
5. Autolesiones, amenazas o tentativas de suicidio recurrentes.
6. Cambios drásticos de humor y reactividad extrema al estrés provocado por ciertas situaciones.
7. Sentimiento constante de vacío.
8. Manifestaciones frecuentes e injustificadas de ira.
9. Paranoia o sensaciones de irrealidad transitorias derivadas del estrés.

Los nueve criterios de esta constelación pueden agruparse en cuatro áreas principales a las que suele ir dirigido el tratamiento:

1. Inestabilidad emocional (criterios 1, 6, 7 y 8).
2. Impulsividad y comportamiento incontrolado peligroso (criterios 4 y 5).
3. Psicopatología interpersonal (criterios 2 y 3).
4. Distorsiones del pensamiento y la percepción (criterio 9).

Hemofilia emocional

Bajo la nomenclatura clínica, yace la angustia que experimentan los individuos *borderline* y sus seres queridos. Para la persona con TLP, gran parte de la vida es una incesante montaña rusa emocional; para quienes viven con ella, la quieren o la tratan, el viaje puede ser igualmente extremo, desesperado y frustrante.

Jennifer y millones de personas más que sufren de TLP sienten la provocación incontrolable de descargar su ira contra aquellos a quienes más quieren. Se sienten impotentes y vacías, con una identidad escindida por tajantes contradicciones emocionales.

Los cambios de humor se producen de forma súbita y explosiva, y lanzan a la persona desde la cima de la alegría hasta las profundidades de la depresión. En un momento está furiosa, en el siguiente en calma, sin tener normalmente demasiada idea de qué fue lo que la hizo explotar así. Y esa incapacidad para comprender los orígenes del episodio le provoca entonces más odio hacia sí misma y la sume en la depresión.

El individuo con TLP sufre una especie de «hemofilia emocional»: carece del mecanismo de coagulación necesario para moderar sus rachas de sentimiento. Si se «pincha» una pasión, si se «corta» un sentimiento en la delicada «piel» de una personalidad límite, se desangrará emocionalmente sin remedio. La persona con TLP no sabe lo que es un estado duradero de satisfacción. El vacío constante la consume hasta que la desesperación la obliga a hacer cualquier cosa para escapar. Cuando los momentos bajos se apoderan de ella, es propensa a cometer impulsivamente los más diversos actos autodestructivos: abuso de drogas y alcohol, ingesta incontrolada de comida, ayunos anoréxicos, purgas bulímicas, incursiones en el juego, compras compulsivas, promiscuidad sexual y autolesiones. Puede intentar suicidarse, a menudo no con la intención de morir sino de sentir *algo*, de confirmar que está viva.

«Odio cómo me siento –confiesa un paciente de TLP–. Cuando pienso en el suicidio, me resulta muy tentador, muy atractivo. A veces es lo único con lo que me identifico. Es difícil no querer hacerme daño. Es como si pensara que, autolesionándome, el miedo y el dolor desaparecerán».

Un aspecto clave de este trastorno es la falta de un sentido central de identidad. Cuando las personas con TLP se describen a sí mismas, lo habitual es que el autorretrato que pinten sea confuso o contradictorio, a diferencia de quienes sufren otros trastornos mentales, que generalmente tienen un sentido mucho más definido de quiénes son. Y para superar esa imagen borrosa y principalmente negativa que tienen de sí mismos, los individuos con TLP, como si fueran actores y actrices, buscan constantemente «buenos papeles», «personajes» completos que habitar para llenar su vacío de identidad. De modo que suelen adaptarse como camaleones al entorno, a la situación o a los compañeros de cada momento, igual que el protagonista de la película *Zelig*, de Woody Allen, que literalmente adopta la personalidad, la identidad y el aspecto de aquellos con quienes está.

Para quien sufre TLP, el atractivo que tienen las experiencias extáticas, ya sea a través del sexo, las drogas u otros medios, es a veces irresistible. En estado de éxtasis, puede retornar a un mundo primigenio donde el yo y el mundo exterior se funden, una especie de segunda infancia. Así, en los períodos de intensa soledad y vacío, recurrirá a las drogas, el alcohol o prácticas sexuales poco convencionales (con una o varias parejas) y se sumirá en ellos a veces durante días. Es como si, cuando la angustia por no encontrar una identidad definida se vuelve intolerable, hubiera dos posibles soluciones: o perder la identidad por completo o conseguir algo semejante a una identidad a través del dolor o el embotamiento.

La historia familiar del individuo con TLP suele estar marcada por el alcoholismo, la depresión y los trastornos emocionales. Con frecuencia, su infancia fue un desolado campo de batalla, y hoy lleva las cicatrices que dejaron en él la indiferencia o el rechazo por parte de sus padres, o su ausencia tal vez, las privaciones emocionales o el continuo maltrato. La mayoría de los estudios han descubierto un pasado de graves maltratos psicológicos o físicos, o abusos sexuales en muchos de estos individuos. De hecho, es el haber presenciado escenas de violencia doméstica y tener una historia de malos tratos, abandono o humillaciones por parte de los padres o tutores lo que diferencia a los pacientes con trastorno límite de la personalidad de otros pacientes psiquiátricos.[23, 24] Los pacientes con TLP son más vulnerables a desarrollar además enfermedades fisiológicas y a manifestar alteraciones de los procesos hormonales, inflamatorios, genéticos y otros procesos neurobiológicos.[25] Un estudio de mujeres embarazadas que habían sufrido serias adversidades durante la infancia examinó los patrones cromosómicos de sus descendientes. Había una correlación directa entre la gravedad de los malos tratos sufridos por la madre en su infancia y el grado de acortamiento de los telómeros del bebé (los telómeros son los capuchones protectores de los extremos de los cromosomas), que se asoció también con un aumento de los problemas de comportamiento a los dieciocho meses de vida.[26]

La naturaleza inestable de las relaciones de infancia se extiende luego a la adolescencia y a la edad adulta, y hace que las relaciones románticas tengan de fondo una intensa carga y duren generalmente poco. El individuo con TLP puede obsesionarse un día con cierta persona hasta conseguir su atención, y mandarla a paseo al siguiente. Y las relaciones sentimentales más largas –que suelen medirse en semanas o meses, en lugar de años– están normalmente llenas de turbulencia e ira, asombro y emoción. Todo ello puede tener que ver con la hipersensibilidad al contacto físico y la preferencia por guardar las distancias interpersonales que los estudios han descubierto en aquellos individuos que tienen una historia infantil de malos tratos.[27]

Escisión: el mundo en blanco y negro del individuo con TLP

El mundo del adulto *borderline*, igual que el mundo de nuestra infancia, está dividido en héroes y villanos. Como la niña o el niño que emocionalmente es, el individuo no puede tolerar las incongruencias y ambigüedades humanas; no es capaz de conciliar las buenas y malas cualidades de alguien y de tener una comprensión constante y coherente de esa persona. Según el momento, esa persona es «buena» o «mala»; no hay término medio, no hay zona gris. Al individuo con TLP le resulta muy difícil, si no imposible, captar los matices y las tonalidades. A amantes y compañeros, la madre y el padre, los hermanos, los amigos y el psicoterapeuta, un día los idolatra y al día siguiente los rechaza porque no son quienes él creía.

Cuando aquel a quien ha idealizado finalmente lo decepciona (como inevitablemente ha de ocurrir, más tarde o más temprano), el individuo con TLP se ve obligado a reestructurar drásticamente su meticulosa e inflexible conceptualización. Entonces, o el ídolo es desterrado a las mazmorras o es el propio individuo el que se destierra para preservar intacta la imagen «absolutamente buena» de aquel a quien idealizó.

Este tipo de comportamiento, denominado «escisión» (*splitting*), es el principal mecanismo de defensa empleado en el TLP. Definida técnicamente, la escisión es la separación rigurosa entre los pensamientos y sentimientos positivos y los negativos sobre uno mismo y los demás, es decir, la incapacidad para aglutinar unos y otros. La mayoría somos capaces de experimentar ambivalencia, de albergar conscientemente dos sentimientos contradictorios a la vez; quienes sufren de TLP se caracterizan por pasar de un sentimiento al otro intermitentemente y perder por completo la noción del estado emocional contrario mientras están inmersos en uno o en otro.

La escisión crea una escotilla por la que escapar de la ansiedad: habitualmente, quien sufre de TLP percibe a su pareja o a un amigo íntimo (llamémoslo «Joe») como si se tratara de dos personas distintas en unos y otros momentos. Un día admira sin reservas a «Joe el intachable», pues solo percibe su absoluta bondad; Joe no tiene ningún defecto: aparece a sus ojos purgado de imperfecciones, que han ido a parar todas a «Joe el malo». Al día siguiente, se siente en su derecho de despreciar sin miramientos a «Joe el malo» y a lanzarle su ira, puesto que ahora sus buenas cualidades no existen; lo único que ahora merece Joe son sus gritos iracundos.

Aunque la persona con TLP utiliza inconscientemente este mecanismo de escisión como escudo, para proteger su experiencia de un aluvión de sentimientos e imágenes contradictorios –y protegerse de la ansiedad que le provocaría intentar conciliarlos–, paradójicamente suele conseguir con él exactamente lo contrario: que las grietas en el tejido de su personalidad se conviertan en profundos desgarrones, y que el sentido de su propia identidad y de la identidad de los demás cambie aún más drásticamente y con más frecuencia.

Relaciones tormentosas

Pese a sentirse continuamente víctima de los demás, el individuo con TLP busca desesperadamente nuevas relaciones, ya que la soledad, incluso aunque solo sea temporal, le resulta más intolerable que el maltrato. Para escapar de ella, se lanzará a los bares de solteros, a los sitios web de citas, a los brazos de la persona a la que acaba de conocer, al lugar –sea cual sea– donde pueda encontrar a alguien que lo salve del tormento de sus propios pensamientos. Vive constantemente a la caza de Mr. Goodbar* o la chica buena de Tinder.

En su incesante búsqueda de un papel estructurado en la vida, esta persona suele sentirse atraída –y atrae hacia ella– a individuos con rasgos de personalidad complementarios a los suyos. Al marido de Jennifer, por ejemplo, de personalidad dominante y narcisista, le costó poco asignarle un papel de mujer bien definido. Fue capaz de darle una identidad, aunque esa identidad llevara implícita la sumisión y el maltrato.

De todos modos, las relaciones de la persona que sufre de TLP suelen desintegrarse rápidamente. Para mantener una relación íntima o cercana con ella, es necesario comprender el trastorno y estar dispuesto a andar por una larga y peligrosa cuerda floja: la proximidad excesiva la asfixia; guardar cierta distancia o dejarla sola, aunque

* N. de la T.: Los autores hacen referencia a *Buscando a Mr. Goodbar*, una película estadounidense de 1977, escrita y dirigida por Richard Brooks y basada en una la novela de Judith Rossner. Su protagonista, Theresa, decide independizarse de su ultratradicional y asfixiante familia. Comienza entonces una doble vida: compasiva profesora de niños sordos durante el día y mujer que busca toda clase de placeres nocturnos por los tugurios de la ciudad, en busca de su hombre ideal, al que ha puesto incluso un nombre, Mr. Goodbar (haciendo un juego con good, 'bueno', y bar)..

sea por muy poco tiempo, le recuerda la sensación de abandono que vivió en la niñez. Lo mismo en un caso que en el otro, su reacción será desmedida.

El individuo con TLP es una especie de explorador, un explorador emocional que solo dispone de un mapa muy esquemático de las relaciones humanas; le resulta extremadamente difícil calcular la distancia mental y emocional óptima que debe mantener con los demás, en especial con aquellos con quienes establece una relación íntima. Y para compensar su desconocimiento, va continuamente de un extremo al otro, de la dependencia feroz a la manipulación indignada, de la gratitud torrencial a los ataques de ira completamente infundados. Teme que lo abandonen, y se aferra con fiereza; teme que lo absorban y anulen, y se aleja, haciendo uso de la fuerza si es necesario. Tiene un intenso anhelo de intimidad y al mismo tiempo la intimidad le aterra. Y así, acaba repeliendo a aquellos con los que más quiere conectar.

Los problemas en el trabajo

Aunque las personas con TLP puedan tener serias dificultades para desenvolverse en su vida personal, muchas son capaces de funcionar espléndidamente en el trabajo, sobre todo si es un trabajo con una estructura clara, definido con precisión y que les sirve de apoyo. Algunas trabajan con gran eficacia durante un largo período de tiempo pero luego, de repente, por una modificación en la estructura del trabajo o un cambio drástico en su vida personal, o simplemente por aburrimiento y ganas de cambio, abandonan el puesto bruscamente, o lo sabotean, y pasan a la siguiente oportunidad laboral. Muchas se quejan con frecuencia de uno u otro achaque, o de dolencias de poca importancia que acaban haciéndose crónicas, lo que las hace tener que ir continuamente al médico y estar de baja largas temporadas.[28]

El mundo laboral puede ser para ellas un santuario frente a la anarquía de sus relaciones sociales, y por eso suelen funcionar mejor en entornos laborales muy estructurados. También las profesiones de asistencia a los demás –la medicina, la enfermería, el clero, el asesoramiento– les resultan atractivas a muchos individuos con TLP, que se esforzarán por ejercer en ellas el poder o el control que no son capaces de tener en las relaciones sociales. Y lo que es aún más importante, tal vez desempeñando esas funciones puedan proporcionar a los demás –y recibir su reconocimiento por ello– la atención y los cuidados que anhelan en su vida. Por otra parte, las personas *borderline* son a menudo muy inteligentes y tienen asombrosas aptitudes artísticas. Gracias a su facilidad para acceder a las emociones intensas, pueden ser muy creativas y triunfar en su profesión.

En cambio, un trabajo poco estructurado o muy competitivo, o tener un supervisor demasiado crítico, puede activar en estas personas la hipersensibilidad al rechazo, al que son tan susceptibles, y desatar su ira descontrolada. Entonces puede ser tan letal el efecto de sus intempestivos arrebatos de furia que destruya literalmente su carrera profesional.

¿Un «trastorno de las mujeres»?

Hasta hace poco, los estudios parecían indicar que el número de mujeres con TLP era hasta tres o cuatro veces mayor que el de hombres. Sin embargo, varios estudios epidemiológicos recientes confirman que la prevalencia es similar en ambos sexos, aunque las mujeres sean las que con más frecuencia se ponen en tratamiento, y también que la gravedad de los síntomas y la discapacidad son mayores en ellas. Estos factores podrían explicar por qué las mujeres han tenido una representación más alta que los hombres en los ensayos clínicos. Pero tal vez haya otros factores que contribuyen a dar la impresión de que el TLP es un «trastorno de las mujeres».

Algunos críticos piensan que existe cierta tendenciosidad clínica a la hora de diagnosticar el trastorno límite de la personalidad. Primero, es posible que los psicoterapeutas consideren de entrada que los problemas de identidad e impulsividad son más «normales» en los hombres, y, como consecuencia, tiendan a no contemplar siquiera el diagnóstico de TLP en muchos de los casos. Segundo, si un comportamiento destructivo por parte de la mujer posiblemente se achaque a una disfunción emocional, un comportamiento similar por parte del hombre posiblemente se perciba como una reacción antisocial. Si en esa situación podría recomendarse tratamiento psicológico o psiquiátrico para la mujer, la decisión sobre el comportamiento destructivo del hombre tal vez recaería en el sistema de justicia penal, que quizá no emitiría el diagnóstico acertado.

El TLP en los diferentes grupos de edad

Muchos de los síntomas característicos del TLP –impulsividad, relaciones tumultuosas, sentido confuso de la identidad, inestabilidad emocional– son importantes obstáculos en el desarrollo de cualquier adolescente. De hecho, establecer una identidad definida es lo que principalmente buscan tanto el adolescente como el adulto afectado por el TLP. No es de extrañar, por tanto, que sea entre la adolescencia y el comienzo de la edad adulta cuando con más frecuencia se diagnostica este trastorno.[29]

Es raro que este trastorno se manifieste en las personas mayores. Varios estudios recientes muestran que el mayor descenso en el diagnóstico se produce a partir de la mitad de la cuarentena. A la vista de estos datos, la explicación que dan algunos investigadores es que muchos adultos afectados por el TLP simplemente «maduran», y con el tiempo son capaces de conseguir cierta estabilidad. Ahora bien, a medida que envejezcan, deberán hacer frente a un progresivo deterioro físico y mental, que puede suponer para algunos de ellos un peligroso proceso de adaptación. Para un individuo de identidad tan frágil, tener que redefinir su imagen de sí misma y determinar lo que *ahora* se espera de él puede exacerbar los síntomas del trastorno. Es posible que, en algunas ocasiones, la persona mayor con una psicopatología persistente se niegue a admitir su deterioro funcional, proyecte la culpa por sus deficiencias en los demás y se vuelva cada vez más paranoica; y en otras, puede que exagere sus impedimentos y se haga más y más dependiente.

Factores socioeconómicos

En Estados Unidos, se ha identificado el trastorno límite de la personalidad en todas las culturas y clases económicas. Se ha visto, sin embargo, que las tasas de TLP son significativamente más altas entre las personas separadas, divorciadas, viudas o que viven solas, y entre quienes tienen un nivel de ingresos y de educación más bajo. Las condiciones en que viven muchos niños y niñas a consecuencia de la pobreza desde que nacen –el alto nivel de estrés, las pocas facilidades para recibir una educación o la falta de los cuidados debidos, de atención psiquiátrica y de atención a la madre durante el embarazo (lo cual puede provocar en el feto lesiones cerebrales o desnutrición)– podrían traducirse en una mayor incidencia del TLP entre las clases sociales más desfavorecidas.

Los costes del TLP para la sociedad son considerables. Y no hablamos solo de los costes por atención psiquiátrica o médica a causa del trastorno y de las dolencias físicas relacionadas con él, sino también de los elevados costes derivados de una productividad laboral condicionada y mermada a causa de esas enfermedades. Un extensivo estudio danés llevado a cabo durante quince años, en el que participaron miles de pacientes, comparaba los costes sanitarios de los que sufrían de TLP con los del resto de la población. Los datos confirmaron que los costes que ocasionaban los pacientes con TLP superaban la media incluso cinco años antes de que les fuera diagnosticado el trastorno. Y los cónyuges de estos pacientes suponen también unos elevados costes, tanto sanitarios como por una reducida productividad.[30]

Fronteras geográficas

Aunque la mayoría de las formulaciones teóricas y estudios empíricos del TLP se han realizado en Estados Unidos, otros países –Canadá, México, Alemania, Israel, Suecia, Dinamarca y otras naciones de Europa occidental, así como Rusia, China, Corea, Japón y otros países orientales– han reconocido esta afección en sus poblaciones.

Los estudios comparativos son escasos y contradictorios a este respecto. Por ejemplo, algunos indican tasas más altas de TLP entre la población hispana, mientras que otros no confirman estos datos y otros han encontrado altas tasas entre los hombres nativos norteamericanos. Son escasos los estudios generacionales de este trastorno, pero podrían ser de gran ayuda para comprender cuáles son los hilos familiares, culturales y sociales que componen su tejido causal.

Comportamiento *borderline* en celebridades y personajes de ficción

Si el trastorno límite de la personalidad es un fenómeno nuevo o simplemente una nueva denominación para un conjunto interrelacionado de sentimientos internos y comportamientos externos existente desde hace mucho tiempo es un asunto de cierto interés para los profesionales de la salud mental. La mayoría de los psiquiatras creen que el trastorno existe desde hace bastante tiempo, y que su creciente prominencia no se debe tanto a que sea mayor su propagación (como ocurre con una enfermedad infecciosa o una afección debilitadora crónica) en las mentes de los pacientes, sino a que los profesionales tienen más conciencia de él. De hecho, muchos psiquiatras creen que algunos de los casos más interesantes de «neurosis» tratados por Sigmund Freud a principios del siglo XX se diagnosticarían hoy claramente como casos de trastorno límite de la personalidad.[31]

Visto así, el TLP nos ofrece una nueva e interesante perspectiva desde la que entender a algunas de las personalidades más complejas que conocemos, tanto del pasado como del presente, tanto reales como ficticias. Y a la inversa, hay figuras y personajes conocidos de todos que pueden ilustrar diferentes aspectos del trastorno. En esta misma línea, los biógrafos, entre otros, han especulado que el término *borderline* podría aplicarse a figuras tan diversas como la princesa Diana de Gales, Marilyn Monroe, Zelda Fitzgerald, Thomas Wolfe, T. E. Lawrence, Adolf Hitler y Muamar el Gadafi. Los críticos culturales, por su parte, han observado rasgos del TLP en personajes de ficción como Blanche DuBois de *Un tranvía llamado deseo*, Martha de *¿Quién teme a Virginia Woolf?*, Sally Bowles de *Cabaret*, Travis Bickle de *Taxi Driver*, Howard Beale de *Network*, Rebecca Bunch de la serie de televisión *Crazy Ex-Girlfriend* y Carmen de la ópera de Bizet. Ahora bien, el que puedan detectarse síntomas o comportamientos característicos del TLP en estos personajes no significa que este trastorno sea necesariamente la causa o el motor de las radicales acciones o destinos que hemos visto en estas personas reales, o en los personajes de ficción o las obras en que aparecen. En el caso de Hitler, por ejemplo, las disfunciones mentales y fuerzas sociales que lo llevaron a actuar como lo hizo influyeron en su psique de un modo mucho más decisivo que el TLP; las verdaderas causas del (supuesto) suicidio de Marilyn Monroe eran probablemente complejas, y sería una simpleza decir que el causante fue el TLP. Nada confirma que los productores de *Taxi Driver* o *Network* intentaran conscientemente crear un protagonista con trastorno límite de la personalidad. Lo que sí aporta el TLP es otra perspectiva desde la que interpretar y analizar estas fascinantes personalidades.

A lo largo de la última década, han circulado rumores de que muchas celebridades, entre ellas actores y músicos muy conocidos, manifiestan síntomas de TLP, aunque muchos no lo hayan comentado públicamente. Otros, como Pete Davidson, miembro del elenco de *Saturday Night Live*, y el exjugador de fútbol americano Brandon Marshall, han hablado abiertamente sobre su diagnóstico de TLP, el dolor que acompaña a este trastorno y el estigma de la enfermedad mental. La doctora Marsha Linehan, conocida investigadora y fundadora de la terapia dialéctica conductual (TDC), que como veremos es uno de los principales métodos para el tratamiento del TLP, ha revelado que ella también ha sufrido este trastorno y que durante la adolescencia pasó mucho tiempo hospitalizada por autolesiones y otros síntomas.

Avances en la investigación y el tratamiento del TLP

Desde que se publicó la primera edición de este libro, se han hecho importantes avances en la investigación de las causas fundamentales del TLP y su tratamiento. Los conocimientos sobre las causas biológicas, fisiológicas y genéticas de los trastornos psiquiátricos siguen creciendo exponencialmente. Se están descubriendo las interacciones que hay entre las distintas partes del cerebro, así como las intersecciones entre la emoción y el razonamiento ejecutivo. Cada día se comprenden mejor las funciones de los neurotransmisores, las hormonas, el sistema inmunitario y las reacciones químicas cerebrales. Se está estudiando la vulnerabilidad genética, la activación y desactivación de los genes y la colisión con los acontecimientos de nuestra vida para determinar el funcionamiento de la personalidad. Se han desarrollado nuevas técnicas psicoterapéuticas.

Los estudios de larga duración confirman que muchos pacientes se recuperan del TLP con el paso del tiempo y que muchos más mejoran de forma significativa. Tras dieciséis años de seguimiento, se vio que el noventa y nueve por ciento de los pacientes con TLP habían logrado al menos dos años de remisión y el setenta y ocho por ciento experimentaron una remisión de ocho años (definida como la desaparición de cinco de los nueve criterios característicos del trastorno). Sin embargo, pese a la disminución de algunos de los criterios definitorios más agudos, como la impulsividad destructiva, la autolesión, los intentos de suicidio y el pensamiento cuasipsicótico, muchos de estos pacientes siguen teniendo dificultades en el entorno social, laboral o escolar. Aunque las tasas de recurrencia son hasta del treinta y cuatro por ciento, al cabo de diez años el cincuenta por ciento de los pacientes se recupera por completo y muestra un buen funcionamiento social y profesional.[32, 33, 34, 35] Muchos de los pacientes con TLP mejoran sin tratamiento constante, pero la terapia continuada acelera la mejoría.[36]

La cuestión de la «patología» límite de la personalidad

En una u otra medida, todos nos enfrentamos a los mismos problemas que el paciente *borderline*: la amenaza de que nuestra relación de pareja fracase, el miedo al rechazo, la confusión sobre nuestra identidad, los sentimientos de vacío y aburrimiento... ¿Quién no ha tenido una o varias relaciones inestables y de gran intensidad emocional? ¿O no ha montado en cólera en algún momento? ¿Quién no ha sentido la poderosa atracción de los estados de éxtasis, o miedo a quedarse solo, o no se ha visto cambiar súbitamente de humor sin saber por qué o comportarse de una manera autodestructiva en algún sentido?

Aunque solo sea por eso, el TLP sirve para recordarnos que la línea que separa lo «normal» de lo «patológico» es a veces muy fina. Muchas de las descripciones que se hacen en este libro ilustran los extremos de este trastorno. ¿Es posible que todos mostremos, en uno u otro grado, algunos síntomas del trastorno límite de la personalidad? La respuesta es que probablemente sí. Hasta el punto de que muchos de los que estáis leyendo este primer capítulo tal vez os hayáis visto reflejados en lo que dice o hayáis visto reflejado a alguien que conocéis. El factor que establece la diferencia, sin embargo, es que no todos estamos controlados por el trastorno hasta el punto de que perturbe –o gobierne– nuestra vida. Con sus extremos de emoción, pensamiento y comportamiento, el TLP representa lo mejor y lo peor del carácter humano –y de nuestra sociedad– de los primeros veinte años del siglo XXI. Explorar sus profundidades y límites quizá nos haga mirar de frente nuestros instintos más ruines y nuestro más maravilloso potencial, así como el arduo camino que tendremos que recorrer para llegar de lo uno a lo otro.

Capítulo dos

Caos y vacío

Todo es capricho. Aman sin medida a quienes pronto odiarán sin razón.

—Thomas Sydenham, médico inglés del siglo XVII, sobre la histeria, el equivalente del actual TLP

«A veces me pregunto si no estaré poseída por el demonio –dice Carrie, que es trabajadora social en la unidad psiquiátrica de un gran hospital–. No me entiendo a mí misma. Solo sé que esta personalidad límite mía me obliga a llevar una vida de la que he echado a todo el mundo. Así que me siento muy, muy sola».

A Carrie le diagnosticaron TLP tras veintidós años de terapia, medicación y hospitalizaciones a causa de una diversidad de afecciones mentales y físicas. Para entonces, su expediente médico parecía el pasaporte de una trotamundos, con las páginas llenas de sellos de los numerosos «territorios» psiquiátricos por los que había viajado.

«Viví años entrando en los hospitales y saliendo al cabo de un tiempo sin encontrar nunca un terapeuta que me entendiera y supiera por lo que estaba pasando».

Los padres de Carrie se divorciaron al poco de nacer ella, y hasta los nueve años vivió con su madre, alcohólica. Luego, pasó los siguientes cuatro años en un internado.

Al cumplir los veintiuno, una depresión aplastante la obligó a buscar ayuda psicológica; en aquel momento le diagnosticaron depresión y le pusieron el tratamiento correspondiente. Varios años más tarde, empezó a tener cambios de humor extremos, el diagnóstico fue de trastorno bipolar (depresión maníaca) y la trataron en consecuencia. A lo largo de ese período, se repitieron los episodios de sobredosis de medicamentos y se cortó varias veces las venas.

«Me cortaba, y acto seguido me tomaba un frasco de tranquilizantes, antidepresivos o cualquiera que fuera el fármaco con el que me estuvieran tratando en aquel momento –recuerda–. Se había convertido casi en una forma de vida».

A los veinticinco años, empezó a tener alucinaciones auditivas y se volvió intensamente paranoica. Aquella fue la primera vez que la hospitalizaron, y le diagnosticaron esquizofrenia.

Tiempo después, la ingresaron repetidas veces en la unidad de cardiología a causa de unos dolores muy fuertes en el pecho, que luego se vería que estaban asociados con la ansiedad. Pasó por períodos de comer sin límite alternados con períodos de ayuno absoluto; en solo unas semanas, llegaba a variar de peso hasta treinta kilos.

Cuando tenía treinta y dos años, un médico del hospital en el que trabajaba la violó brutalmente. Poco después, volvió a la universidad y se vio envuelta en una relación sexual con una de sus profesoras. Para cuando cumplió cuarenta y dos años, su colección de expedientes médicos contenía prácticamente todos los diagnósticos imaginables: esquizofrenia, depresión, trastorno bipolar, hipocondría, ansiedad, anorexia nerviosa, disfunción sexual y trastorno por estrés postraumático.

A pesar de sus problemas mentales y físicos, Carrie era capaz de desempeñar su trabajo bastante bien. Aunque cambiaba de trabajo con frecuencia, consiguió terminar el doctorado en Trabajo Social. Fue capaz hasta de dar clases durante un tiempo en un pequeño centro educativo para mujeres.

Sus relaciones personales, sin embargo, eran muy limitadas. «Las únicas relaciones que he tenido con hombres son aquellas en las que sufrí abusos sexuales. Varios hombres han querido casarse conmigo, pero me resulta impensable tener una relación íntima o que me toquen. No lo puedo soportar. Me entran ganas de salir corriendo. Estuve comprometida un par de veces, pero tuve que romper los compromisos. Es muy poco realista por mi parte pensar que podría ser la esposa de nadie».

En cuanto a los amigos, dice: «Soy demasiado egocéntrica. Digo todo lo que pienso, siento, sé o no sé. Me cuesta mucho interesarme por los demás».

Tras más de veinte años de tratamientos, finalmente se reconoció en los desajustes de Carrie el TLP. Se vio que el origen de su disfunción estaba en unos rasgos de personalidad arraigados y persistentes, lo cual apuntaba más a un trastorno de la personalidad, o «de rasgos» de la personalidad, que a las sucesivas afecciones *de estado*, transitorias, que se le habían diagnosticado hasta entonces.

«Lo más difícil de vivir con este trastorno de la personalidad ha sido bregar con el vacío, la soledad y la intensidad de los sentimientos –dice actualmente–. Los comportamientos extremos me tienen tan confundida... A veces no sé lo que siento ni quién soy».

Comprender más a fondo el trastorno de Carrie se ha traducido en poder ponerle un tratamiento más preciso. Los medicamentos han atenuado sus síntomas agudos y le han proporcionado el aglutinante con el que mantener una percepción más coherente de sí misma; a la vez, Carrie reconoce que con la medicación solo no basta.

Su psiquiatra, en colaboración con sus otros médicos, la ha ayudado a entender la conexión que hay entre sus dolencias físicas y su ansiedad, y a evitar gracias a ello más pruebas médicas, tratamientos farmacológicos e intervenciones quirúrgicas innecesarios. La psicoterapia se ha orientado hacia el logro progresivo de un equilibrio «a largo plazo», para lo cual ha empezado por tratar la dependencia emocional y por intentar estabilizar el sentido de identidad y las relaciones, en lugar de ser una interminable sucesión de «reparaciones» de emergencia en momentos críticos.

A los cuarenta y seis años, Carrie ha tenido que aprender que toda una serie de comportamientos anteriores han dejado de ser aceptables. «Ya no tengo la opción de cortarme las venas, ni de tomarme un frasco de pastillas, ni de recurrir a que me hospitalicen. Me juré que viviría en el mundo real y lo miraría de frente; eso sí, es un sitio aterrador. Todavía no estoy segura de si lo puedo hacer ni de si *quiero* hacerlo».

Borderline: un trastorno de la personalidad

El viaje de Carrie por ese laberinto de síntomas y diagnósticos médicos y psiquiátricos es un ejemplo de la confusión y desesperación que sienten quienes padecen trastornos mentales y quienes los tratan. Aunque los detalles de su caso puedan parecer extremos, hay millones de mujeres –y de hombres– que tienen problemas similares con las relaciones y la intimidad, que sufren de depresión e ingresan en el hospital por sobredosis. Quizá si a Carrie se le hubiera diagnosticado el trastorno años antes, se le habría ahorrado un poco de dolor y de soledad.

Aunque los pacientes con TLP sufren una maraña de síntomas angustiosos que perturban seriamente sus vidas, hace muy poco que los psiquiatras han empezado a comprender de verdad el trastorno y a tratarlo con eficacia. ¿Qué es un «trastorno de la personalidad»? ¿Al límite de qué, exactamente, está quien sufre el trastorno límite de la personalidad? ¿En qué se parece el TLP a otros trastornos y en qué se diferencia de ellos? ¿Dónde encaja este trastorno dentro del esquema general de la medicina psiquiátrica? Son preguntas difíciles de responder incluso para un profesional, sobre todo habida cuenta de lo escurridiza y paradójica que es la naturaleza de este trastorno, y de su curiosa evolución en la psiquiatría.

Un modelo generalmente aceptado propone que la personalidad individual es de hecho una combinación de *temperamento* (características personales heredadas como la impaciencia, la vulnerabilidad a la adicción, etc.) y *carácter* (valores desarrollados a partir de la relación con el entorno y de las experiencias de la vida), es decir, una mezcla de «naturaleza-crianza». Las características del *temperamento* pueden tener correlación con los marcadores genéticos y biológicos, se desarrollan en las primeras etapas de vida y se perciben como instintos o tendencias. El *carácter* va apareciendo más lentamente en la edad adulta, moldeado por los encuentros con el mundo. Mirado a través de la lente de este modelo, el TLP podría verse como el *collage* resultante de la colisión de los genes y el entorno.[1, 2]

El TLP es uno de los diez trastornos de la personalidad que describe el DSM-5. Lo que diferencia a cada uno de ellos es un conjunto de *rasgos* que se han ido desarrollando hasta tener una influencia prominente en el comportamiento del individuo. Esos rasgos son relativamente inflexibles, y dan lugar a patrones de percepción, comportamiento y relación contraproducentes.

Por el contrario, los trastornos *de estado* (como la depresión, la esquizofrenia, la anorexia nerviosa o la dependencia de sustancias químicas) no suelen ser tan duraderos como los trastornos *de rasgos*. Los trastornos de estado se presentan normalmente en períodos limitados o episodios. Es posible que los síntomas aparezcan repentinamente y luego se resuelvan, cuando el paciente vuelve a la «normalidad». Muchas veces están directamente relacionados con desequilibrios bioquímicos del cuerpo y a menudo pueden tratarse eficazmente con fármacos, que prácticamente eliminan los síntomas.

Los síntomas de un trastorno de la personalidad, en cambio, suelen ser rasgos de comportamiento más duraderos y que cuesta más modificar; los medicamentos resultan, en general, menos eficaces. De hecho, aunque varias empresas farmacéuticas han probado distintos medicamentos, en la actualidad sigue sin haber ninguno específicamente indicado para tratar el TLP. El tratamiento recomendado principalmente es la psicoterapia, aunque hay otros tratamientos, entre ellos la medicación, que pueden aliviar muchos de los síntomas, especialmente la agitación o la depresión intensas (ver el capítulo nueve). En la mayoría de los casos, el trastorno límite y otros trastornos de la personalidad se diagnostican en orden secundario, es decir, para entender el funcionamiento caracterológico subyacente de un paciente que presenta síntomas más agudos y manifiestos propios de un trastorno de estado.

Semejanzas y diferencias con otros trastornos

Debido a que el trastorno límite de la personalidad suele existir disfrazado de un trastorno diferente y está asociado muchas veces con otras afecciones, a menudo los profesionales clínicos no reconocen su presencia e importancia cuando evalúan a un paciente. Como consecuencia, es posible que el paciente *borderline* se convierta, como Carrie, en un paciente «viajero», que pase por múltiples evaluaciones, hospitales y médicos, y vaya acumulando a lo largo de la vida un extenso surtido de denominaciones diagnósticas.

Figura 2.1 Posición del TLP en relación con otros trastornos mentales.

El TLP puede interactuar con otros trastornos de diversas maneras (véase la figura 2.1). En primer lugar, puede coexistir con trastornos de estado entre los que se camufla. Por ejemplo, el TLP puede quedar relegado a un segundo plano en presencia de una depresión más grave y manifiesta. Una vez resuelta la depresión con medicamentos antidepresivos, quizá las características del TLP afloren y en ese momento puedan reconocerse como estructura subyacente que requiere un tratamiento adicional.

En segundo lugar, el TLP puede estar íntimamente relacionado con otro trastorno distinto e incluso contribuir a su desarrollo. Por ejemplo, es posible que las tendencias autodestructivas, impulsividad, dificultades de relación, imagen personal desalentadora y mal humor que suelen manifestar los pacientes con trastornos por abuso de sustancias psicoactivas o con trastornos de la conducta alimentaria sean más un reflejo del TLP que del trastorno principal para el que se los está tratando.

Aunque podría argumentarse que el abuso permanente de alcohol puede acabar alterando las características de la personalidad y hacer que se desarrolle en segundo plano un patrón de trastorno límite de la personalidad, parece igual de probable que esa patología subyacente hubiera podido desarrollarse primero y haber contribuido al desarrollo del alcoholismo.

La cuestión de cuál de los dos trastornos es el huevo y cuál la gallina quizá sea difícil de resolver, pero es posible que el desarrollo de afecciones asociadas con el TLP responda a una especie de vulnerabilidad psicológica al estrés. Al igual que ciertos individuos tienen una predisposición genética y biológica a sufrir enfermedades físicas –ataques cardíacos, cánceres, enfermedades gastrointestinales, etc.–, otros tienen una propensión, determinada por su biología, a sufrir ciertos trastornos psiquiátricos, sobre todo cuando el estrés se añade a una subyacente vulnerabilidad al TLP. Así, en situación de estrés, un paciente con TLP recurre a las drogas, otro desarrolla un trastorno de la conducta alimentaria y otro se deprime gravemente.

En tercer lugar, el TLP puede mimetizar con tal exactitud otros trastornos que es posible que al paciente se le diagnostique erróneamente esquizofrenia, ansiedad, trastorno bipolar, trastorno por déficit de atención con hiperactividad (TDAH) u otras afecciones.

Semejanzas y diferencias con la esquizofrenia y la psicosis

Los pacientes esquizofrénicos suelen estar mucho más impedidos que aquellos con TLP y tienen menos capacidad para funcionar y relacionarse con los demás. Ambos tipos de pacientes pueden experimentar episodios psicóticos de agitación. La prevalencia estimada de psicosis en el TLP (que incluye alucinaciones auditivas y visuales, delirios paranoides y experiencias disociativas) es de entre el veinte y el cincuenta por ciento.[3] A diferencia de lo que ocurre en la esquizofrenia, los síntomas psicóticos en el TLP suelen ser menos dominantes y menos persistentes en el tiempo, y suelen estar relacionados con el estrés. Los pacientes esquizofrénicos son mucho más propensos a acostumbrarse a sus alucinaciones y delirios y se sienten normalmente menos perturbados por ellos. Aunque ambos grupos de pacientes pueden ser destructivos y autolesionarse, el individuo con TLP suele ser capaz de funcionar de forma más adecuada; lo habitual es que el paciente esquizofrénico esté emocionalmente embotado, sea retraído y tenga mucha mayor dificultad para funcionar socialmente.[4]

Semejanzas y diferencias con los trastornos afectivos (trastornos depresivo y bipolar)

Alrededor del noventa y seis por ciento de los pacientes con TLP sufre algún trastorno del estado de ánimo a lo largo de su vida. Los trastornos de ansiedad suelen acompañar a las enfermedades afectivas. Se estima que la depresión mayor afecta a entre el setenta y uno y el ochenta y tres por ciento de quienes sufren TLP.

Es frecuente que los pacientes se quejen de «cambios de humor repentinos» y «pensamientos acelerados», y la respuesta automática del profesional clínico que lo oye es un diagnóstico de depresión o de trastorno bipolar (depresión maníaca). Sin embargo, son igualmente síntomas característicos del TLP, e incluso del TDAH, dos afecciones mucho más frecuentes que el trastorno bipolar. Aunque haya quien argumente que el TLP es una forma de trastorno bipolar, los estudios clínicos, genéticos y de imagen de uno y otro trastorno han revelado diferencias clínicas muy notables entre ambos. En el caso de las personas afectadas por el trastorno bipolar, los episodios de depresión o manía representan una desviación radical de su funcionamiento. La frecuencia con que experimentan cambios del estado de ánimo puede ser de días o semanas. En los períodos intermedios, estos individuos llevan una vida relativamente normal, y por lo general se los puede tratar eficazmente con medicamentos. Por el contrario, los pacientes con TLP suelen tener dificultades para funcionar (al menos internamente) incluso cuando no manifiestan grandes cambios de humor. En el momento en que muestran un comportamiento hiperactivo, autodestructivo o suicida, o experimentan cambios de humor drásticos y repentinos, pueden parecer bipolares, pero las variaciones del estado de ánimo en el TLP son más transitorias (alternan al cabo de horas, no de días o semanas), más inestables, y se producen más frecuentemente como reacción a estímulos del entorno.[5, 6] Los síntomas que con más claridad diferencian el TLP del trastorno bipolar son el temor al abandono y la perturbación de la identidad.[7] No obstante, ambos trastornos tienen un veinte por ciento de solapamiento en la frecuencia diagnóstica, es decir, el veinte por ciento de los pacientes con trastorno bipolar tienen un TLP concurrente, y el veinte por ciento de los pacientes con TLP presentan asimismo trastorno bipolar. Aquellos a los que se les han diagnosticado ambos trastornos manifiestan sin duda síntomas mucho más agudos, y sus efectos se complican.[8, 9]

El TLP y el TDAH

Los individuos con TDAH (trastorno por déficit de atención con hiperactividad) están sometidos a un revoltijo constante de impulsos cognitivos. Al igual que los pacientes con TLP, a menudo experimentan cambios de humor drásticos, pensamientos acelerados, impulsividad, arrebatos de ira, impaciencia y una baja tolerancia a la frustración; suelen tener una historia de abuso de alcohol o sustancias químicas (automedicación) y de relaciones tortuosas, y se aburren con facilidad. Es cierto que muchas características de la personalidad *borderline* se corresponden con el «temperamento típico del TDAH», como la frecuente necesidad de novedades (de emoción) acompañada de una baja expectativa de recompensa (falta de preocupación por las consecuencias inmediatas).[10] No es de extrañar que varios estudios hayan observado correlaciones entre estos dos diagnósticos. En algunos estudios de larga duración se ha visto que los niños y niñas a los que se les diagnostica TDAH desarrollan con frecuencia algún trastorno de la personalidad, especialmente el TLP, al hacerse mayores. Un estudio sueco indicaba que los individuos que habían recibido un diagnóstico de TDAH tenían casi veinte veces más probabilidades de que se les diagnosticara asimismo TLP que aquellos a los que no se les había diagnosticado TDAH en la infancia.[11] E investigadores que han hecho estudios retrospectivos han determinado que los adultos con diagnóstico actual de TLP habrían encajado generalmente en su infancia con un diagnóstico de TDAH.[12, 13, 14] Queda por determinar si una enfermedad es causa de la otra, si con frecuencia coexisten o si, posiblemente, son manifestaciones relacionadas de un mismo trastorno. Sería algo muy interesante de descubrir. Curiosamente, un estudio demostró que el tratamiento para los síntomas del TDAH mejoraba también los síntomas del TLP en pacientes a los que se les habían diagnosticado ambos trastornos.[15]

El TLP y el dolor

Los individuos con TLP tienen reacciones paradójicas frente al dolor. Muchos estudios han descubierto en ellos una sensibilidad al dolor *agudo* significativamente disminuida, en especial cuando es a consecuencia de un daño autoinfligido (véase «Autodestrucción» más adelante en este capítulo).[16] Sin embargo, los pacientes con TLP muestran una sensibilidad más acentuada al dolor *crónico*. Parece ser que alrededor del treinta por ciento de los pacientes que sufren dolores crónicos (como fibromialgia, artritis o dolor de espalda) padecen también TLP.[17] A esta «paradoja del dolor», exclusiva del TLP, no se le ha dado por el momento una explicación satisfactoria. Algunos investigadores sostienen que el dolor agudo, especialmente cuando es autoinfligido, satisface ciertas necesidades psicológicas del paciente, y que, por estar asociado a cambios de la actividad eléctrica del cerebro, quizá provoca una inmediata secreción de opioides endógenos, los narcóticos propios del cuerpo. El dolor continuo, en cambio, que la persona con TLP experimenta sin tener ningún control sobre él, podría no provocar la misma protección analgésica interna, y por ello ser causa de mayor ansiedad; o también cabe la posibilidad de que lo exagere para conseguir más atención y afecto de los demás. En un estudio sobre la tolerancia al dolor en pacientes con TLP realizado tras una operación de rodilla, la tolerancia demostró ser prácticamente nula, lo cual se relacionó con la dificultad de la persona con TLP para afrontar el dolor continuo.[18] En cualquier caso, a medida que estos pacientes envejecen, al parecer su sensibilidad al dolor aumenta.[19]

El TLP y el trastorno de somatización

Es posible que el individuo con TLP se queje insistente y exageradamente de sus dolencias físicas al personal médico y a sus conocidos a fin de mantener a su lado a aquellos de quienes depende. Sin embargo, a juzgar por los síntomas, podría considerárselo meramente hipocondríaco e ignorarse por completo la verdadera causa de su comportamiento. El trastorno de somatización es distinto, se trata de una afección caracterizada por las numerosas quejas del paciente a causa de un malestar físico (que se presenta con dolores y síntomas gástricos, neurológicos y sexuales) que no se corresponde con ninguna afección física conocida. El paciente hipocondríaco está convencido de que tiene una enfermedad muy grave, a pesar de que la evaluación médica no revele ninguna evidencia de ella.[20]

El TLP y los trastornos disociativos

Los trastornos disociativos incluyen fenómenos como la amnesia o la sensación de irrealidad sobre uno mismo (*despersonalización*) o sobre el entorno (*desrealización*). La forma más extrema de disociación es el trastorno de identidad disociativo (TID), antes denominado «personalidad múltiple». Casi el setenta y cinco por ciento de los individuos con TLP experimentan algún fenómeno disociativo,[21] y la prevalencia del TLP en aquellos que sufren el tipo más grave de disociación, el TID, como diagnóstico principal es todavía mayor.[22] Ambos trastornos tienen síntomas en común: impulsividad, arrebatos de ira, relaciones turbulentas, cambios de humor drásticos y propensión a las autolesiones. Con frecuencia, detrás hay una historia de malos tratos, abusos o negligencia durante la infancia.

El TLP y el trastorno por estrés postraumático

El trastorno por estrés postraumático (TEPT) es un conjunto de síntomas que se manifiestan a raíz de un suceso o experiencia traumático muy grave, como puede ser una catástrofe natural o una experiencia de guerra. El individuo siente un miedo intenso, revive emocionalmente el suceso una y otra vez, está irritable, tiene pesadillas, reacciones de sobresalto exageradas y una sensación de impotencia, y evita los lugares o las actividades asociados con el suceso. Dado que tanto el TLP como el TEPT tienen frecuentemente relación con experiencias de abusos extremos en la infancia y se manifiestan con síntomas similares –como reacciones emocionales desmedidas e impulsividad–, algunos investigadores han sugerido que son un mismo trastorno. Aunque varios estudios indican que pueden aparecer juntos en un cincuenta por ciento de los casos, o incluso más, son trastornos claramente distintos y con criterios de definición diferentes.[23] Cuando los pacientes con TLP sufren también TEPT, los síntomas se agudizan; las mujeres, en particular, son más propensas a autolesionarse de un modo no letal, en busca sobre todo de atención. Y tanto en hombres como en mujeres, es mayor la propensión a sufrir trastornos de ansiedad, como agorafobia, trastorno de pánico o trastorno obsesivo-compulsivo (TOC). Los pacientes con TEPT que sufren a la vez otros trastornos de la personalidad no experimentan complicaciones tan graves como cuando ese trastorno es el TLP.[24,25]

El TLP y los trastornos de la personalidad asociados con él

Muchas características del TLP se solapan con las de otros trastornos de la personalidad. Por ejemplo, el trastorno de la personalidad por dependencia tiene en común con el TLP la dependencia emocional; ambos pacientes evitarán estar solos y crearán tensión en sus relaciones. Sin embargo, en el trastorno de la personalidad por dependencia no existen la tendencia autodestructiva, la ira ni los cambios repentinos de humor que caracterizan al paciente con TLP. Por su parte, quienes padecen el trastorno esquizotípico de la personalidad manifiestan relaciones conflictivas con los demás y dificultad para confiar en ellos, pero son más excéntricos y menos autodestructivos que quienes padecen TLP. Con frecuencia un paciente presenta suficientes características de dos o más trastornos de la personalidad como para justificar que se le diagnostique cada uno de ellos. Por ejemplo, un paciente puede mostrar características que lleven a diagnosticarle tanto el trastorno límite de la personalidad como el trastorno obsesivo-compulsivo de la personalidad (TOCP).

En ediciones anteriores del DSM, el TLP aparecía agrupado con otros trastornos de la personalidad que generalmente manifiestan dramatismo, emocionalidad o comportamientos erráticos: los trastornos narcisista, antisocial e histriónico de la personalidad. Los tres están más estrechamente relacionados con el TLP que otros trastornos de la personalidad.

Tanto los individuos con TLP como aquellos con trastorno narcisista de la personalidad manifiestan una hipersensibilidad a las críticas; el fracaso o el rechazo pueden precipitar en ellos una depresión grave. Ambos son propensos a explotar a los demás; ambos exigen una atención casi constante. Sin embargo, el individuo con trastorno narcisista de la personalidad suele funcionar con un sentido de superioridad que no existe en el individuo con TLP. Se da importancia a sí mismo (a menudo camuflando una desesperada inseguridad), desprecia manifiestamente a los demás y no demuestra ni un ápice de empatía. Por el contrario, la persona con TLP tiene una autoestima mucho más baja y depende extremadamente de la aprobación de los demás. Se aferra desesperadamente a ellos y suele ser más sensible a sus reacciones.

El individuo con trastorno antisocial de la personalidad muestra, al igual que quien sufre TLP, impulsividad, poca tolerancia a la frustración y tendencia a manipular las relaciones. Sin embargo, carece de conciencia o sentimiento de culpa; tiene una actitud más distante y no es intencionadamente autodestructivo como el individuo con TLP.

El paciente con trastorno histriónico de la personalidad muestra, como aquel con TLP, tendencia a querer conseguir atención, a la manipulación y a la alternancia de emociones. Sin embargo, la personalidad histriónica suele ser más estable en los papeles que representa y en sus relaciones. Se muestra más extravagante a la hora de hablar y de comportarse, y sus reacciones emocionales son exageradas. El atractivo físico es para él o para ella una preocupación primordial. Un estudio comparó el funcionamiento psicológico y social de pacientes con diversos trastornos de la personalidad (TLP, esquizotípico, obsesivo-compulsivo, por evitación) y con depresión mayor. Se vio que en quienes presentaban un trastorno límite y un trastorno esquizotípico de la personalidad el deterioro funcional era significativamente mayor que en los que padecían otros trastornos de la personalidad o depresión mayor.[26]

El TLP y el abuso de sustancias

El trastorno límite de la personalidad y el abuso de sustancias químicas aparecen a menudo asociados. Casi una tercera parte de las personas que tienen un diagnóstico de dependencia crónica de sustancias presenta los síntomas característicos del TLP. Y en el curso de su vida, entre el cincuenta y el setenta y dos por ciento de los pacientes con TLP abusan igualmente del alcohol u otras sustancias.[27, 28, 29] El consumo de drogas o de alcohol potencia los comportamientos iracundos o impulsivos y puede reflejar autocastigo o deseo de emoción o ser un mecanismo para hacer frente a la soledad. La dependencia de las drogas puede ser un sustituto de las relaciones sociales, una forma fácil y reconfortante de estabilizar, o tratar por iniciativa propia, los estados de ánimo cambiantes, o una manera de establecer cierto sentido de pertenencia o de autoidentificación. Y estas posibles explicaciones del atractivo que tienen las sustancias químicas resultan ser también algunas de las características que definen el TLP.

El TLP y la anorexia/bulimia

La anorexia y la bulimia nerviosas se han convertido en importantes problemas de salud en Estados Unidos, en especial entre las chicas jóvenes. Los trastornos de la conducta alimentaria tienen su origen en un fundamental desagrado por el propio cuerpo y una desaprobación general de la propia identidad. La persona anoréxica se ve a sí misma desde un extremo o desde el otro: bien obesa (que es como siempre se siente) o bien delgada (el ideal que se tortura por conseguir). Como siente que no tiene ningún control sobre su vida, utiliza impulsivamente el ayuno radical, o los atracones de comida y subsiguientes purgas, para crearse una ilusión de autocontrol. El comportamiento de la persona con anorexia o bulimia es obviamente autolesivo. Bajo él se ocultan un sentido distorsionado de la identidad y un sentimiento de vacío. La similitud de este patrón con el del TLP ha hecho que muchos profesionales de la salud mental infieran una fuerte conexión entre ambos.[30] En un estudio,[31] las participantes que tenían un diagnóstico de anorexia o de bulimia escribieron sobre su sentimiento de vacío, inestabilidad en las relaciones, conductas suicidas y experiencias disociativas. Algunos síntomas característicos del TLP como la inestabilidad del estado de ánimo, la impulsividad y la ira eran más comunes en las participantes con bulimia que en aquellas con anorexia, que, sin embargo, mostraron un sentido de la identidad comparativamente más confuso. La prevalencia del TLP en el tipo de anorexia nerviosa caracterizado por la ingesta descontrolada de comida y la purga posterior es del veinticinco por ciento. El TLP está presente en el veintiocho por ciento de quienes padecen bulimia nerviosa.[32]

El TLP y comportamientos compulsivos

Algunos comportamientos compulsivos o destructivos pueden reflejar patrones similares al del TLP. Por ejemplo, un jugador compulsivo seguirá jugando aunque se quede sin fondos. Quizá busca la emoción en un mundo que habitualmente le aburre, le inquieta y le aturde. O el juego puede ser expresión de un autocastigo impulsivo. Quienes cometen hurtos en los establecimientos suelen llevarse artículos que no necesitan. En el cincuenta por ciento de los casos, la bulimia va acompañada de cleptomanía, consumo de drogas o promiscuidad.[33] Cuando estos comportamientos están regidos por la compulsión, pueden manifestar una necesidad de sentir emociones fuertes o de infligirse dolor.

La promiscuidad suele reflejar una necesidad de recibir amor y atención constantes, que sirvan de fundamento a un sentimiento positivo sobre uno mismo. Característicamente, el individuo con TLP no tiene establecida una imagen favorable de sí mismo, y necesita reafirmación continua del exterior. Es posible que una mujer con TLP, y baja autoestima, perciba que su atractivo físico es su única cualidad valiosa y que la manera de confirmar su valía sea participando en frecuentes encuentros sexuales. De ese modo evita el dolor de estar sola y, además, las relaciones artificiales que establece le permiten mantener el control. Sentirse deseada puede darle un sentido de identidad. Cuando en esta psicodinámica está presente la necesidad imperiosa de autocastigarse, la humillación y las perversiones masoquistas pueden entrar en las relaciones. Desde esta perspectiva, es lógico especular que muchas personas dedicadas a la prostitución y a la pornografía podrían albergar rasgos del trastorno límite de la personalidad.

La dificultad para relacionarse puede dar lugar a pensamientos y comportamientos rituales de creación propia, que a menudo se expresan a modo de obsesiones o compulsiones. Es posible que una persona con TLP desarrolle determinadas fobias si emplea, por ejemplo, el pensamiento mágico para afrontar sus miedos. Y es también posible que desarrolle perversiones sexuales como mecanismo para abordar la intimidad.

El TLP y el trastorno del espectro autista

Los individuos con trastorno del espectro autista (TEA) experimentan una gran dificultad para establecer relaciones. Su comportamiento puede ser imprevisible e incluir explosiones repentinas de ira y acciones impulsivas de autoagresión. Puede costarles mucho tolerar las separaciones u otros cambios. Por el contrario, los cambios de humor en el TLP son más una reacción a los estímulos situacionales; estos individuos son más expresivos, más capaces de dirigir la comunicación y de responder (aunque a menudo de forma inapropiada) a la fuente de la que proviene aquello que es motivo de sus reacciones. Los pacientes con TEA están más encerrados en los estímulos internos.

El poder de atracción de las sectas

Dado que la persona con TLP anhela dirección y aceptación, es posible que se sienta atraída por el fuerte líder de un grupo disciplinado. La secta puede resultarle muy tentadora, ya que le proporciona aceptación inmediata e incondicional, intimidad instantánea y un líder paternalista al que idealizará rápidamente. El individuo con TLP puede ser muy vulnerable a la visión tajante de la secta, en la que el «mal» está personificado por el mundo exterior y el «bien» reside dentro del grupo.

El TLP y el suicidio

Hasta el setenta por ciento de las personas con TLP intentan suicidarse, y la tasa de suicidios consumados se acerca al diez por ciento, casi mil veces la tasa observada en la población general. En el grupo de alto riesgo, que comprende a adolescentes y jóvenes de entre quince y veintinueve años, se diagnosticó TLP en una tercera parte de los casos de suicidio. La desesperanza, la agresividad impulsiva, la depresión mayor, el consumo simultáneo de drogas y los antecedentes de abusos en la infancia aumentan el riesgo. Entre los síntomas que definen el TLP, son la alteración de la identidad, el sentimiento de vacío y el miedo al abandono los que más asociados están con las tentativas de suicidio.[34] Aunque los síntomas de ansiedad suelen asociarse con el suicidio en otros trastornos, los individuos con TLP que muestran una ansiedad significativa son en realidad *menos* propensos a suicidarse. Un extenso estudio realizado en California examinó el índice de muertes por suicidio después de que un individuo hubiera llegado a un servicio de urgencias por autolesiones deliberadas o pensamientos suicidas. En el plazo de un año, en comparación con otros individuos que habían acudido a un servicio de urgencias, los casos de suicidio resultaron ser cincuenta veces más numerosos entre los pacientes que inicialmente habían acudido por autolesiones y treinta veces más numerosos entre los que habían acudido por pensamientos suicidas.[35]

Las muertes prematuras no debidas al suicidio son dos veces y media más frecuentes en los individuos con TLP que en los grupos de comparación. Las causas más comunes de estas muertes son las enfermedades cardiovasculares (especialmente los infartos), las complicaciones relacionadas con el consumo de sustancias (como enfermedades hepáticas), el cáncer y los accidentes.[36, 37, 38,3 9, 40]

Definición clínica del trastorno límite de la personalidad

La actual definición oficial de este trastorno es el que aparece en el DSM-5 en el apartado dedicado a los criterios para el diagnóstico del trastorno límite de la personalidad.[41] Esta designación se basa sustancialmente en el comportamiento manifiesto y observable. (En una sección aparte, la Sección III del DSM-5, se describe un modelo alternativo para el diagnóstico de los trastornos de la personalidad. Véase en el apéndice A un resumen de dicho modelo, así como de otras propuestas para su diagnóstico).

El diagnóstico de TLP se confirma cuando están presentes al menos cinco de los nueve criterios siguientes:

«A los demás les afecta lo que hago, luego existo»

Criterio 1. Esfuerzo desesperado por evitar el abandono real o imaginario.

Lo mismo que el bebé es incapaz de distinguir entre la ausencia temporal de su madre y su «extinción», el individuo con TLP tiende a experimentar la soledad temporal como si fuera un aislamiento perpetuo. A consecuencia de ello, se deprime profundamente cuando siente que las personas importantes para él lo abandonan –sea o no sea cierto– y se enfurece entonces con el mundo (o con quien esté cerca) por privarlo de esa satisfacción básica.

El miedo al abandono que siente el individuo con TLP puede medirse incluso en el cerebro. Un estudio utilizó la tomografía por emisión de positrones (TEP) para demostrar que mujeres con TLP experimentaban alteraciones del flujo sanguíneo en ciertas zonas del cerebro al revivir recuerdos de haberse sentido abandonadas.[42] Es especialmente en los momentos de soledad cuando los individuos con TLP pueden perder la sensación de que existen, dejar de sentir que son reales. En lugar de regirse por el principio de Descartes «pienso, luego existo» para cerciorarse de su existencia, se rigen por una filosofía de vida que viene a decir: «A los demás les afecta lo que hago, luego existo».

El teólogo y filósofo Paul Tillich escribió que «el sentimiento de soledad pueden conquistarlo únicamente quienes toleran la soledad». Como a la persona con TLP la soledad le resulta intolerable, está atrapada en una implacable soledad metafísica para la que el único alivio es la presencia física de otras personas. Debido a ello, frecuentará los bares para solteros y otros lugares concurridos, a menudo con resultados decepcionantes o incluso violentos. A finales del siglo XX, miles de bares para solteros cerraron, y fueron sustituidos brevemente por lujosos clubs nocturnos pensados para una clientela más joven, pero también estos estaban condenados a extinguirse, con el auge de las aplicaciones de citas en línea. Coartados por la Gran Recesión y agobiados por la enorme deuda en préstamos estudiantiles que habían contraído, los miembros de la generación X y los milenial podían «conocer» a cientos de posibles candidatos a hombre o mujer de sus sueños por el precio equivalente a dos o tres consumiciones en un club nocturno, aunque el precio pudiera resultar igual de alto en decepciones y soledad. (Véase un comentario más extenso en el capítulo cuatro).

En *Marilyn: un relato inédito*, Norman Rosten recuerda hasta qué punto detestaba Marilyn Monroe estar sola. Si no estaba rodeada de gente en todo momento, caía en un vacío «interminable y aterrador».[43]

La mayoría anhelamos y apreciamos la soledad, la valiosa ocasión que nos ofrece para reflexionar sobre los recuerdos y asuntos de importancia para nuestro bienestar, la oportunidad para restablecer contacto con nosotros mismos, para redescubrir quiénes somos: «Las paredes de una habitación vacía son espejos que doblan y redoblan nuestra conciencia de nosotros mismos», escribió el difunto John Updike en *El centauro*.*

Pero el personaje *borderline*, con una conciencia de sí mismo casi nula, al mirar atrás solo encuentra reflejos vacíos. La soledad le hace revivir el terror que experimentaba de niño ante la perspectiva de que sus padres lo abandonaran: «¿Quién cuidará de mí?». Y ese dolor que le produce la soledad puede aliviarlo únicamente que un amante de fantasía venga al rescate, como expresa la letra de innumerables canciones de amor.

* N. de la T.: Barcelona: Tusquets Editores 1991. Trad. Enrique Murillo. [Título original *The Centaur*].

La incansable búsqueda del hombre o la mujer soñados

Criterio 2. Relaciones inestables y de gran intensidad emocional, con marcados cambios de actitud hacia la otra persona (de la idealización al desprecio o de la dependencia férrea al aislamiento y la evitación).

La inestabilidad en las relaciones del adulto *borderline* está directamente relacionada con su intolerancia a la separación y su miedo a la intimidad. Normalmente es dependiente, se aferra a la otra parte y la idealiza, hasta que la otra parte, ya sea su amante, cónyuge o amigo, repele o frustra sus afanes con alguna muestra de rechazo o indiferencia; entonces él se va al otro extremo: la menosprecia, se resiste a la intimidad con ella y la evita totalmente. Se desarrolla en él a partir de ese momento un continuo tira y afloja entre el deseo de fusionarse con la otra parte y recibir sus atenciones, por un lado, y el miedo a que la otra parte lo absorba y anule, por otro. En el TLP, absorción significa anulación de una identidad independiente, pérdida de autonomía y un sentimiento de inexistencia. La persona vacila entre el deseo de conexión emocional para aliviar el vacío y el aburrimiento, y el miedo a la intimidad que interpreta que le robará la seguridad en sí mismo y la independencia.

En las relaciones, estos sentimientos profundos se traducen en interacciones intensas, cambiantes y manipuladoras. El individuo con TLP suele hacer peticiones irracionales, que al observador le transmiten la imagen de una persona malcriada. Su manipulación se manifiesta con quejas físicas e hipocondría, expresiones de debilidad e impotencia, acciones provocativas y comportamientos masoquistas. A menudo utilizará amenazas o tentativas de suicidio para conseguir atención y que lo rescaten. Es posible que haga uso de la seducción como estrategia manipulativa, aun sabiendo que es inútil o que está fuera de lugar, como con un terapeuta o un sacerdote.

Aunque tiene gran sensibilidad para percibir a los demás y es muy sensible a su comportamiento, el individuo con TLP suele carecer de verdadera empatía, especialmente hacia las personas más cercanas. Puede quedarse consternado si se encuentra con alguien conocido, como un profesor, un compañero de trabajo o un terapeuta, fuera del lugar en el que trabajan, porque le cuesta concebir que esa persona tenga una vida aparte de la que él conoce. Es posible que no comprenda que su terapeuta, o hasta otros pacientes con los que se pueda encontrar, tengan «otra vida», y tal vez incluso sienta unos celos terribles. Esta «paradoja de la empatía» propia del TLP confirma la teoría de que son individuos con una sensibilidad acrecentada a las señales sociales, pero incapacitados para integrar esa información interpersonal.[44] También se ha observado que empatizan más con personas que están en situaciones angustiosas o desfavorables que con aquellas que están en una buena situación social, lo cual puede reflejar su mayor familiaridad con las emociones y situaciones adversas. Un estudio examinó el efecto que tenía la oxitocina administrada por vía intranasal sobre la empatía en mujeres *borderline*. La oxitocina es una hormona que promueve la sensibilidad social y la confianza. En el estudio, las participantes mostraron un aumento de la empatía emocional (sentían con más intensidad el dolor ajeno), pero no de la empatía cognitiva (seguían sin comprender las ramificaciones del dolor que el otro sentía).[45]

La persona con TLP carece del sentido de *constancia del objeto*, es decir, la capacidad de entender que los demás son seres humanos complejos y contradictorios que, no obstante, pueden relacionarse con seriedad y compromiso. Su experiencia en la relación con sus semejantes se basa en la interacción aislada de un determinado momento, y no en una serie de interacciones más extensa y consistente. Por lo tanto, nunca tiene una percepción constante y predecible de nadie; parece que sufriera una especie de amnesia selectiva que le hace responder a los demás como si fueran alguien nuevo en cada ocasión.

Por su incapacidad para tener una perspectiva global, para aprender de sus errores y observar sus patrones de comportamiento, a menudo repite las relaciones destructivas. Una mujer con TLP suele volver, por ejemplo, con su exmarido maltratador, que la maltratará de nuevo; un hombre con TLP se empareja frecuentemente con hombres o mujeres igual de inadecuados que los anteriores, con los que repite alianzas sadomasoquistas. Como la dependencia que caracteriza a la personalidad TLP suele disfrazarse de pasión, el individuo permanece en la relación destructiva «porque ama» al otro. Más tarde, cuando la relación se desintegra, uno de los miembros de la pareja puede culpar de lo ocurrido a la patología del otro; como se oye a menudo en la consulta del terapeuta, «¡Es que mi primera esposa –o mi primer marido– era *borderline*!».

Todo el afán del individuo con TLP es encontrar un cuidador perfecto, omnipresente, que lo dé todo, y esa búsqueda lo lleva a menudo a formar pareja con alguien que tenga una patología complementaria: ninguna de las dos partes se da cuenta de la relación de destrucción mutua en la que viven. Por ejemplo, Michelle anhela desesperadamente la protección y el consuelo de un hombre, y Amin hace gala de arrojo y seguridad en sí mismo. Aunque esa seguridad en sí mismo encubra una profunda inseguridad, Amin encaja con lo que busca Michelle. Y al igual que Michelle necesita que Amin sea su valeroso «caballero blanco», él necesita que ella siga siendo la dama indefensa que dependa de su benevolencia. Al cabo de un tiempo, ninguno de los dos consigue estar a la altura del estereotipo que le ha sido asignado. Amin no puede soportar las heridas que los sucesivos desafíos y fracasos infligen a su personalidad narcisista, y empieza a tapar sus frustraciones bebiendo en exceso y maltratando físicamente a Michelle. Michelle se eriza bajo el yugo controlador de Amin, pero le asusta ver que no es el hombre fuerte que ella imaginaba. Y las insatisfacciones conducen a más provocaciones y más conflictos.

Debido a que el individuo *borderline* no se soporta a sí mismo, desconfía de las expresiones de afecto de los demás. Como Groucho Marx, este individuo nunca pertenecería a un club que lo tuviera a él como miembro. Sam, por ejemplo, era un estudiante universitario de veintiún años cuya principal lamentación en las sesiones de terapia era «necesito una chica». Este joven atractivo, y con serios problemas de relación, acostumbraba a acercarse a chicas a las que consideraba inaccesibles. Sin embargo, si alguna aceptaba sus proposiciones, inmediatamente la desvalorizaba y perdía el interés por ella.

Todas estas características hacen que sea muy difícil conseguir verdadera intimidad. Como contaba Carrie: «Varios hombres han querido casarse conmigo, pero me resulta impensable tener una relación íntima o que me toquen. No lo puedo soportar». En el trastorno límite de la personalidad, el yo no parece ser capaz de conseguir la independencia suficiente como para depender del otro de forma saludable, en lugar de desesperada. El verdadero compartir pronto acaba sacrificado a una dependencia exigente y a una angustiosa necesidad de fusionarse con la pareja para completar la propia identidad, de ser como siameses del alma. Y cuando la relación empieza a peligrar, la persona con TLP puede sentir que le están arrancando un trozo de quien es. «Tú me completas», la famosa frase de la película *Jerry Maguire*, se convierte en una meta escurridiza que siempre, por un poco, es imposible de alcanzar.

«¿Quién soy yo?»

Criterio 3. Marcada y persistente confusión sobre la propia identidad que se manifiesta en una imagen o sentido inestables de sí mismo.

En el TLP, no hay un sentido central constante de la propia identidad, al igual que no hay una conceptualización central constante de los demás. El individuo con TLP no considera que su inteligencia, atractivo o sensibilidad sean rasgos constantes, sino más bien cualidades con una finalidad comparativa que deben ser continuamente reaprendidas y valoradas en contraste con las de los demás. Esta persona puede considerarse inteligente, por ejemplo, basándose únicamente en los resultados de una prueba de inteligencia que acaba de hacer. Ese mismo día, cuando cometa un «error absurdo», volverá a pensar que es «una negada». Se considera atractiva hasta que ve a una mujer que le parece más guapa; entonces se siente fea. Seguramente envidia la autoaceptación de Popeye cuando dice: «Yo soy lo que soy». Al igual que le ocurre en sus relaciones íntimas, la identidad del individuo con TLP se ve envuelta en una especie de amnesia, en este caso sobre sí mismo. El pasado se vuelve tan borroso que no ve nada, así que se convierte en ese riguroso jefe que a cada momento interpela a los demás y se interpela: «A ver, enséñame qué has estado haciendo de productivo últimamente».

La persona con TLP tasa su valía siempre por comparación con la que atribuye a los demás, pero su identidad la evalúa en el aislamiento. Quién es hoy (y qué hace) es lo que determina su estatus, sin tener en cuenta lo que haya habido antes. No se concede laureles en los que dormirse. Como Sísifo, está condenada a empujar eternamente la roca ladera arriba hasta lo alto de la montaña; necesita demostrar lo que vale una y otra vez. Su autoestima depende por entero de ser capaz de causar una impresión favorable en los demás, así que necesita ser complaciente con todos para quererse a sí misma.

En su libro *Marilyn, una biografía*, Norman Mailer relata cómo la búsqueda de identidad se convirtió para Marilyn Monroe en una fuerza motriz que absorbió todos los aspectos de su vida:

> ¡Qué obsesión la identidad! La buscamos porque la sensación íntima, cuando estamos en nuestra identidad, es de que somos sinceros al hablar, nos sentimos *reales*, y este pequeño fenómeno, que nos hace sentirnos tan bien, esconde un misterio existencial igual de importante para la psicología que el *cogito ergo sum*: sentirse real crea, por la razón que sea, un estado emocional tan superior al del sentimiento de vacío que, para protagonistas como Marilyn, puede convertirse en una motivación más poderosa que el instinto del sexo o el ansia de fama o de dinero. Hay quien renunciaría al amor o a la seguridad antes de arriesgarse a perder el solaz que ofrece la identidad.[46]

Más tarde, Marilyn encontró apoyo en la interpretación, en particular utilizando el Método:

> Los actores del Método expresan emoción; la técnica está dirigida, como el propio psicoanálisis, a liberar la lava emocional, y permite así al actor conocer sus profundidades, y luego poseerlas lo suficiente como para dejarse poseer por su papel. Una transacción mágica. Basta recordar a Marlon Brando en *Un tranvía llamado deseo*. Estar poseído por un papel es *satori* (iluminación intuitiva) para un actor, porque le da un sentido completo de identidad mientras vive en el papel.[47]

La lucha que libra el individuo *borderline* por establecer una identidad consistente tiene relación con la sensación de inautenticidad que impera en él: la sensación constante de «estar fingiendo». Todos hemos tenido esta sensación en distintos momentos de nuestra vida. Cuando uno empieza a trabajar en un sitio nuevo, por ejemplo, hace ver que sabe, que tiene seguridad en lo que hace. Una vez que adquiere cierta experiencia, esa seguridad es cada vez más genuina, porque ha aprendido el sistema y ya no necesita fingir. Como escribió Kurt Vonnegut en *Madre noche*: «Somos lo que fingimos ser, así que debemos tener cuidado con lo que fingimos ser». O, como dicen algunos: «Fingirlo hasta conseguirlo».

El adulto con TLP nunca alcanza ese punto de seguridad. Sigue sintiendo que finge, y le aterra que tarde o temprano «lo descubran». Y esa sensación se intensifica cuando consigue algún éxito; le parece injustificado, inmerecido.

La sensación permanente de ser un fraude se origina probablemente en la niñez. Como veremos en el capítulo tres, es frecuente que, antes de haber desarrollado el trastorno límite de la personalidad, el niño o la niña crezca con un sentimiento de inautenticidad debido a diversas circunstancias del entorno, como sufrir maltrato físico o abusos sexuales, verse obligado a adoptar el papel de adulto siendo todavía un niño o tener que hacer de madre de su propia madre enferma. En el otro extremo, tal vez su familia lo disuada de madurar y separarse, y se quede atrapado en el papel de niño o niña dependiente hasta mucho después de llegado el momento apropiado para la separación. En todas estas situaciones, la incipiente identidad del TLP no llega a desarrollarse con un sentimiento de yo independiente, sino que sigue interpretando el papel que alguien le ha asignado. («Él nunca elige una opinión –decía León Tolstói describiendo a uno de sus personajes–; se limita a usar lo que esté de moda»). Si fracasa en la interpretación de su papel, teme que se lo castigue; si lo representa con brillantez, está convencido de que en cualquier momento descubrirán que es un fraude y lo humillarán.

Un irracional empeño por alcanzar un estado de perfección suele formar parte del patrón del TLP. Es posible, por ejemplo, que una chica con TLP y anorexia intente mantenerse constantemente en un determinado peso, y se quede horrorizada si en algún momento varía simplemente medio kilo, sin saber que su expectativa raya en lo imposible. Percibirse a sí mismos como seres estáticos, en lugar de como seres en dinámico estado de cambio, hace que para los individuos *borderline* cualquier variación respecto a la imagen rígida de sí mismos que se han impuesto sea una catástrofe.

Sin embargo, es posible que el adulto con TLP se vaya al otro extremo en su búsqueda de satisfacción, y cambie frecuentemente de trabajo, de profesión, de objetivos, de amigos y, a veces, incluso de género. Alternando las situaciones externas y cambiando drásticamente de estilo de vida espera alcanzar satisfacción interior. Algunos casos de la llamada crisis de la mediana edad o andropausia reflejan un intento desesperado por alejar el miedo a la muerte o por hacer frente a las decepciones resultantes de las decisiones que el hombre ha ido tomando en la vida. En el caso del adolescente *borderline*, es posible que cambie constantemente de grupo de amigos –de los deportistas a los hastiados, de los intelectuales a los frikis– con la esperanza de conseguir encajar y sentirse aceptado. Incluso la identidad sexual puede ser fuente de confusión en la experiencia *borderline*.

Las sectas que prometen aceptación incondicional, un marco social estructurado y una identidad circunscrita tienen, como decíamos, un poderoso atractivo para esta personalidad. Cuando la identidad y el sistema de valores del individuo se fusionan con los del grupo que lo ha aceptado y acogido, el líder de la facción asume a sus ojos un poder extraordinario. Keith Raniere, fundador de la secta Nxivm, mantuvo un harén de esclavas sexuales que se dejaban marcar como ganado con las iniciales KR, hasta que fue condenado por tráfico sexual y otros delitos en 2019. La influencia del líder sobre sus adeptos puede llegar a ser tan fuerte que los induzca a emular sus actos, aunque las consecuencias sean fatales, como atestiguan la masacre de Jonestown en 1978, el asedio de Waco a los Davidianos de la Rama en 1993 y el suicidio colectivo de la secta Heaven's Gate en 1997. Aaron, tras dejar sus estudios universitarios, intentó acallar el malestar por la que sentía que era una vida sin rumbo uniéndose a los «Moonies». Abandonó la secta al cabo de dos años, y dos años después volvió a ella hastiado de vagabundear de ciudad en ciudad y de trabajo en trabajo. Diez meses más tarde se alejó nuevamente del grupo, pero esta vez, sin tener ningún objetivo fijo ni una sensación clara de quién era ni de lo que quería, se intentó suicidar.

El fenómeno de los «suicidios en grupo», especialmente entre adolescentes, puede reflejar la impotencia de quien no consigue formarse una identidad. La tasa nacional de suicidios aumenta de un modo alarmante tras el suicidio de alguien famoso, como Marilyn Monroe, Kurt Cobain o Robin Williams. Y es posible que la dinámica sea la misma entre los adolescentes que tienen una estructura de identidad frágil: son susceptibles a las tendencias suicidas del líder del grupo o a las de otro grupo de adolescentes suicidas de su región.

El carácter impulsivo

Criterio 4. Impulsividad en al menos dos aspectos que sean potencialmente autodestructivos, como abuso de sustancias psicoactivas, promiscuidad sexual, juego, conducción temeraria, robo en establecimientos, gasto desmedido de dinero o comer en exceso.

Los comportamientos del individuo con TLP pueden ser impetuosos y contradictorios, ya que nacen de las sensaciones del momento, es decir, de percepciones que representan instantáneas de experiencia aisladas e inconexas. La inmediatez del presente existe de forma aislada, sin poder beneficiarse de experiencias pasadas ni de la esperanza de un futuro. Dado que este individuo no dispone de un patrón histórico, de un sentido de continuidad y, por tanto, nada es para él previsible, repite casi los mismos errores una y otra vez. La película *Memento*, que dirigió Christopher Nolan en el año 2000, presenta de forma metafórica lo que el individuo con TLP vive a diario. Afectado por la pérdida de memoria a corto plazo, el investigador de seguros Leonard Selby se ve obligado a pegar fotos Polaroid y papeles con notas por toda la habitación –e incluso a tatuarse mensajes en el cuerpo– para recordar lo que ha sucedido solo horas o minutos antes. (En una escena de persecución en la que está decidido a vengar el asesinato de su esposa, ¡no es capaz de recordar si está persiguiendo a alguien o si es a él a quien persiguen!). La película ilustra con gran dramatismo la soledad de un hombre que constantemente se siente «como si acabara de despertar». La escasa paciencia y la necesidad de gratificación inmediata pueden estar conectadas con los comportamientos que definen otros síntomas del TLP: conflictos e impulsivas explosiones de cólera por las frustraciones de una relación tormentosa (criterio 2), cambios súbitos de humor (criterio 6) que pueden dar lugar a arrebatos impulsivos, manifestaciones de ira sin ningún fundamento (criterio 8) por la incapacidad para controlar los impulsos, conductas autodestructivas o de autolesión (criterio 5) a consecuencia de la intensidad de las frustraciones... El consumo impulsivo y descontrolado de drogas y alcohol sirve de defensa contra los sentimientos de soledad y abandono. Varios estudios de resonancia magnética con pacientes *borderline* que tenían una alta puntuación en impulsividad observaron, en zonas específicas de la corteza cerebral, alteraciones de la corriente sanguínea, con respecto a los sujetos del grupo de control.[48]

Joyce era una mujer divorciada de treinta y un años que empezó a recurrir al alcohol en dosis cada vez mayores tras su divorcio y el nuevo matrimonio de su marido. Esta mujer atractiva y con talento empezó a tomarse su trabajo cada día menos en serio y a pasar más tiempo en los bares. «Hice de la evasión mi profesión», me dijo al cabo del tiempo. Cuando el dolor de estar sola y de sentirse abandonada era demasiado intenso, usaba el alcohol como anestesia. A veces, al rato de conocer a un hombre se lo llevaba a casa. Lo habitual era que después de esos excesos con el alcohol o el sexo se hiciera toda clase de reproches y sintiera que se merecía que su marido la hubiera abandonado. Entonces el ciclo empezaba de nuevo: no se soportaba, y necesitaba castigarse todavía más. De este modo, los comportamientos impulsivos de autodestrucción se convirtieron a la vez en una manera de evitar el dolor y en un mecanismo con el que infligírselo para expiar sus pecados.

Autodestrucción

Criterio 5. Recurrentes amenazas o tentativas de suicidio o conductas de autolesión.

Las amenazas e intentos frustrados de suicidio –que reflejan tanto la propensión a la depresión y la desesperanza desoladoras como la habilidad para manipular a los demás– son rasgos destacados del TLP. La conducta autolesiva es a la vez un grito de socorro y un castigo que el individuo se impone por ser «malo».

Hasta el setenta y cinco por ciento de las personas con TLP tienen un historial de autolesión y la gran mayoría de ellas cuenta con al menos un intento de suicidio.[49] El tipo más común de autolesión es cortarse, pero también son frecuentes las quemaduras, las sobredosis, las conductas temerarias, los golpes y otros tipos de autolesión.[50] En muchos casos, las amenazas o intentos frustrados de suicidio no indican un deseo de morir, sino que son una forma de comunicar el dolor que sienten y una súplica para que alguien intervenga. Desgraciadamente, cuando estos gestos suicidas se repiten a menudo, lo que la persona consigue con ellos es precisamente lo contrario: que los demás se harten y dejen de responder, lo cual puede dar lugar a tentativas cada vez más serias. El comportamiento suicida es uno de los síntomas del TLP más difíciles de afrontar para la familia y los terapeutas: abordarlo puede dar lugar a interminables confrontaciones infructuosas; ignorarlo puede significar la muerte de esa persona (véase el capítulo seis). Aunque muchos de los criterios que definen el TLP disminuyen con el tiempo, incluidas las amenazas de autolesión, el riesgo de suicidio persiste toda la vida.[51, 52] Y cuando el paciente tiene una historia de abusos sexuales en la infancia, es diez veces más probable que se intente suicidar.[53]

El TLP es el único diagnóstico médico parcialmente definido por la conducta autolesiva. La autolesión –excepto cuando aparece claramente asociada con la psicosis– es un sello característico del trastorno límite de la personalidad. Este comportamiento puede adoptar la forma de heridas autoinfligidas en los genitales, las extremidades o el torso. Para estos pacientes, el cuerpo se convierte en un mapa de carreteras en el que el viaje de su vida va quedando señalado por las cicatrices. Cuchillas de afeitar, tijeras, cigarrillos encendidos o las uñas son algunos de los instrumentos que estas personas utilizan con más frecuencia, aunque también recurren para hacerse daño al consumo excesivo de drogas, alcohol o alimentos. La autolesión no tiene por objeto el suicidio, aunque accidentalmente, si el corte es demasiado profundo, la quemadura demasiado grave o la autoagresión demasiado extrema, pueda ocasionar la muerte.

A menudo, la autolesión empieza siendo un acto impulsivo de autocastigo, pero con el tiempo puede convertirse en una acción estudiada y ritual. En estos casos, habitualmente el paciente pondrá cuidado en herirse solo en las zonas del cuerpo que quedan cubiertas por la ropa, lo cual ilustra su intensa ambivalencia emocional: se siente obligado a castigarse de forma ostentosa y, a la vez, a ocultar cuidadosamente la evidencia de su tribulación. Aunque mucha gente se tatúa por motivos estéticos, es posible que, a nivel colectivo, la creciente fascinación por los tatuajes y los *piercings* en las últimas tres décadas sea menos una moda que un reflejo de las tendencias *borderline* presentes en nuestra sociedad (véase el capítulo cuatro). A veces, la necesidad desesperada de encajar puede incitar a la persona con TLP (normalmente en la adolescencia) a «copiar» el acto de cortarse o de grabarse palabras o nombres en la piel.

Jennifer (véase el capítulo uno) satisfacía su necesidad de infligirse dolor arañándose las muñecas, el abdomen y la cintura, dejándose marcas profundas que pudiera cubrir con facilidad.

A veces el autocastigo es más indirecto. El individuo puede alegar que es víctima de una serie de «accidentes», o provocar frecuentes peleas, que le evitan sentirse responsable directo de los golpes que recibe; deja que las circunstancias o los demás ejerzan la violencia en su lugar.

Cuando Carlos, por ejemplo, rompió con su novia, les echó la culpa a sus padres. No le habían dado suficiente apoyo, ni habían sido lo bastante amables con ella, pensaba, y cuando ella puso fin a la relación después de seis años, se quedó desolado. A los veintiocho años seguía viviendo en un apartamento que pagaban sus padres y trabajaba esporádicamente con su padre en la oficina. Tiempo atrás se había intentado suicidar, pero decidió que no les daría a sus padres «la satisfacción» de matarse. En su lugar, empezó a comportarse de forma cada vez más temeraria. Tuvo numerosos accidentes de tráfico, algunos en estado de ebriedad, y aunque le retiraron el carné de conducir siguió conduciendo. Frecuentaba bares en los que de vez en cuando provocaba altercados y se peleaba con hombres mucho más fuertes que él. Carlos reconocía lo destructivo de su comportamiento y pensaba en algunos momentos: «Ojalá una de esas veces me muera».

Puede haber distintas explicaciones para estos comportamientos autodestructivos y amenazas tan dramáticos. El dolor autoinfligido puede reflejar la necesidad de sentir, de escapar de una cápsula de adormecimiento. La persona con TLP tiende a crearse una especie de burbuja aislante, que no solo la protege del dolor emocional, sino que además le sirve de barrera frente a las sensaciones que le produce la realidad. Experimentar dolor se convierte para ella, por tanto, en un importante vínculo con la existencia. Sin embargo, en muchos casos el dolor autoinfligido no es lo bastante fuerte como para crear esa barrera (aunque la sangre y las cicatrices le resulten fascinantes de observar), y entonces la frustración puede obligarla a aumentar el número de tentativas de inducirse dolor o la cantidad de dolor autoinfligido.

El dolor autoinducido puede actuar también como distracción de otras formas de sufrimiento. Había una paciente que, cuando se sentía sola o tenía miedo, se hacía cortes en distintas partes del cuerpo como modo de «apartar la mente» de la soledad. Otra se golpeaba la cabeza contra la pared cuando las migrañas provocadas por el estrés se volvían insoportables. Intentar librarse de la tensión interna posiblemente sea la razón más común para autolesionarse.[54]

El comportamiento autodestructivo puede servir igualmente para expiar el pecado. Un hombre, angustiado por la culpa tras la ruptura de su matrimonio, de la cual se sentía enteramente responsable, bebía una copa de ginebra tras otra –un sabor que aborrecía– hasta que le provocaba arcadas. Solo después de soportar ese malestar y esa humillación se sentía redimido y podía retomar sus actividades.

Otro motivo para el comportamiento autodestructivo y doloroso puede ser impedir acciones sobre las que el individuo siente que no tiene ningún control. Un adolescente se hizo cortes en las manos y en el pene para no poder masturbarse, un acto que consideraba repugnante. Esperaba que el recuerdo del dolor lo disuadiría de seguir entregándose a aquella conducta que aborrecía.

También es posible que los actos (o amenazas) autodestructivos nazcan del deseo de castigar a otra persona, normalmente alguien cercano. Una mujer le describía insistentemente a su novio toda clase de detalles de su comportamiento promiscuo (que a menudo incluía rituales masoquistas degradantes). Las aventuras sexuales coincidían invariablemente con los momentos en que estaba enfadada y quería castigarlo.

Por último, el comportamiento autodestructivo puede provenir de una necesidad manipuladora de recibir comprensión o de que alguien acuda al rescate. Una mujer, cada vez que tenía una fuerte discusión con su novio, se cortaba las venas delante de él, y lo obligaba así a que le procurara asistencia médica.

Muchas personas con TLP aseguran no sentir dolor cuando se autolesionan y tener una sensación incluso de sosegada euforia después de hacerlo. Antes de autolesionarse, sentían quizá una gran tensión, rabia o una tristeza intolerable; después, la sensación es de alivio de la ansiedad y liberación, como la liberación que uno siente cuando está construyendo una torre con bloques de madera cada vez más y más alta, y finalmente la torre se tambalea y se derrumba.

Este alivio puede deberse a factores psicológicos o fisiológicos, o a una combinación de ambos. Los médicos se dieron cuenta hace mucho de que, tras un traumatismo físico grave, como las heridas de guerra, el paciente es capaz de experimentar una calma inesperada y una especie de anestesia natural, a pesar de la falta de atención médica. La explicación que se ha dado a esto es que, en esas circunstancias, se segregan sustancias biológicas, llamadas endorfinas, los opioides internos del cuerpo (como la morfina o la heroína), que son el tratamiento del propio organismo para el dolor. Cuando en los estudios de imágenes por resonancia magnética (IRM) se expone a los individuos con TLP a experiencias de dolor controladas, las imágenes muestran inusuales diferencias en la conectividad de los circuitos cerebrales. Y esas regiones cerebrales afectadas tienen relación directa con las percepciones cognitivas y emocionales del dolor.[55]

Cambios de humor radicales

Criterio 6. Inestabilidad afectiva debida a una marcada reactividad emocional, con cambios episódicos drásticos a depresión, irritabilidad o ansiedad, que suelen durar unas horas y rara vez más de unos días.

El individuo *borderline* experimenta cambios de humor bruscos y extremos, que duran poco tiempo, generalmente unas horas. Su estado de ánimo básico no suele ser tranquilo y controlado, sino más bien hiperactivo e irrefrenable, o pesimista, cínico y deprimido. Los cambios súbitos de humor suelen aparecer como respuesta a la situación inmediata, y pueden ser de magnitud totalmente desproporcionada a las circunstancias.

Audrey no cabía en sí de alegría mientras inundaba de besos a Owen por haberla sorprendido con un ramo de flores que le había comprado volviendo del trabajo. Mientras Owen fue a lavarse las manos para sentarse a cenar, Audrey recibió una llamada de su madre, que la reprendió una vez más por no haberla llamado para preguntarle por sus constantes achaques. Cuando Owen regresó del baño, Audrey se había transformado en una arpía furiosa, que de repente le gritaba por no estar ayudándola a preparar la cena. Él no fue capaz más que de sentarse, aturdido y perplejo por la transformación.

La novia de Justin lo llevó rápidamente al servicio de urgencias después de oírlo decir, cada vez más fuera de sí, lo desesperado que estaba y que se quería matar. Cuando lo ingresaron en la unidad psiquiátrica, le habló a la enfermera, en tono de profundo dolor y entre sollozos incontrolables, de su desolación y sus ganas constantes de morirse. La enfermera salió y, literalmente unos minutos después, al asomarse lo vio riendo y bromeando con su nuevo compañero de habitación.

Siempre medio vacío

Criterio 7. Sentimiento crónico de vacío.

Al carecer de un sentido central de identidad, los individuos con TLP suelen tener un doloroso sentimiento de soledad que los hace lanzarse a buscar formas de llenar los «agujeros». También hay ocasiones en que sencillamente se retraen y se niegan a buscar ayuda.

De esa sensación dolorosa, casi física, se lamenta el Hamlet de Shakespeare: «Últimamente, y sin saber por qué, he perdido toda la alegría y el deseo de ocuparme de las tareas cotidianas. Tengo tal pesadumbre en la mente que este hermoso marco, la Tierra, me parece un promontorio yermo».

Tolstói definió el aburrimiento como «el deseo de deseos»; en este contexto parece obvio que, en el individuo con TLP, la búsqueda de una manera de aliviar el aburrimiento se traduce muy a menudo en aventuras impulsivas, actos destructivos y relaciones decepcionantes. En muchos sentidos, el personaje *borderline* busca una nueva relación o experiencia, no por sus aspectos positivos, sino como escape del sentimiento de vacío, representando así el destino existencialista de los personajes descritos por Sartre, Camus y otros filósofos.

Este individuo sufre con frecuencia una especie de angustia existencial, que puede ser un obstáculo importante en el tratamiento, ya que mina la energía motivadora que necesita para curarse. De este estado anímico, irradian muchas de las restantes características del TLP. El suicidio puede parecer la única respuesta racional a un estado perpetuo de vacío. La necesidad de llenar el vacío o de aliviar el aburrimiento lleva a este individuo a explosiones de ira y a una impulsividad autodestructiva, y especialmente a abusar de las drogas. Este estado anímico suele agudizar el dolor que acompaña al sentimiento de abandono. Suele dificultar aún más las relaciones. Es imposible establecer un sentido central de sí mismo en una cáscara vacía. Y la inestabilidad del estado de ánimo suele ser la consecuencia del sentimiento de soledad. De hecho, la depresión y el sentimiento de vacío suelen reforzarse mutuamente.

Toro Salvaje

Criterio 8. Ira intensa y sin fundamento, o falta de control de la ira; por ejemplo, manifestaciones frecuentes de enfado, furia constante, peleas físicas recurrentes.

Al igual que la inestabilidad afectiva, la ira es un síntoma persistente del TLP a lo largo de la vida.[56]

Los arrebatos de ira son tan imprevisibles como aterradores. Las escenas violentas no guardan proporción con los incidentes que las provocan. Las peleas domésticas en las que la persona persigue a su pareja con un cuchillo o estrella los platos contra la pared son típicas del TLP. La ira puede estar provocada por una ofensa concreta (y a menudo trivial), pero debajo de la chispa que provoca la explosión se esconde un arsenal de miedo a decepcionar al otro y a que el otro se vaya. Tras un desacuerdo por un comentario trivial sobre las diferencias de sus estilos de pintura, Vincent van Gogh agarró un cuchillo y persiguió a su buen amigo Paul Gauguin por toda la casa hasta la calle. A continuación, descargó su ira contra sí mismo y con el mismo cuchillo se cortó media oreja.

La cólera, tan a flor de piel y de tal intensidad, suele ir dirigida contra aquellos más cercanos a la persona con TLP: el cónyuge, los hijos, los padres... La ira del TLP puede representar un grito de socorro, la necesidad de poner a prueba el amor que el otro le tiene o miedo a la intimidad; sean cuales fueren los factores subyacentes, la realidad es que aleja a aquellos a quienes más necesita. El cónyuge, amigo, amante o familiar que permanece a pesar de las agresiones, o es muy paciente y comprensivo o está a su vez muy perturbado. Ante explosiones de esta magnitud, se hace difícil la empatía, y, para sobrellevar la situación, la relación tendrá que recurrir a todos los recursos que haya a su alcance (véase el capítulo cinco).

Esa cólera muchas veces se traslada al ámbito terapéutico, donde los psiquiatras y otros profesionales de la salud mental se convierten en el objetivo. Carrie, por ejemplo, a menudo se enfurecía con su terapeuta, siempre en busca de alguna manera de poner a prueba su compromiso de seguir tratándola. A veces salía furiosa de la consulta y le pedía a la secretaria que cancelara sus próximas citas. Al día siguiente la llamaba para que le diera cita de nuevo. ¡La secretaria aprendió muy pronto a esperar un poco antes de hacer ningún cambio! El tratamiento se vuelve precario en una situación como esta (véase el capítulo siete), y es posible que los terapeutas dejen (o «despidan») a los pacientes *borderline* por esta razón. Muchos terapeutas procuran limitar el número de pacientes con TLP a los que tratan.

A veces actúo como un loco: mentiras, malditas mentiras, y delirios

Criterio 9. Pensamientos paranoides transitorios o síntomas de disociación grave relacionados con el estrés.

Las experiencias psicóticas más comunes de los pacientes con TLP conllevan sentimientos de irrealidad y delirios paranoides. Los sentimientos de irrealidad expresan una disociación de las percepciones habituales: la percepción de que el propio individuo o quienes están con él son irreales. Algunos pacientes experimentan una especie de escisión interna, y sienten aflorar distintos aspectos de su personalidad dependiendo de las situaciones. Las percepciones distorsionadas pueden afectar a cualquiera de los cinco sentidos.

El adulto con TLP puede manifestar una psicosis transitoria al enfrentarse a situaciones estresantes (como sentirse abandonado) o encontrarse en un entorno muy desestructurado. Por ejemplo, los terapeutas han observado episodios de psicosis durante el psicoanálisis clásico, que se basa en gran medida en la asociación libre y en desvelar traumas pasados en un entorno no estructurado. También el consumo de sustancias psicoactivas ilegales puede estimular la psicosis. A diferencia de los pacientes con trastornos psicóticos como la esquizofrenia, la manía, la depresión psicótica u otros trastornos inducidos por el abuso de alcohol o drogas, en el TLP los episodios psicóticos suelen ser de menor duración y son para el paciente intensamente aterradores, por su diferencia extrema con la experiencia ordinaria. Sin embargo, para el mundo exterior, la manifestación de la psicosis en el TLP puede ser indistinguible, en su forma aguda, de las experiencias psicóticas de esos otros trastornos. La principal diferencia es la duración. En cuestión de horas o de días, lo habitual es que esa ruptura con la realidad desaparezca y el individuo se reajuste al funcionamiento habitual, a diferencia de lo que ocurre en otras formas de psicosis.

La doctora Jill Sánchez, residente de psiquiatría, recibió un aviso estando de guardia en el servicio de urgencias para que fuera a evaluar a Lorenzo, un estudiante de posgrado de veintitrés años con aspecto desaliñado al que su compañero de piso acababa de llevar al hospital. El compañero de piso dijo haber apreciado en él un comportamiento cada vez más paranoico y extraño en las últimas veinticuatro horas. Lorenzo había estado sometido últimamente a una gran presión, tratando de terminar su tesis doctoral al tiempo que atendía problemas familiares derivados de la reciente muerte de su padre. No podía dormir y comía poco. Aquel día Lorenzo había empezado a hablar solo, y de repente se había puesto a gritarle a su director de tesis como si estuviera allí en el apartamento. Repetía lleno de miedo que la universidad estaba en su contra y quería que fracasara; luego había acusado a su compañero de piso de formar parte de la conspiración. Decía que tenía que saltar a una dimensión diferente, porque ahora no existía ya en este mundo.

Al examinar el caso, la doctora Sánchez no encontró datos de ningún antecedente psiquiátrico ni antecedentes familiares de trastorno mental. La prueba de detección de drogas dio resultado negativo. El compañero de piso confirmó que Lorenzo no había tenido anteriormente ningún comportamiento inusual, aunque era bastante «volátil» y tenía ocasionalmente cambios de humor extremos y, muy de tarde en tarde, explosiones de ira desproporcionadas. La doctora Sánchez ingresó a Lorenzo en la unidad psiquiátrica con un diagnóstico tentativo de esquizofrenia incipiente. Le administró una dosis baja de un antipsicótico, de efecto sedante, con la esperanza de aliviar así la ansiedad e inducir el sueño.

A la mañana siguiente, Lorenzo parecía otra persona: recién duchado y arreglado, tranquilo, comunicativo con la doctora. Tenía recuerdos fragmentarios de los últimos dos días, pero contaba que efectivamente se había sentido desbordado por los estudios y los asuntos familiares. Al recordar vagamente su agitación y suspicacia del día anterior se traslucía en él una sensación de vergüenza. Dijo que dormir le había sentado muy bien, y, como se encontraba recuperado, pidió que le dieran el alta para poder volver a la facultad. Ante la insistencia de la doctora, Lorenzo accedió a quedarse en el hospital un día más, durante el que se dedicó a ayudar a las enfermeras a atender a otros pacientes angustiados e intranquilos. Cuando le dieron el alta, reconoció que tenía que aprender a vivir de otra manera las presiones académicas. Admitió también que la muerte de su padre había despertado en él mucha ansiedad por pasados conflictos de familia. Lorenzo aceptó hacer un seguimiento con un psiquiatra.

El mosaico del TLP

En la actualidad, los profesionales de la salud mental han empezado a admitir que el TLP es sin duda una de las afecciones psiquiátricas más comunes en Estados Unidos. El profesional debe ser capaz de reconocer las características de este trastorno para tratar con eficacia al gran número de pacientes. La persona de a pie debe ser capaz de reconocerlas para comprender mejor a aquellos que están en su vida.

Mientras asimila este capítulo, el lector perspicaz observará que habitualmente esos síntomas interactúan; no son tanto lagos aislados como arroyos que se alimentan unos a otros y finalmente se unen y forman ríos que desembocan en los mares o en los océanos. También son interdependientes. Los profundos surcos que van grabando esos torrentes de emociones determinan no solo el carácter del individuo con TLP, sino también partes de la cultura en la que vive. Cómo se forman estas marcas características en el individuo y se reflejan en nuestra sociedad es lo que estudiaremos en los próximos capítulos.

Capítulo tres

Las raíces del trastorno *borderline*

Todas las familias felices se parecen; las desdichadas lo son cada una a su manera.

—De *Anna Karenina*, de León Tolstói

La infancia y la pubertad no fueron fáciles para Dixie Anderson. Cuando era niña, su padre casi nunca estaba en casa y, cuando estaba, no decía mucho; Dixie pasó años sin saber siquiera a qué se dedicaba, solo sabía que estaba siempre fuera. Margaret, su madre, cuando se dirigía a él le decía que era un adicto, que estaba «enganchado» al trabajo. Durante toda su infancia, Dixie tuvo la sensación de que su madre le ocultaba algo, sin llegar a saber nunca con seguridad qué era.

Pero cuando cumplió once años, las cosas cambiaron. Era una «mujercita precoz», le dijo su madre, aunque Dixie no supiera bien lo que eso significaba. Lo único que sabía era que, de repente, su padre estaba más tiempo en casa del que había estado nunca y era también más atento. Dixie disfrutaba de la nueva atención que le dedicaba y del nuevo poder que tenía sobre él cuando terminaba de tocarla. Una vez que terminaba, estaba dispuesto a hacer cualquier cosa que ella le pidiera.

Por la misma época, repentinamente Dixie empezó a tener más éxito entre los chicos del barrio acomodado en el que vivían a las afueras de Chicago. Empezaron a ofrecerle sus alijos secretos de marihuana y, unos años más tarde, hongos y éxtasis.

La escuela secundaria le parecía un rollo. Para cuando acababan las clases de la mañana, se había peleado ya con alguno de sus compañeros, pero las peleas no hacían mella en su ánimo: era fuerte, tenía amigos y drogas; era una chica guay. Una vez llegó a darle un puñetazo a su profesor de Ciencias, que le parecía un auténtico imbécil. El profesor no se lo tomó nada bien y fue a hablar con el director, que la expulsó del centro.

A los trece años se sentó frente a su primer psiquiatra, y él le diagnosticó hiperactividad y la trató con diversos medicamentos que no la hacían sentirse ni remotamente igual de bien que fumar hierba. Decidió escaparse. Metió algo de ropa en una bolsa, llegó en autobús hasta la autopista, sacó el dedo y en unos minutos estaba de camino a Las Vegas.

Margaret por su parte se lamentaba de que, con Dixie, cualquier esfuerzo era siempre en vano: su hija mayor nunca estaba contenta con nada. Obviamente, decía, Dixie había heredado los genes de su padre y, como él, se pasaba el día criticándola por su aspecto y por cómo llevaba la casa. Margaret había probado de todo para perder peso –las anfetaminas, el alcohol, incluso el grapado de estómago– pero nada parecía funcionar. Siempre había sido gorda y siempre lo sería.

Muchas veces se preguntaba por qué se había casado Roger con ella. Al principio no entendía que la quisiera a ella precisamente, siendo un hombre muy atractivo. Pronto resultó obvio que no la quería: de un día para otro dejó de ir a dormir a casa.

Dixie era la única luz de esperanza en la vida de Margaret. Su otra hija, Julie, obesa ya a los cinco años, le parecía una causa perdida. Pero por Dixie habría hecho lo que fuera. Se aferraba a ella como a un salvavidas. Sin embargo, cuanto más se aferraba Margaret, más se indignaba Dixie. Se había vuelto intransigente, a menudo tenía rabietas y le gritaba la desgracia que era tener una madre gorda. Los médicos no podían hacer nada por la obesidad de Margaret; le diagnosticaron trastorno maníaco depresivo y adicción al alcohol y a las anfetaminas. La última vez que ingresó en el hospital, le aplicaron un tratamiento de electrochoque. Y ahora que Roger ya no estaba y Dixie se pasaba la vida escapándose, sentía que el mundo se le venía encima.

Tras unos meses de intensa actividad en Las Vegas, Dixie quiso probar suerte en Los Ángeles, donde todo fue más de lo mismo: la promesa de coches, dinero y buenos momentos. Y es cierto que montó en muchos coches, pero los buenos momentos eran contados. Sus amigos intentaban buscarse la vida sin mucho éxito, y Dixie a veces tenía que acostarse con algún tipo para que le «prestara» algo de dinero. Al final, con solo unos dólares en el bolsillo de los vaqueros, volvió a casa.

El panorama que Dixie se encontró al llegar fue el de un padre que había desaparecido y una madre sumida en una espesa niebla a causa de la depresión y las pastillas; un panorama tan desalentador que Dixie no tardó en volver al alcohol y a las drogas. A los quince años la hospitalizaron dos veces por abuso de sustancias y estuvo en tratamiento con varios terapeutas. A los dieciséis, se quedó embarazada de un hombre al que había conocido unas semanas antes. Se casó con él poco después de hacerse la prueba de embarazo.

Siete meses más tarde, cuando nació Kim, el matrimonio se empezó a desmoronar. El marido de Dixie, un patán débil y sin iniciativa, no era capaz ni de arreglárselas él solo, mucho menos de procurarle a su hija un sólido ambiente familiar.

Para cuando el bebé cumplió seis meses, el matrimonio se había deshecho y Dixie y Kim se mudaron a casa de Margaret. Fue entonces cuando Dixie empezó a obsesionarse con su peso. Pasaba días enteros sin comer, luego se atracaba de comida con frenesí y un rato después lo vomitaba todo en el váter. Y lo que no conseguía eliminar vomitando lo eliminaba de otras maneras: se tomaba los laxantes como si fueran caramelos o hacía ejercicio hasta que la ropa se le empapaba de sudor y estaba tan agotada que no podía moverse. Bajó de peso, pero su salud se resintió y su estado de ánimo empeoró. Dejó de tener la menstruación, se fue quedando sin energía y cada vez le costaba más concentrarse. Le deprimía pensar en su vida, y, por primera vez, le pareció que la única verdadera alternativa era el suicidio.

Cuando la volvieron a ingresar en el hospital, de entrada se sintió a salvo y tranquila, pero pronto volvió a ser la misma Dixie de siempre. Para el cuarto día, había empezado ya a intentar seducir a su médico; cuando él no respondía, lo amenazaba con tomar todo tipo de represalias. A las enfermeras les exigía que le dedicaran una atención especial y le concedieran ciertos privilegios, y se negaba a participar en las actividades de grupo.

Igual de súbitamente que había ingresado en el hospital, se declaró curada y pidió el alta, apenas unos días después del ingreso. A lo largo del año siguiente, volvió a ingresar en el hospital varias veces más. También acudió a varios psicoterapeutas, ninguno de los cuales parecía entender sus drásticos cambios de humor, su depresión, su soledad, su impulsividad con los hombres (y no saber cómo tratarlos) y las drogas. Empezó a dudar que pudiera alguna vez ser feliz.

No pasó mucho tiempo antes de que Margaret y Dixie empezaran a pelearse y a gritarse como en el pasado. Para Margaret, era como verse de nuevo a sí misma siendo joven y cometiendo los mismos errores. No lo podía soportar.

El padre de Margaret había sido igual que Roger, un hombre solitario e infeliz que tenía poco trato con su esposa y sus hijos. La madre se encargaba de la familia de modo muy parecido a como Margaret se encargaba de la suya. Y al igual que Margaret se aferraba a Dixie, su madre se había aferrado a ella y había intentado desesperadamente moldearla en todo. Margaret se alimentó de las ideas y los sentimientos que su madre le embutía y de comida suficiente como para alimentar a un regimiento. Para los dieciséis años, era extremadamente obesa y tomaba cantidades ingentes de anfetaminas que el médico de familia le había recetado con la idea de reducirle el apetito. Para los veinte, había descubierto el alcohol y tomaba además Fiorinal para que la bajara del subidón de las anfetaminas.

A pesar de la constante lucha que su madre libró con ella por controlarla, Margaret nunca fue capaz de complacerla. Tampoco había sabido complacer a su hija ni a su marido. Se dio cuenta de que nunca había sabido hacer feliz a nadie, ni siquiera a sí misma. Sin embargo, siguió empeñada en intentar complacer a personas que no querían que las complacieran.

Ahora que Roger se había ido y Dixie estaba tan enferma, sintió que su vida estaba a punto de derrumbarse. Dixie finalmente le había contado que su padre abusaba sexualmente de ella. A pesar de eso, y de que, antes de marcharse, Roger se hubiera jactado de todas las mujeres que había tenido en su vida, Margaret lo echaba de menos. Sabía que también él estaba solo.

Dixie sintió que había llegado el momento de hacer algo para acabar con la desdicha de aquella familia autodestructiva. Al menos en lo que a ella le tocaba. Lo más importante de entrada sería encontrar un trabajo, algo con lo que combatir el aburrimiento permanente. Pero su hija tenía dos años, Dixie diecinueve, y estaba sola con ella, y además no había terminado el instituto.

Con su compulsividad característica, se matriculó en un programa equivalente al de estudios secundarios y obtuvo el diploma en cuestión de unos meses. A los pocos días de obtenerlo, estaba ya solicitando préstamos y becas para la universidad.

Margaret había empezado a cuidar de Kim durante el día, y en muchos sentidos parecía que el arreglo podía funcionar: ocuparse de Kim le daba a Margaret algo sustancial que hacer en su vida, Kim tenía a su abuela de cuidadora y Dixie disponía de tiempo para dedicarse a su nueva misión. Sin embargo, pronto comenzaron a aparecer grietas en el sistema: Margaret a veces se emborrachaba o estaba demasiado deprimida para poder ocuparse de nada. Cuando ocurría, la solución de Dixie era fácil: la amenazaba con no dejarla estar con Kim. Pero la abuela y la nieta, como es obvio, se necesitaban la una a la otra desesperadamente, así que Dixie conseguía encargarse ella sola de la casa y la familia.

En medio de todo, aún sacaba tiempo para los hombres, aunque sus frecuentes relaciones solían ser de corta duración. Parecía ajustarse a un modelo de conducta muy concreto: cada vez que un hombre empezaba a mostrar interés por ella, se aburría. Su tipo de hombre habitual era de mediana edad y distante –médicos reservados y altivos, hombres casados a los que conocía de vista, profesores–, pero en el instante en que alguno de ellos respondía a sus coqueteos, lo abandonaba. Los chicos con los que sí salía eran todos miembros de una iglesia que se oponía estrictamente al sexo prematrimonial.

Dixie evitaba a las mujeres y no tenía amigas. Pensaba que las mujeres eran débiles y anodinas. Los hombres, al menos, tenían un poco de sustancia, aunque le parecían unos idiotas si respondían a sus coqueteos y unos hipócritas si no lo hacían.

A medida que pasaba el tiempo, cuanto mejor le iba en los estudios, más se asustaba. Podía empeñarse en conseguir algo –una calificación en determinada asignatura, a un determinado hombre– incansable, casi obsesivamente, pero cada logro le creaba exigencias cada vez más altas e ilusorias. A pesar de que sacaba buenas notas, montaba en cólera y amenazaba con suicidarse si no era capaz de responder en un examen todo lo bien que esperaba.

En esos momentos, su madre la intentaba consolar, pero también ella pensaba cada vez más a menudo en el suicidio, así que los papeles muchas veces se invertían. Se iban turnando: a veces era la madre y a veces la hija la que volvía a pasar un tiempo en el hospital, en un caso por depresión y en el otro por abuso de sustancias.

Al igual que su madre y su abuela, Kim conocía poco a su padre. A veces iba a visitarla, y otras veces Dixie la llevaba a ella a visitarlo a la casa en la que vivía con su madre. Siempre parecía sentirse incómodo en presencia de Kim.

Dada la desconexión emocional de su madre y la ineficacia de su abuela, que tenía suficiente con pensar en sus cosas, para cuando cumplió cuatro años Kim había tomado el control de la casa: ignoraba a Dixie, que respondía ignorándola a su vez, y si tenía una rabieta, Margaret cedía de inmediato a sus deseos.

La casa estaba en un estado de caos casi constante. A veces, coincidía que Margaret y Dixie estaban hospitalizadas al mismo tiempo: Margaret por su alcoholismo y Dixie por su bulimia. Kim se quedaba entonces en casa de su padre, aunque él era incapaz de cuidarla y hacía que fuera su madre quien la atendiera.

Vista desde fuera, Kim parecía una niña inusualmente madura para tener seis años, a pesar del caos en el que vivía. A sus ojos, los demás niños eran «solo niños», sin su experiencia. Ella no tenía la sensación de que aquella clase de madurez fuera inusual en absoluto: había visto fotografías de su madre y de su abuela cuando tenían su edad, y en aquellas fotos las dos mostraban su misma expresión.

A través de las generaciones

En muchos aspectos, la saga de los Anderson es típica de los casos de TLP: los factores que contribuyen al desarrollo de este trastorno se transmiten a menudo a través de las generaciones. La genealogía del TLP suele abundar en problemas graves y persistentes, como el suicidio, el incesto, el abuso de drogas, la violencia, las pérdidas y la soledad.

Se ha observado que con mucha frecuencia las personas *borderline* tienen una madre *borderline*, que a su vez tiene una madre *borderline*. Esta predisposición hereditaria suscita una serie de preguntas, por ejemplo: ¿cómo se desarrollan los rasgos del TLP?, ¿cómo se transmiten de una generación a la siguiente?, ¿cabe la posibilidad de que no se transmitan?

Al examinar las raíces de este trastorno, estas preguntas hacen resurgir el tradicional dilema de «naturaleza o crianza» (*temperamento* o *carácter*). Las dos teorías principales sobre las causas del TLP –una que sostiene que sus raíces están en el desarrollo (psicológicas) y la otra que afirma que su origen es constitucional (biológico y genético)– reflejan el dilema. Los estudios indican que aproximadamente entre el cuarenta y dos y el cincuenta y cinco por ciento de las características del TLP se considera que pueden atribuirse a influencias genéticas; el resto se derivan de la interacción con el entorno.[1, 2, 3]

Además de los factores estresantes y las experiencias angustiosas de carácter interpersonal, entre las influencias del entorno están los factores socioculturales, como nuestra acelerada y fragmentada estructura social, la destrucción de la familia nuclear, la creciente tasa de divorcios, la dependencia cada día mayor de cuidadores infantiles distintos del padre o la madre, la mayor movilidad geográfica y el patrón cambiante de los roles de género (véase el capítulo cuatro). Aunque la investigación empírica de estos elementos ambientales es limitada, algunos profesionales especulan que estos factores tenderían a aumentar la prevalencia del TLP.

Las pruebas de que disponemos no apuntan a una causa única y definitiva –ni siquiera a un tipo de causa– del TLP. Más bien, hay factores genéticos, de desarrollo, neurobiológicos y sociales que contribuyen al desarrollo del trastorno.

Raíces genéticas y neurobiológicas: los aspectos de origen «natural»

Los estudios familiares indican que cualquier familiar de primer grado de un individuo con TLP tiene bastantes más probabilidades de mostrar señales de un trastorno de la personalidad, en especial del TLP, que el público en general. Dichos familiares tienen también una probabilidad significativamente mayor de presentar trastornos del estado de ánimo, de los impulsos y de abuso de sustancias psicoactivas. En los estudios familiares que han investigado los componentes de los cuatro sectores principales que definen el TLP (del estado de ánimo, interpersonal, conductual y cognitivo), se ha observado una sola vía genética que fuera responsable de la convergencia de esos síntomas en los miembros de la familia. Un estudio descubrió que cualquier familiar de una persona con TLP tiene casi cuatro veces más probabilidades de desarrollar este tratorno que alguien que no sea de la familia.[4] Otro estudio de gemelos que examinó los nueve criterios del TLP concluyó, además, que la mayoría de los efectos genéticos sobre estos criterios se derivan de un factor general del TLP de carácter hereditario. En esta investigación, los niveles de impulsividad de los individuos con TLP demostraron ser principalmente hereditarios. Por el contrario, la imagen de sí mismos y la relación interpersonal mostraban mayor variabilidad entre los miembros de la familia, lo que da a entender que estos síntomas probablemente estén más influidos por las experiencias vitales, es decir, menos determinados por la genética.[5] Algunos investigadores han sugerido que un sector del cromosoma 9, que abarca muchos genes, podría estar asociado con el TLP.[6]

Es poco probable que un solo gen lo determine por completo; parece más lógico que en el desarrollo de lo que denominamos TLP, como en la mayoría de los trastornos médicos, estén implicados muchos *loci* cromosómicos,* con algunos genes activados y otros silenciados, probablemente por influencia de factores ambientales. Por otra parte, puede que los genes que se determinan al nacer experimenten alteraciones debido a un proceso que es el objeto de estudio de la epigenética. El estrés o una experiencia traumática (el trastorno por estrés postraumático, TEPT, por ejemplo) pueden provocar la metilación del ADN, algo que va mucho más allá del alcance de este libro; baste decir aquí que se trata de un mecanismo que activa un determinado gen o lo desactiva.[7] Se ha descubierto la correlación de algunas características biológicas y anatómicas con el TLP. En nuestro libro *Sometimes I Act Crazy* [A veces pierdo la cabeza], analizamos con más detalle cómo afectan determinados genes a los neurotransmisores (hormonas cerebrales que transmiten mensajes entre las células del cerebro).[8] La disfunción de algunos de estos neurotransmisores –por ejemplo, la serotonina, la norepinefrina, la dopamina o el glutamato,

* N. de la T.: Loci, plural de locus, lugar de un cromosoma en el que se encuentra un gen determinado.

entre otros– está asociada con la impulsividad, los trastornos del estado de ánimo, la disociación y otras características del TLP. Estos neurotransmisores afectan asimismo al equilibrio de la producción de glucosa, adrenalina y esteroides en el organismo. La oxitocina, a veces llamada «hormona del amor» por su asociación con el vínculo maternofilial, que favorece la sociabilidad y reduce la ansiedad, puede sufrir una desregulación a causa del TLP. Los estudios han demostrado reacciones paradójicas a este neuropéptido en la población con este trastorno.[9, 10] Igualmente, se ha observado en estos individuos una secreción alterada de cortisol, sustancia determinante para la respuesta de estrés que el sistema endocrino provoca en el organismo.[11] Algunos de los genes que afectan a estas sustancias neurobiológicas se han asociado con varios trastornos psiquiátricos. Sin embargo, las variaciones en los resultados de unos y otros estudios demuestran que son *múltiples* genes (influidos además por los factores de estrés ambientales) los que participan en la expresión de la mayoría de los trastornos médicos y psiquiátricos.

El consumo excesivo de alimentos, alcohol y sustancias químicas y psicoactivas, frecuente en el TLP e interpretado sistemáticamente como un comportamiento autodestructivo, podría entenderse también como un intento del individuo de «autotratar» su profunda agitación y confusión emocional. A menudo, como decíamos, los pacientes con TLP hablan del efecto calmante que tiene en ellos la autolesión: en lugar de dolor, experimentan alivio, pues los distrae de su intenso sufrimiento psicológico. Y es que la autoagresión, como cualquier otro trauma físico o experiencia de estrés, puede provocar la secreción de endorfinas, sustancias de efecto narcótico que el cuerpo produce para reportar alivio en situaciones de dolor: por traumatismo físico, durante el parto, en carreras de larga distancia y otras actividades físicamente estresantes. Los pacientes con TLP presentan alteraciones en el sistema opioide endógeno del cuerpo que influyen en la percepción no solo del dolor, sino también de las sensaciones calmantes y placenteras.[12, 13]

También los cambios del metabolismo y la morfología (o estructura) del cerebro están asociados con el TLP. Los individuos que lo padecen muestran hiperactividad en la parte del cerebro relacionada con la ira, el miedo, la emocionalidad y la impulsividad (las zonas límbicas, en especial la amígdala), y una actividad reducida en la sección que controla el pensamiento racional y la regulación de las emociones (la corteza prefrontal). Aunque de forma un tanto simplificada quizá, esto permite deducir que, en el TLP, la parte evolutivamente más desarrollada, razonadora y «racional» del cerebro está subyugada y es incapaz de controlar a la parte más primitiva, instintiva e «impulsiva» del sistema mental. (Se observan desequilibrios similares en pacientes que sufren depresión y ansiedad). Además, los cambios de volumen en estas partes del cerebro también se asocian con el TLP y están correlacionados con esos cambios fisiológicos.[14, 15]

En respuesta a las lesiones externas o al estrés interno, el sistema inmunitario desencadena un torrente de interacciones biológicas que dan lugar a la inflamación. Esto estimula factores pro- y antiinflamatorios que pueden medirse en la sangre. Los procesos inflamatorios se han asociado con varios trastornos psiquiátricos importantes, como la depresión mayor, el trastorno bipolar, la esquizofrenia, el TEPT y el trastorno obsesivo-compulsivo, entre otros.[16] No sería de extrañar que algunas de las características del TLP (ira, impulsividad, etc.) estuvieran relacionadas con este tipo de disfunción autoinmune.

Estas alteraciones que se producen en el cerebro pueden derivarse de lesiones o enfermedades cerebrales. Un porcentaje significativo de individuos *borderline* tiene antecedentes de traumatismo cerebral, encefalitis, epilepsia, problemas de aprendizaje, trastorno por déficit de atención con hiperactividad (TDAH) o complicaciones maternas durante el embarazo.[17] Y esas anomalías se reflejan en irregularidad de las ondas cerebrales observable en los electroencefalogramas, disfunción metabólica y disminución del volumen de la materia blanca y gris.

Teniendo en cuenta que la imposibilidad para establecer un apego sano entre padres e hijos puede dar lugar a una posterior patología del carácter, el deterioro cognitivo por la parte parental o por la infantil, o por ambas, puede obstaculizar la relación. Dado que las últimas investigaciones apuntan firmemente a que el TLP es en alguna medida hereditario, parece muy posible que ambas partes (el padre/madre y su hija/hijo) experimenten una disfunción de la conexión cognitiva y/o emocional. Y un desajuste en la comunicación puede perpetuar las inseguridades y las disfunciones impulsiva y afectiva que dan lugar al TLP.

Raíces psicológicas: los aspectos originados en la crianza

Las teorías que atribuyen la causa del TLP a factores relacionados con el desarrollo centran su atención en las delicadas interacciones del niño con sus cuidadores, en especial durante los primeros años de vida. Las edades comprendidas entre los dieciocho y los treinta meses, cuando comienza la lucha infantil por la autonomía, son particularmente cruciales. Algunos padres se resisten enérgicamente a que el niño haga avances hacia la separación e insisten en mantener una simbiosis controlada, exclusiva y a menudo asfixiante. En el otro extremo, están los padres que tienen una participación errática en el desarrollo del niño, o están ausentes durante gran parte de ese período de crianza, y que, por tanto, no dedican suficiente atención a sus sentimientos y experiencias ni les dan validez. Cualquiera de los dos extremos de comportamiento –el exceso de control conductual y/o la falta de implicación emocional– puede hacer que el niño no desarrolle un sentido de sí mismo positivo y estable, y conducir a una intensa y constante necesidad de apego y a un persistente miedo al abandono.

En muchos casos, la ruptura de la relación paterno/maternofilial es debida a circunstancias más graves, como son la pérdida temprana del padre o la madre o una separación traumática prolongada, o ambas cosas. Como en el caso de Dixie, muchos niños con TLP tienen un padre ausente o psicológicamente perturbado. Es frecuente en el TLP que las figuras maternas primarias (que a veces son el padre) estén deprimidas y tengan un comportamiento errático y alguna psicopatología significativa, y que el ambiente familiar en el que creció el individuo estuviera marcado por el incesto, la violencia y/o el alcoholismo. Muchos casos muestran que hubo una relación hostil o combativa entre la madre y ese niño o niña que con el tiempo desarrollaría TLP.

La teoría de las relaciones objetales y la separación-individuación en la infancia y la niñez

La teoría de la relación de objeto, o teoría de las relaciones objetales, que es un modelo de desarrollo infantil, destaca la importancia de las interacciones del niño con su entorno, en contraposición a los instintos psíquicos y pulsiones biológicas que están desconectados de las sensaciones externas. Según esta teoría, la relación del niño con los «objetos» (personas y cosas) de su entorno determina su funcionamiento posterior. Y un posible resultado, que a su vez tendrá importantes consecuencias, es que el niño no se sienta conectado o «apegado».

El principal modelo de relaciones objetales para las fases tempranas del desarrollo infantil fue creado por Margaret Mahler y sus colegas.[18] En él sostenían que los primeros uno o dos meses de vida del bebé se caracterizaban por un ensimismamiento, podríamos decir: el bebé vive ajeno a todo salvo a sí mismo (la *fase autista*). Durante los siguientes cuatro o cinco meses, denominados *fase simbiótica*, comienza a reconocer a los demás en su universo, no como seres separados, sino como extensiones de sí mismo.

En el siguiente período, de *separación-individuación*, que se extiende hasta los dos o tres años de edad, el niño comienza a separarse físicamente y a desvincularse del cuidador principal y a establecer un sentido de sí mismo distinto. Mahler y otros investigadores consideran que la capacidad del niño para atravesar con éxito esta etapa de desarrollo es crucial para su salud mental posterior.

Durante todo el período de separación-individuación, el niño empieza a establecer los límites que lo diferencian de los demás, una tarea que se complica debido a dos conflictos fundamentales: entre el deseo de autonomía y que se cubran sus necesidades afectivas y de todo tipo, y entre el miedo a ser absorbido y el miedo al abandono.

Otro factor que contribuye a complicar la situación es que el niño que está desarrollándose tiende a percibir a cada individuo de su entorno como dos personas distintas. Por ejemplo, cuando la madre se muestra reconfortante y sensible, ve en ella a una persona que es «bondad absoluta»; cuando no puede atenderlo o es incapaz de reconfortarlo y calmarlo, ve en ella a una madre que es «absoluta maldad». Cuando el bebé la pierde de vista, cree que su madre ya no existe, que ha desaparecido para siempre, y llora para que vuelva y alivie su intenso miedo y desesperación.

A medida que el niño va desarrollándose, a esta escisión o desdoblamiento natural la sustituye una integración más sana de los rasgos buenos y malos de la madre, y a la ansiedad provocada por la separación la sustituye el saber que la madre existe incluso aunque no esté físicamente presente y que, cuando sea el momento, volverá, un fenómeno denominado comúnmente *constancia del objeto* (ver la página 99). Ahora bien, por encima de estos hitos de desarrollo habituales prevalece el cerebro del niño, que puede sabotear la adaptación normal.

Mahler divide la separación-individuación en cuatro subfases que en determinados momentos se solapan:

FASE DE DIFERENCIACIÓN (5-8 MESES). En esta fase del desarrollo, el bebé empieza a ser consciente de un mundo exterior distinto de la madre. Aparece la sonrisa social, en respuesta al entorno, pero dirigida principalmente a la madre. Hacia el final de esta fase, el bebé muestra el lado opuesto de la misma respuesta: la ansiedad ante los extraños, ya que es capaz de reconocer quiénes no forman parte del entorno que le es familiar.

Si su relación con la madre le reporta seguridad y consuelo, las reacciones que tiene ante los extraños se caracterizan principalmente por la sorpresa y la curiosidad. Si la relación no le reporta seguridad, la ansiedad es más prominente; el niño comienza a hacer una separación entre las emociones positivas y negativas hacia otros individuos, recurriendo a la escisión para hacer frente a esas emociones contradictorias.

(Se desconoce por el momento el efecto que con el tiempo pueda tener en los niños el prolongado distanciamiento social impuesto por la pandemia de COVID-19. Cualquier situación en que las interacciones sociales sean limitadas afecta al desarrollo de una diferenciación entre la respuesta a la figura materna y a personas extrañas).

FASE DE EJERCITACIÓN (8-16 MESES). Esta fase está caracterizada por la creciente capacidad del niño para alejarse de la madre, primero gateando y luego andando. Esas breves separaciones se ven interrumpidas por frecuentes reencuentros, para comprobar que todo está en orden y «repostar», comportamiento que refleja la primera ambivalencia del niño en su camino hacia una autonomía cada vez mayor.

FASE DE REACERCAMIENTO (16-25 MESES). En esta fase, el mundo en expansión del niño lo lleva a reconocer que posee una identidad distinta de la de quienes lo rodean. Los reencuentros con la madre y la necesidad de recibir su aprobación confirman en él la conciencia de que tanto la madre como los demás individuos son personas reales separadas de él. Es en esta fase de reacercamiento, sin embargo, donde tanto el niño como la madre se enfrentan a conflictos que determinarán la futura vulnerabilidad al TLP.

El papel de los padres durante este período es alentar los experimentos de individuación del niño y, al mismo tiempo, procurarle apoyo constante. El niño normal de dos años no solo desarrolla un fuerte vínculo con sus padres, sino que aprende también a separarse temporalmente de ellos con tristeza, en lugar de con rabia o con un berrinche. Estos «terribles dos años», como a menudo se los llama, representan en parte el conflicto de la transición: cuando el niño se reúne con sus padres, es probable que se sienta feliz y también enfadado por la separación. La madre comprensiva empatiza con él y acepta el enfado sin tomar represalias. Al cabo de muchas separaciones y reencuentros, el niño desarrolla un sentido estable de sí mismo, un sentimiento de amor y confianza hacia los padres (apego) y una sana ambivalencia hacia los demás.

En teoría, sin embargo, la madre de un niño que posteriormente desarrollará el TLP tiende a responder a su hijo de manera distinta, ya sea alejándolo de su lado prematuramente y resistiéndose a una conexión emocional con él (quizá debido a su propio miedo a la intimidad) o insistiendo en un apego simbiótico (quizá debido a su propio miedo al abandono y a su necesidad de intimidad afectiva). En cualquiera de los casos, el niño cargará con el peso de un intenso miedo al abandono y/o a ser absorbido, que se intensificará al verlo reflejado en los propios temores de la madre.

Como consecuencia, el niño nunca llega a convertirse en un ser humano emocionalmente separado. En etapas posteriores de la vida, la incapacidad del individuo con TLP para establecer una conexión íntima en sus relaciones personales será reflejo de esta fase infantil. Al enfrentarse a la intimidad, es posible que resucite el desolador sentimiento de abandono que seguía siempre a sus intentos vanos de conexión íntima con su madre, o, por el contrario, el agobio que le provocaba su comportamiento asfixiante.

Oponerse al afán de control de la madre conlleva el riesgo de perder su amor; ceder a esa clase de relación emocionalmente inmovilizadora conlleva el riesgo de perderse a sí mismo. T. E. Lawrence (*Lawrence de Arabia*) ilustra este miedo a ser absorbido, cuando a los treinta y ocho años escribe sobre su conflicto con la dominación que su madre intenta ejercer sobre él: «Me da terror que sepa nada sobre mis sentimientos, mis ideas, mi forma de vida. Si los conociera, acabarían desvirtuados, violados, ya no serían míos».[19]

FASE DE CONSTANCIA DEL OBJETO (25-36 MESES). Al final del segundo año de vida, suponiendo que los anteriores niveles de desarrollo hayan progresado satisfactoriamente, el niño entra en la fase de constancia del objeto, en la que reconoce que la ausencia de la madre (y de otros cuidadores primarios) no significa automáticamente que hayan desaparecido para siempre. El niño aprende a tolerar la ambivalencia y la frustración. Reconoce que el enfado de la madre es de carácter temporal y empieza a comprender también que la rabia que él expresa no destruirá a la madre. Comienza a apreciar el concepto de amor y aceptación incondicionales y desarrolla la capacidad de compartir y empatizar. Se vuelve más receptivo a su padre y a otras personas de su entorno. La imagen de sí mismo se vuelve más positiva, a pesar de los aspectos autocríticos de la conciencia que ha empezado a aflorar.

Para ayudar al niño en todas estas tareas están los objetos transicionales, es decir, objetos materiales en los que deposita cierto apego (un peluche, una muñeca, una manta), que representan a la madre y que el niño lleva a todas partes consigo para aliviar el efecto de la separación. La forma, el olor y la textura del objeto son representaciones físicas de la madre confortadora. Los objetos transicionales son una de las primeras concesiones que hace el niño para resolver el conflicto entre la necesidad de establecer su autonomía y la necesidad de dependencia. Este conflicto de opuestos es la primera «dialéctica» que aprende a conciliar. (La terapia dialéctica conductual [TDC], uno de los métodos de tratamiento del trastorno límite de la personalidad, trata este tipo de oposiciones dialécticas, como se explica con más detalle en el capítulo ocho). Con el tiempo, en un desarrollo normal, el niño abandona el objeto transicional cuando es capaz de interiorizar la imagen permanente de una figura materna tranquilizadora y protectora.

Las teorías del desarrollo sostienen que el individuo con TLP nunca llega a esta etapa de constancia del objeto, ya que se queda estancado en una fase anterior de desarrollo en la que siguen predominando la escisión y otros mecanismos de defensa.

Los adultos *borderline*, debido a que están apresados en una continua lucha por conseguir esa constancia del objeto –es decir, confianza y una identidad separada–, siguen dependiendo emocionalmente de objetos transitorios para tranquilizarse. Una mujer, por ejemplo, siempre llevaba en el bolso un artículo de periódico que contenía citas de su psiquiatra. En situaciones de estrés, sacaba el artículo, al que llamaba su «manta de seguridad». Ver el nombre de su terapeuta impreso era una ratificación de que existía y de su constante interés y preocupación por ella.

También para la princesa Diana de Gales tenían un efecto reconfortante los objetos transicionales, toda una colección de animales de peluche –«mi familia», los llamaba– colocados a los pies de la cama. Como comentó su amante James Hewitt, «había una fila como de treinta animales de peluche, que habían estado con ella en su infancia, que se habían metido con ella en la cama de Park House y que la habían reconfortado y le transmitían cierta sensación de seguridad». Cuando salía de viaje, Diana se llevaba su oso de peluche preferido.[20] Como ella, muchas personas con TLP que están hospitalizadas tienen a su lado peluches u otros objetos emocionalmente significativos que han llevado al hospital para que las reconforten mientras están en tratamiento. Muchos actos supersticiosos ritualizados podrían reflejar, llevados al extremo, esa utilización de objetos transicionales frecuente en el TLP. Es posible que el jugador de béisbol que lleva los mismos calcetines, o se niega a afeitarse, mientras está en medio de una buena racha de bateo, por ejemplo, simplemente manifieste una de tantas supersticiones habituales en los deportes; solo cuando esos comportamientos se repiten compulsiva e inflexiblemente e interfieren en el funcionamiento cotidiano, cruza esa persona la frontera hacia el TLP.

Conflictos de infancia

A medida que el niño va avanzando y pasando por los sucesivos marcadores del desarrollo, el sentimiento de constancia del objeto sigue también evolucionando, y salvando continuos desafíos. Cautivado por los cuentos de hadas, llenos de personajes todobondadosos y todo-despiadados, el niño se encuentra ante infinidad de situaciones en las que utiliza la escisión como principal estrategia para afrontarlas. (Blancanieves, por ejemplo, solo se puede conceptualizar como absolutamente buena y la malvada reina, solo como absolutamente mala; el cuento no suscita la comprensión hacia una reina que quizá tuvo una infancia triste y caótica ni permite criticar la cohabitación de la heroína con los siete tipos bajitos). Aunque ahora confía en la presencia permanente de la madre, el niño ha de seguir luchando contra el miedo a perder su amor. La niña de cuatro años a la que su madre regaña por ser «mala» puede sentirse todavía amenazada por que su madre ya no la quiera; tal vez todavía no conciba la posibilidad de que su madre quizá esté expresando sus propias frustraciones, que tienen poco que ver con lo que ella ha hecho, ni haya aprendido aún que su madre puede estar enfadada y sentir por ella, a la vez, el mismo amor de siempre.

Con el tiempo, llega el momento de empezar a ir al colegio y el niño debe enfrentarse a la ansiedad de esa separación. La «fobia escolar» no es ni una fobia real ni está relacionada exclusivamente con la escuela, sino que representa la sutil interacción entre la ansiedad del niño y las reacciones de los padres, que pueden intensificar la resistencia de su hijo a la separación con sus propios sentimientos ambivalentes al respecto.

Conflictos de la adolescencia

Las dificultades relacionadas con la separación-individuación se repiten en la adolescencia, cuando cuestiones como la identidad y la conexión con los demás vuelven a ser preocupaciones vitales. Tanto en la fase infantil de reacercamiento como en la adolescencia, el modo en que el niño se relaciona es menos una acción hacia los demás que una reacción frente a ellos, en especial cuando se trata de sus padres. La diferencia está en que el niño de dos años trata de obtener la aprobación y admiración del padre y la madre moldeando su identidad para emular la suya, mientras que el adolescente trata de imitar a sus compañeros o adopta deliberadamente comportamientos que sean lo más diferentes posible –incluso opuestos– a los de los padres. En ambas etapas, el comportamiento del niño se basa menos en necesidades internas determinadas de un modo independiente que en la reacción a las personas significativas del entorno inmediato. El comportamiento se convierte entonces en una búsqueda para *descubrir* la propia identidad, y no para reforzar la establecida.

Es posible que una adolescente insegura dé vueltas y vueltas a la relación con su novio y entre en la rueda del «me quiere o no me quiere». No ser capaz de integrar las emociones positivas y negativas y de establecer una percepción de los demás equilibrada y consistente lleva a una continua escisión como mecanismo de defensa. La incapacidad del adolescente con TLP para mantener la constancia del objeto da lugar a posteriores problemas para mantener relaciones sólidas basadas en la confianza, establecer un sentido central de identidad y tolerar la ansiedad y la frustración.

Muchas veces, hay familias enteras que adoptan un sistema de interacción típico del TLP, en el que las identidades indiferenciadas de los miembros de la familia se fusionan y separan alternativamente. Melanie, la hija adolescente de una de estas familias, se identificaba íntimamente con su madre, depresiva crónica, que se sentía abandonada por su marido mujeriego. Dado que su marido pasaba mucho tiempo fuera de casa y que sus otros hijos eran mucho más pequeños, la madre se aferraba a su hija, le contaba detalles íntimos de su desdichado matrimonio e invadía la privacidad de la adolescente con preguntas indiscretas sobre sus amigos y las cosas que hacía. Sentirse responsable de la felicidad de su madre interfería en la vida de Melanie hasta el punto de que no podía atender sus propias necesidades. Incluso eligió una universidad de las proximidades para poder seguir viviendo en casa. Con el tiempo, Melanie desarrolló anorexia nerviosa, que se convirtió en su principal manera de sentir que tenía control sobre su vida, que era independiente, lo cual la reconfortaba.

Por su parte, la madre de Melanie se sentía responsable y culpable del trastorno de su hija. Encontró alivio para su angustia saliendo a gastar descontroladamente, haciendo compras extravagantes (que ocultaba a su marido); luego, pagaba las facturas con el dinero que sacaba de la cuenta bancaria de su hija. Madre, padre e hija estaban empantanados en una dinámica familiar disfuncional, a la que no estaban dispuestos a enfrentarse y de la que eran incapaces de escapar. En casos como este, es inevitable que quienes conviven con una persona afectada por el TLP sufran los efectos de un ambiente familiar tan estresante.[21] Para tratar eficazmente al individuo al que se le ha diagnosticado TLP, es posible que haya que tratar a la familia entera (véase el capítulo siete). El modelo de intervención de la terapia familiar se centraría posiblemente en educar a la familia sobre el TLP y en darles pautas de relación a sus miembros y a otras personas que sientan verdadero afecto e interés por el paciente *borderline*. Hay principalmente tres situaciones familiares que podemos encontrarnos y tres maneras de ayudar al paciente y a sus seres queridos: (1) cuidando de la persona con TLP y de su familia de origen, (2) cuidando de la persona con TLP y su nueva familia de adulta, y (3) ayudando a la persona con TLP a ser un padre o madre eficaz.[22] En algunos casos, lo más indicado será una terapia individual para el paciente con TLP a fin de que se distancie o separe del sistema familiar patológico persistente.

Traumas

Los traumas importantes –perder a los padres, sufrir negligencia, rechazo o ser víctima de maltrato físico o abusos sexuales– durante los primeros años de desarrollo pueden aumentar la probabilidad de padecer TLP en la adolescencia y la edad adulta. De hecho, el historial de los pacientes *borderline* suele ser un desolado campo de batalla, marcado por hogares rotos, abusos constantes y privación emocional.

Norman Mailer describía en su libro lo que supuso para Marilyn Monroe tener un padre ausente, al que nunca llegó a conocer. Aunque esa ausencia contribuyó a la inestabilidad emocional en su vida posterior, paradójicamente fue también una de las fuerzas motivadoras de su carrera:

> Los grandes actores suelen descubrir su talento después de haber buscado desesperadamente una identidad. Una identidad corriente no concordará con ellos, ni una desesperación corriente puede ser su motor. La fuerza que impulsa a un gran actor en su juventud es una demencial ambición. La ilegitimidad y la demencia son las madrinas del gran actor. Un niño al que le falta su padre o su madre es un esbozo en busca de identidad, y se convierte rápidamente en candidato a actor (ya que la forma más imaginativa de descubrir una nueva y posible identidad es ajustándose con precisión a un papel).[23]

La princesa Diana de Gales, a la que su madre abandonó y que creció con un padre distante y reservado, presentaba características similares. «Siempre pensé que Diana habría sido una magnífica actriz, porque era capaz de interpretar cualquier papel que se propusiera», dijo su antigua niñera, Mary Clarke.[24]

Marilyn, que había pasado en un orfanato muchos años de su infancia, tuvo que aprender a sobrevivir con un mínimo de amor y atención. Fue su imagen de sí misma lo que más sufrió y el causante del comportamiento manipulador que tendría con sus amantes años después. En el caso de Diana, el «profundo sentimiento de que no era digna de que la quisieran» (en las elogiosas palabras de su hermano Charles) fue un obstáculo para la relación con los hombres. «Me mantenía a distancia de los chicos; pensaba que solo sabían crear problemas, y yo no era capaz de afrontarlos, emocionalmente me superaban. "Estoy muy trastornada", solía pensar».[25]

Por supuesto, no todos los niños traumatizados o maltratados acaban siendo adultos con TLP, ni todos los adultos con TLP tienen un historial de traumas o abusos. Además, la mayoría de los estudios sobre los efectos de los traumas infantiles se basan en inferencias a partir de los informes de los adultos, y no en estudios longitudinales que hayan seguido la vida del niño desde la infancia hasta la edad adulta. Por otra parte, algunos estudios han encontrado formas de abuso y maltrato menos extremas en los historiales de personas con TLP, concretamente negligencia (a veces por parte del padre) y una relación tensa entre el padre y la madre que dejaba poco espacio para la atención y debida protección al niño.[26, 27, 28] De todos modos, la mayor parte de la evidencia testimonial y estadística muestra que la negligencia y los malos tratos y abusos de uno u otro tipo tienen relación con el TLP.

Naturaleza versus crianza

En qué medida es la naturaleza o es la crianza lo que determina numerosos aspectos del comportamiento humano es una cuestión controvertida que viene de lejos. ¿Es el destino biológico heredado de los padres el causante de que alguien desarrolle el TLP, o es la forma en que los padres lo trataron –o maltrataron– en su infancia? ¿Son determinadas señales bioquímicas y neurológicas las que causan el trastorno, o es el trastorno el que causa esas señales? ¿Por qué hay personas que desarrollan TLP a pesar de haberse criado en un ambiente familiar aparentemente sano? ¿Por qué otras personas que tienen un pasado repleto de malos tratos, abusos y experiencias traumáticas no lo desarrollan?

Plantear así estas cuestiones nos lleva al eterno dilema del huevo o la gallina, y corremos el riesgo de llegar a conclusiones demasiado simplistas. Por ejemplo, basándonos en las teorías del desarrollo, podríamos concluir que la dirección causal es exclusivamente descendente; es decir, una madre distante y desapegada hará que su hijo sea inseguro y desarrolle TLP. Pero la relación podría ser más compleja, más interactiva que eso: un bebé que tiene cólicos constantes, que no responde a las expresiones de afecto de la madre y que no es atractivo puede provocar en ella decepción y desapego. Independientemente de qué haya ocurrido primero, ambos factores continúan interactuando y perpetúan unos determinados patrones de relación, quizá durante muchos años, y que pueden extenderse a otras relaciones. Los efectos atenuantes de otros factores –el apoyo del padre, la aceptación por parte de la familia y los amigos, una educación superior, aptitudes físicas y mentales– ayudarán a determinar finalmente la salud emocional del individuo.

Aunque, como decíamos, no hay pruebas que apoyen la existencia de un gen específico del TLP, los seres humanos pueden heredar vulnerabilidades cromosómicas que más tarde se expresarán como una determinada afección dependiendo de otros factores: frustraciones y traumas en la infancia, acontecimientos específicos causantes de gran estrés, una alimentación saludable, exposición a cambios ambientales o toxinas, una buena asistencia sanitaria, etc. Al igual que algunos investigadores sugieren que los defectos biológicos en el metabolismo corporal del alcohol, que son de carácter hereditario, pueden estar asociados con la propensión de un individuo a desarrollar alcoholismo, también puede existir una predisposición genética al TLP, por un defecto biológico que impide la estabilización del estado de ánimo y los impulsos.

Al igual que muchas personas afectadas por el TLP aprenden a rechazar la idea de que todo es o blanco o negro, los investigadores están empezando a ver que el modelo más adecuado de este trastorno (y de la mayoría de las afecciones médicas y psiquiátricas) es aquel que contempla la intervención simultánea de múltiples factores, tanto congénitos como adquiridos, que interactúan continuamente. El trastorno límite de la personalidad es un tapiz complejo, de ricos bordados, en el que se entrecruzan innumerables hilos.

Capítulo cuatro

La sociedad *borderline*

Donde no hay visión, el pueblo se extravía.

—Proverbios 29: 18

La forma de gobierno de los Estados no surge por azar de las encinas o de las rocas, sino de las costumbres de quienes los componen, que lo arrastran todo en la dirección en que se inclinan.

—De *La República*, de Platón

Desde muy pequeña, Lisa Barlow era incapaz de hacer nada bien. Su hermano mayor era el niño bonito: sacaba buenas notas, era educado, destacaba en los deportes, era perfecto. Su hermana pequeña, que tenía asma, también recibía atenciones constantes. Lisa nunca daba la talla, especialmente a los ojos de su padre, que continuamente les recordaba a los tres que él había empezado sin nada, que sus padres no tenían dinero, bebían más de la cuenta y no se ocupaban de él. Pero había conseguido salir adelante pese a todo. Se había abierto camino en el instituto y en la universidad, y había conseguido que lo promocionaran repetidamente en un banco de inversión nacional. En 1999, hizo una fortuna durante la burbuja de las puntocoms, solo para perderlo todo un año después a consecuencia de algunos errores profesionales.

Los primeros recuerdos que tiene Lisa de su madre son de verla tumbada en el sofá, enferma o con algún dolor, ordenándole que hiciera una u otra tarea doméstica. Lisa se esforzaba por cuidar de ella y por convencerla de que dejara de tomar aquellos analgésicos y tranquilizantes que la aturdían y alejaban hasta tal punto.

Creía que, si lo hacía todo bien, no solo conseguiría que su madre se pusiera mejor sino que, además, complacería a su padre. Aunque siempre sacaba unas notas excelentes (incluso mejores que las de su hermano), los comentarios de su padre al verlas eran siempre críticos y despreciativos: o el curso había sido demasiado fácil, o podía haber sacado más que un notable alto o un sobresaliente bajo. En cierto momento, pensó que quería ser médica, pero su padre la convenció de que no lo conseguiría.

Durante la infancia y adolescencia de Lisa, la familia Barlow se mudaba constantemente –de Omaha a San Luis, de allí a Chicago, y finalmente a Nueva York– siguiendo al padre al sitio donde se le presentara la ocasión de conseguir el trabajo o la promoción soñados. Lisa detestaba aquellas mudanzas, y con el tiempo se dio cuenta de que estaba resentida con su madre por no haberse opuesto nunca a que fueran de un lado a otro. Cada dos o tres años, a Lisa la «empaquetaban» y la enviaban, como si fuera una maleta, a una ciudad nueva y extraña, en la que empezaba a ir a un nuevo colegio lleno de estudiantes nuevos y extraños. (Años más tarde, cuando le habló de estas experiencias a su terapeuta, dijo que sentía «como si estuviera secuestrada o fuera una esclava»). Cuando la familia se mudó a Nueva York, Lisa estaba ya en el instituto, y se juró no volver a hacerse amiga de nadie para no tener que volver a despedirse.

Se instalaron en una casa elegante de un barrio elegante de Nueva York. Sin duda, la casa era más grande que la anterior y el césped estaba más cuidado, pero nada de eso la compensaba ni remotamente de los amigos que había dejado atrás. Su padre rara vez iba a casa por las tardes; cuando lo hacía, era ya casi de noche y, según llegaba, empezaba a beber y a despotricar contra Lisa y su madre por pasarse el día sin hacer nada. Cuando bebía demasiado, se ponía violento, y a veces les pegaba a ella y a sus hermanos más fuerte de lo que pretendía. El momento que Lisa temía más era cuando él estaba borracho y su madre casi inconsciente por los analgésicos; entonces no había nadie que cuidara de la familia salvo ella, y aquello lo odiaba.

En el año 2000, todo empezó a desmoronarse. Inesperadamente, la empresa de su padre (o su padre, Lisa nunca lo supo con certeza) lo perdió todo al desplomarse el mercado de valores. De repente, era posible que su padre se quedara sin trabajo, y, si eso ocurría, la familia Barlow tendría que mudarse de nuevo, esta vez a una casa más pequeña de un barrio menos elegante. El padre parecía culpar de todo a su familia, y en especial a Lisa. Luego, en 2001, una mañana de septiembre clara y luminosa, Lisa bajó las escaleras y se encontró a su padre tumbado en el sofá, con lágrimas corriéndole por las mejillas. De no haber sido por la resaca, tras la borrachera de la noche anterior, habría muerto en su oficina del World Trade Center.

Durante semanas, su padre estuvo sumido en un estado de aturdimiento, y su madre también. Finalmente, al cabo de seis meses se divorciaron. Toda aquella época, Lisa se sintió perdida y aislada. Era parecido a lo que le pasaba en clase de Biología, cuando miraba alrededor del aula y veía a todos sus compañeros con los ojos entrecerrados pegados al microscopio, tomando notas, sabiendo al parecer exactamente lo que tenían que hacer, y ella se sentía mareada, no entendía del todo lo que se esperaba que hiciera y estaba demasiado asustada como para preguntarlo.

Al cabo de un tiempo, dejó de esforzarse. En el instituto empezó a juntarse con «quienes no debía». Se aseguraba de que sus padres la vieran con aquellos chicos y chicas de extravagantes atuendos. Muchos de ellos tenían el cuerpo cubierto –casi literalmente– de tatuajes y *piercings*, y el estudio de tatuajes del barrio se convirtió también para Lisa en un segundo hogar.

Como su padre seguía insistiendo en que no tenía aptitudes para ser médica, estudió enfermería. La primera vez que trabajó en un hospital, conoció allí a un «espíritu libre» que quería llevar sus conocimientos de enfermería a las zonas desfavorecidas. Lisa se quedó prendada de él, y se casaron al poco tiempo de conocerse. Al principio, él bebía ocasionalmente, cuando salían con los amigos, pero las dosis de alcohol fueron aumentando más y más a medida que pasaban los meses. Empezó a pegar a Lisa, y ella, magullada y amoratada, seguía pensando que la culpa era suya, que no estaba a la altura, que no sabía hacerlo feliz. Lisa no tenía amigos, porque, según decía, él no la dejaba relacionarse con nadie; pero en el fondo sabía que la verdadera razón eran ella y su miedo a la cercanía emocional.

Se sintió aliviada cuando finalmente la dejó. Aunque ella quería separarse, no era capaz de cortar el cordón umbilical. Sin embargo, al alivio inicial le siguió el miedo: «¿Y ahora qué hago?».

Entre el dinero que recibió tras el acuerdo de divorcio y su sueldo, Lisa tenía suficiente dinero para volver a la universidad. Esta vez estaba decidida a ser médica, y, para sorpresa de su padre, fue admitida en la facultad de Medicina. Empezaba a sentirse bien de nuevo, valorada y respetada. Pero en cuanto estuvo en la facultad, comenzó una vez más a dudar de sí misma. Sus supervisores le decían que era demasiado lenta, desorganizada, torpe hasta con los trabajos más sencillos. La criticaban por equivocarse en las pruebas que pedía al laboratorio o por no tener los resultados a tiempo. Solo con los pacientes se sentía a gusto. Con ellos podía ser quien tuviera que ser: una mujer amable y compasiva cuando era necesario, o firme y exigente si era eso lo que la situación requería.

En la facultad, tenía además otros complejos. Era mayor que casi todos los demás estudiantes; tenía una formación muy diferente, y era mujer. Muchos de los pacientes la llamaban «enfermera», y algunos pacientes varones no querían saber nada de «ninguna doctora». Estaba dolida y enfadada porque, como antes habían hecho sus padres, ahora la sociedad y sus instituciones habían vuelto a robarle la dignidad.

La cultura de la desintegración

Las teorías psicológicas adquieren una dimensión diferente cuando se observan teniendo en cuenta la cultura y la época de las que proceden. A principios del siglo XX, por ejemplo, cuando Freud estaba formulando el sistema que se convertiría en la base del pensamiento psiquiátrico moderno, el contexto cultural era el de una sociedad victoriana rígidamente estructurada. Su teoría de que las neurosis tenían su origen en la represión de los pensamientos y sentimientos inadmisibles –agresivos y, en especial, sexuales– era totalmente lógica dado el estricto contexto social.

Ahora, más de un siglo después, los instintos agresivos y sexuales se expresan más abiertamente, y el entorno social es mucho más confuso. Qué significa ser un hombre o una mujer es mucho más ambiguo en la civilización occidental moderna que en la Europa de principios del siglo XX. Las estructuras sociales, económicas y políticas son menos rígidas. La unidad familiar y los roles culturales están menos definidos, y ni siquiera está claro qué significa la palabra *tradicional*.

Aunque los factores sociales pueden no ser la causa directa del TLP (o de otros trastornos mentales), son, como poco, importantes influencias indirectas. Los factores sociales interactúan con el TLP de diversas maneras, y no se pueden ignorar. En primer lugar, si el trastorno se origina en una etapa temprana de la vida –y es abundante la evidencia que así lo indica–, es probable que su intensificación esté ligada a cambios sociales que puedan afectar a la manera de entender la estructura familiar y la relación paterno/maternofilial. Vale la pena, por tanto, examinar los cambios sociales relativos a las pautas de crianza de los hijos, la estabilidad de la vida familiar, la negligencia y el maltrato.

En segundo lugar, los cambios sociales de carácter más general exacerban los síntomas del TLP en las personas que ya lo padecen. La falta de estructura de la sociedad estadounidense, por ejemplo, supone un problema añadido en la vida del individuo con TLP, que tiene ya serias dificultades para crearse una estructura propia. Los cambios del rol de la mujer (dedicarse a las labores del hogar frente a ejercer una profesión, por ejemplo) tienden a agravar los problemas de identidad. De hecho, algunos investigadores consideran que este conflicto de roles sociales, tan extendido actualmente en nuestra sociedad, es en parte el responsable de que los diagnósticos de TLP sean mucho más frecuentes entre las mujeres. En cualquiera de estos casos, la agudización de los síntomas puede, a su vez, transmitirse a las generaciones futuras por la interacción materno/paternofilial, lo cual multiplicará con el tiempo los efectos del TLP.

En tercer lugar, el reconocimiento cada vez mayor de los trastornos de la personalidad en general, y del trastorno límite en particular, puede considerarse una respuesta natural e inevitable a la cultura contemporánea, a la vez que expresión de ella. Como señalaba Christopher Lasch en *La cultura del narcisismo*:

> Cada sociedad reproduce su cultura –sus normas, sus supuestos, sus formas de organizar la experiencia– en el individuo, en la forma de la personalidad. Como dijera Durkheim, la personalidad es el individuo socializado.[1]

Muchos piensan que la cultura estadounidense ha perdido el contacto con el pasado y sigue sin estar conectada con el futuro. El aluvión de información y avances tecnológicos que inundó las últimas décadas del siglo XX y sigue inundando las primeras del siglo XXI, gran parte del cual se concreta en los ordenadores personales, teléfonos móviles, Internet, etc., a menudo nos exige una mayor dedicación individual al estudio y la práctica en solitario, por la cual sacrificamos oportunidades de interacción social «real». De hecho, la fijación –algunos dirían que obsesión– con los ordenadores y otros dispositivos electrónicos, y en especial la de los jóvenes para relacionarse en las redes sociales (Facebook, Twitter, Instagram, YouTube, Snapchat, TikTok y otras), puede estar dando lugar, paradójicamente, a un mayor egocentrismo y una menor interacción física; los mensajes de texto, los blogs, las publicaciones y los *tweets* prescinden del contacto visual y, de hecho, de cualquier clase de contacto cara a cara en tiempo real. La reflexión en solitario se sacrifica en el altar del FOMO*.

El aumento de las tasas de divorcio y la mayor movilidad geográfica han contribuido a crear una sociedad que carece de constancia y fiabilidad. En Estados Unidos, los *baby boomers*, nacidos durante la explosión de natalidad que siguió a la Segunda Guerra Mundial, fueron la última generación que estudió en las mismas escuelas y asistió a las mismas iglesias que sus padres (y quizá que sus abuelos). Son la última generación que creció rodeada de parientes y de vecinos que eran como de la familia. En el mundo actual, de frecuentes cambios de domicilio, de ciudad y de país, es difícil, o hasta imposible, establecer relaciones afectivas íntimas y duraderas, y las consecuencias son una profunda soledad, ensimismamiento, vacío, ansiedad, depresión y pérdida de autoestima.

El TLP representa una respuesta patológica a esos factores de estrés. Sin nada en el exterior que aporte estabilidad ni afiance la valía del individuo, los síntomas del TLP –el pensamiento radicalmente optimista o pesimista, los cambios de humor extremos, la autodestrucción, la impulsividad, las relaciones tumultuosas, la ira y un sentido de la identidad desajustado– son en realidad reacciones comprensibles a las tensiones que la cultura nos impone. Son las condiciones sociales imperantes las que provocan rasgos característicos del TLP, que en una u otra medida pueden estar presentes en muchas personas; quizá son incluso las que los engendran a gran escala. El reconocido psicólogo y escritor Louis Sass lo expresaba así:

> Probablemente cada cultura necesite sus chivos expiatorios que sean expresión de los males de la sociedad. Lo mismo que las pacientes histéricas de Freud eran ejemplo de la represión sexual de la época, el individuo con trastorno límite de la personalidad, cuya identidad está hecha pedazos, representa la fractura de toda unidad estable en nuestra sociedad.[2]

* N. de la T.: FOMO, acrónimo cuyas siglas corresponden a *fear of missing out* ('miedo a estar desconectado y perderse algo').

Aunque la opinión más extendida entre los profesionales es la de que el TLP ha aumentado en las últimas décadas, algunos psiquiatras sostienen que los síntomas eran igual de comunes a principios del siglo XX y que el cambio no radica en la mayor prevalencia del trastorno en la actualidad sino en el hecho de que ahora esté oficialmente identificado y definido, y por tanto se diagnostique con más frecuencia. Incluso algunos de los primeros casos de Freud, si aplicáramos los criterios actuales, podrían recibir el diagnóstico de trastorno límite de la personalidad.

De todos modos, la posibilidad de que fuera así no disminuye en absoluto la importancia de que sea cada vez mayor el número de individuos que acaba en las consultas de los psiquiatras con síntomas de TLP ni de que se aprecien cada vez más unas u otras características del TLP en la población. De hecho, el principal motivo por el que se ha identificado y tratado tan extensamente este trastorno en la literatura especializada, y no especializada, es su prevalencia tanto en los entornos terapéuticos como en la sociedad.

La quiebra de las estructuras: una sociedad fragmentada

Pocos discutirían que la sociedad estadounidense se ha ido fragmentando progresivamente desde el final de la Segunda Guerra Mundial. El modelo de estructura familiar que había estado vigente durante décadas –la familia nuclear, la familia numerosa, los hogares que dependían de un solo sueldo, la estabilidad geográfica– ha sido sustituido por una amplia variedad de modelos, corrientes y tendencias. Las tasas de divorcio se han disparado. El abuso del alcohol y las drogas, como demuestran las epidemias de metanfetaminas y opioides de la década de 2010, y las denuncias de abandono y maltrato infantil se han disparado. Se han generalizado la delincuencia, el terrorismo y la violencia política; los tiroteos en masa o en los centros educativos, que se consideraban una aberración inaudita, son hoy, lamentablemente, algo tan común en algunas escuelas como los simulacros de incendio.

Los períodos de incertidumbre económica, ejemplificados en el auge y caída del mercado bursátil, se han convertido en la norma, no en la excepción.

Algunos de estos cambios pueden estar relacionados con la incapacidad de la sociedad para lograr una especie de reacercamiento social. Como explicábamos en el capítulo tres, durante la fase de separación-individuación el niño se aleja con cautela de la madre, pero vuelve a ella para recuperar la sensación de calidez, tranquilidad y aceptación. Una alteración de este ciclo de reacercamiento suele crear desconfianza, vacío, ansiedad, propensión a tener relaciones disfuncionales y una imagen incierta de uno mismo, características que, juntas, constituyen el TLP. En un sentido más amplio, salta a la vista que la cultura contemporánea dificulta el reacercamiento social sano cada vez que nos cierra el paso a lo que sería un anclaje reconfortante. En ningún momento ha sido más evidente este trastorno que en las primeras décadas del siglo XXI, sacudidas por el colapso económico, la recesión, la pérdida de puestos de trabajo, las ejecuciones hipotecarias, el aislamiento social por la pandemia, etc. En la mayor parte de Estados Unidos, la necesidad de contar con dos sueldos para mantener un nivel de vida aceptable obliga a muchas madres y padres a dejar buena parte de la crianza de sus hijos en manos de otras personas; los permisos parentales remunerados o las guarderías en el lugar de trabajo de quienes acaban de ser padres o madres siguen siendo la excepción y, en el mejor de los casos, tienen una duración limitada. Los trabajos, así como las presiones económicas y sociales, fomentan los traslados frecuentes, y esa movilidad geográfica nos aleja a su vez de las raíces que nos dan un sentimiento de arraigo, como ocurrió en la familia de Lisa. Estamos olvidando (o ya hemos olvidado) la tranquilidad que da tener cerca a la familia y poder contar con su ayuda, así como con unos roles sociales claramente definidos.

Cuando desaparecen de repente los signos externos que acompañaban a la costumbre, es posible que las reemplace una sensación de abandono, de flotar a la deriva en aguas desconocidas. A nuestros hijos, la historia de su vida no les reporta un sentimiento de pertenencia, la sensación de tener una presencia anclada en el mundo. Y para establecer cierta sensación de control y familiaridad que los reconforte en una sociedad alienante, es posible que muchos recurran a toda una diversidad de comportamientos patológicos: adicción al alcohol y otras sustancias, trastornos de la conducta alimentaria, comportamientos delictivos, etc.

La ineptitud de la sociedad para facilitar el reacercamiento a algo con lo que establecer un vínculo tranquilizador y estabilizador se refleja en la serie incesante de movimientos sociales arrolladores de los últimos cincuenta años. Saltamos de los años sesenta del pasado siglo, la «década del nosotros», y su explosiva lucha altruista por la justicia social, a la narcisista «década del yo» de los años setenta y, de ella, a la materialista «década del ¡yupi!» de los años ochenta. A la década de los noventa, relativamente próspera y estable, le siguieron dos décadas turbulentas, desde el año 2000 hasta el 2020: períodos de auge y caída de las finanzas (la crisis puntocom en 2000, la Gran Recesión en 2008); catástrofes naturales (Katrina y otros huracanes, grandes tsunamis, terremotos, incendios forestales y la amenaza planetaria del calentamiento global); pandemias víricas (SARS, MERS, ébola, H1N1, coronavirus); guerras prolongadas en Irak y Afganistán, y movimientos sociopolíticos (contra la guerra, por los derechos LGTBIQ, Las Vidas Negras Importan, el movimiento Me Too, etc.), que, tras completar el círculo, nos llevan casi de vuelta al punto de partida: los años sesenta.

Uno de los aspectos más perjudicados por estos cambios tectónicos ha sido el de la lealtad al grupo: la devoción a la familia, el vecindario, la iglesia, la ocupación y el país. Y cuanto más fomenta la sociedad el desapego hacia las personas e instituciones que proporcionaban la tranquilidad de un vínculo afianzador, más responden los individuos de un modo que prácticamente se corresponde con la definición del trastorno límite de la personalidad: un sentimiento de identidad cada vez más falto de validación exterior, un empeoramiento de las relaciones interpersonales, aislamiento, soledad, aburrimiento y, sin la fuerza estabilizadora de las presiones del grupo, impulsividad.

Al igual que el mundo de los individuos con personalidad límite, el nuestro es, en muchos sentidos, un mundo de tremendas contradicciones. Presumimos de creer en la paz, pero nuestras calles, escuelas, películas, televisiones, videojuegos y deportes están llenos de agresividad y violencia. Estados Unidos es una nación fundada, prácticamente, sobre el principio de «ayuda al prójimo», pero nos hemos convertido en una de las sociedades políticamente más conservadoras, individualistas y materialistas de la historia de la humanidad. Se valoran el carácter enérgico y la acción; la reflexión y la introspección se consideran sinónimo de debilidad e incompetencia.

Las fuerzas sociales contemporáneas nos imploran que lo reduzcamos todo a una fantasiosa polaridad –o negro o blanco, o correcto o incorrecto, o bueno o malo, o culpable o inocente– movidos por la nostalgia de tiempos más sencillos, del tiempo de nuestra infancia. El sistema político presenta a candidatos que adoptan una postura radical: «Yo tengo razón, mi oponente está equivocado»; Estados Unidos es bueno, la antigua Unión Soviética es «el imperio del mal», e Irán, Irak y Corea del Norte son el «eje del mal». Actualmente, la política en Estados Unidos y en Europa está más radicalmente dividida que nunca (véase más adelante en este capítulo «Radicalización extrema y tribalismo político»). Cada facción religiosa nos exhorta a creer que la suya es la única vía de salvación. El sistema legal, fundamentado en la premisa de que se es o culpable o inocente, con poco o ningún espacio para las zonas grises, perpetúa el mito de que la vida es intrínsecamente justa y de que es posible hacer justicia; es decir, que si llega a suceder algo malo, obviamente es por culpa de alguien, y ese alguien debe pagar por ello.

El aluvión de información y de actividades de ocio hace que sea difícil establecer prioridades en la vida. En teoría, como individuos y como sociedad, intentamos encontrar un equilibrio entre cultivar el cuerpo y la mente, entre el trabajo y el ocio, entre el altruismo y el interés personal. Pero en una sociedad cada vez más materialista, hay solo un pequeño paso entre el carácter enérgico y la agresividad, entre el individualismo y la marginación o el aislamiento, entre la atención a nuestras necesidades y el egocentrismo.

La veneración cada día mayor por la tecnología ha llevado a una búsqueda obsesiva de precisión. Las calculadoras sustituyeron a las tablas de multiplicar que memorizábamos y a las reglas de cálculo, y luego fueron sustituidas por los ordenadores, que se han vuelto omnipresentes en casi todos los aspectos de nuestra vida –los coches, los electrodomésticos, los teléfonos móviles– y que dirigen cualquier máquina o dispositivo de los que formen parte. El microondas libera a los adultos de la tarea de cocinar. El velcro exime a los niños de tener que aprender a atarse los cordones de los zapatos. Se sacrifican la creatividad y la diligencia intelectual por la conveniencia y la precisión.

Todo este empeño en imponer el orden y la justicia en un universo aleatorio e injusto por naturaleza avalan la fútil lucha de la personalidad límite por quedarse solo con lo blanco o lo negro, lo correcto o lo incorrecto, lo bueno o lo malo. Pero el mundo no es intrínsecamente justo ni exacto; está compuesto de sutilezas que exigen un enfoque menos simplista. Una civilización sana es capaz de aceptar y conciliar las ambigüedades que tanto nos inquietan. Con nuestro empeño en erradicar o ignorar la incertidumbre, solo conseguimos fomentar una sociedad *borderline*, desgarrada por la polarización.

Sería una ingenuidad creer que el efecto acumulativo de todo este cambio –el tremendo tirón de las fuerzas contrapuestas– no ha afectado a nuestra psique. En cierto sentido, todos vivimos en una especie de «territorio límite»: entre la sociedad próspera y sana de la alta tecnología, por una parte, y sus zonas marginadas de pobreza, falta de vivienda, drogadicción y enfermedades mentales, por otro; entre el sueño de un mundo lúcido, armonioso y seguro, y la pesadilla demencial del holocausto nuclear o una catástrofe natural.

El precio del cambio social ha resultado ser el estrés y los trastornos físicos relacionados con el estrés, como ataques cardíacos, accidentes cerebrovasculares, hipertensión y diabetes. Ahora debemos afrontar la posibilidad de que los trastornos mentales sean parte del precio psicológico.

Terror al futuro

A lo largo de las cinco últimas décadas, el ámbito terapéutico ha contribuido a un cambio esencial en la definición de los trastornos mentales: desde las neurosis sintomáticas hasta los trastornos del carácter. Ya en 1975, el psiquiatra Peter L. Giovachinni escribía: «Los profesionales clínicos se enfrentan a diario a un número cada vez mayor de pacientes que no encajan en las actuales categorías diagnósticas. No presentan síntomas concluyentes, sino que sufren alteraciones vagas, indefinidas [...] Cuando hablo de este tipo de pacientes, prácticamente todo el mundo sabe a quiénes me estoy refiriendo».[3] A partir de 1980, han sido habituales los informes de este tipo, ya que los trastornos de la personalidad han sustituido a la neurosis clásica como disfunción mental más prominente. ¿Qué factores sociales y culturales han contribuido a este cambio? Muchos profesionales, incluido Lasch, creen que uno de esos factores es la devaluación del pasado:

> Vivir el momento es la pasión dominante: vivir para uno mismo, no para nuestros predecesores o para la posteridad. Estamos perdiendo en forma vertiginosa un sentido de la continuidad histórica, el sentido de pertenencia a una secuencia de generaciones originada en el pasado y que habrá de prolongarse en el futuro.[4]

Esta pérdida de continuidad histórica nos desconecta tanto de lo pasado como de lo por venir: la devaluación del pasado rompe el vínculo perceptual con el futuro, que se convierte así en una gran incógnita, fuente de terror tanto como de esperanza, un extenso territorio de arenas movedizas de las que resulta angustiosamente difícil salir. El tiempo se percibe como instantáneas aisladas en lugar de como una cadena lógica y continua de acontecimientos influidos por los logros del pasado, la acción del presente y la esperanzada anticipación del futuro.

La seria posibilidad de que se produzca una catástrofe –la amenaza de aniquilación nuclear, de otro atentado terrorista como el del 11 de septiembre de 2001, de la destrucción medioambiental a causa del calentamiento global, de una pandemia– acrecienta nuestra falta de fe en el pasado y nuestro terror del futuro. Los estudios empíricos con adolescentes y niños muestran constantemente «conciencia del peligro, desesperanza, la sensación simplemente de sobrevivir, una perspectiva temporal reducida y pesimismo en cuanto a la posibilidad de alcanzar cualquier objetivo. El suicidio se menciona una y otra vez como posible estrategia frente a la situación».[5] Otros estudios han descubierto que la amenaza de una catástrofe mundial provoca en los niños una especie de «adultez temprana», similar a la observada en niños que con el tiempo desarrollarán TLP (como Lisa), que se ven obligados a hacerse cargo de una familia que está fuera de control a causa del alcoholismo, el TLP y otros trastornos mentales de la madre.[6] Muchos jóvenes estadounidenses de entre catorce y veintidós años no creen que lleguen a cumplir los treinta, según un estudio de 2008 publicado en el *Journal of Adolescent Health*. Aproximadamente uno de cada quince jóvenes (el 6,7 %) expresó ese «infundado fatalismo», concluye el estudio. Los resultados se basan en los datos de las encuestas que realizó durante cuatro años, entre 2002 y 2005, el Instituto de Salud y Comunicación de Riesgos del Centro de Políticas Públicas Annenberg a un total de cuatro mil doscientos un adolescentes. Dado el aumento de la tasa de suicidios en los jóvenes de entre diez y veinticuatro años, el suicidio es la segunda causa principal de muerte en este grupo de edad.[7,8,9]

Hace más de medio siglo, el grupo The Who cantaba: «Espero morir antes de hacerme viejo». Es posible que ese sentimiento perdure en los jóvenes de hoy. El número de tiroteos masivos o escolares en las dos primeras décadas del siglo XXI ha aumentado en Estados Unidos el miedo al futuro, sobre todo en niños y adolescentes.[10] (Véase «Catástrofes: tiroteos masivos/escolares y pandemias», más adelante en este capítulo). El individuo *borderline* personifica, como hemos visto, la experiencia de la vida restringida al ahora. Su escaso interés por el pasado lo convierte casi en un amnésico cultural; su armario de recuerdos reconfortantes (que a la mayoría nos sostienen en pie en tiempos difíciles) está vacío. Como consecuencia, está condenado a sufrir un tormento sin respiro, sin una memoria caché que le recuerde tiempos más felices de los que sacar fuerzas para superar los períodos difíciles. Incapaz de aprender de sus errores, está condenado a repetirlos.

El padre y la madre que tienen miedo del futuro no suelen preocuparse por las necesidades de la siguiente generación. Un padre o una madre modernos, desconectados emocionalmente y abstraídos en sí mismos, pero a la vez obsequiosos y excesivamente indulgentes con sus hijos, son probables candidatos a modeladores de futuras personalidades *borderline*.

La jungla de las relaciones interpersonales

Posiblemente los cambios sociales más importantes de los últimos setenta años se hayan producido en el ámbito de las costumbres, roles y prácticas sexuales –de la sexualidad reprimida de los años cincuenta del pasado siglo al «amor libre» y las relaciones de pareja «abiertas» que siguieron a la revolución sexual de los sesenta, de aquí a la reevaluación sexual a gran escala de los años ochenta (a consecuencia en buena parte del miedo al sida y a otras enfermedades de transmisión sexual) y finalmente a los movimientos de gais y lesbianas de las dos últimas décadas–. La inmensa proliferación de los sitios web de encuentros y citas ha hecho que sea tan fácil establecer contacto personal que el antiguo club nocturno al que la gente acudía con este fin ha pasado a la historia. Para iniciar una inocente –o ilícita– relación romántica o sexual, basta pulsar unas teclas o enviar un mensaje de texto. El jurado está todavía deliberando sobre si el ciberespacio ha «civilizado» el mundo de las relaciones interpersonales o lo ha convertido en una jungla más peligrosa de lo que nunca lo había sido.

A consecuencia de estas y otras fuerzas sociales, cada día es más difícil conseguir, y mantener, amistades, relaciones amorosas o matrimonios basados en una profunda confianza y duraderos. El sesenta por ciento de los matrimonios entre jóvenes de veinte a veinticinco años acaba en divorcio; la cifra es del cincuenta por ciento en los mayores de veinticinco años. (Estas tasas disminuyeron un poco durante el período comprendido entre 2008 y 2016, aunque el descenso podría deberse a que hubo un menor número de matrimonios y a la edad tardía en que tiende a formalizar sus relaciones de pareja la generación del milenio).[11, 12] Ya en 1979, Lasch señalaba que «a medida que la vida social se torna cada vez más belicosa y más bárbara, las relaciones interpersonales, que sin duda ofrecen un alivio ante esas circunstancias, adoptan las características de una lucha».[13]

Paradójicamente, los individuos *borderline* podrían tener grandes aptitudes para este tipo de combate. La necesidad de dominar y ser idolatrado que tiene el hombre narcisista encaja muy bien con la ambivalente necesidad que tiene la mujer límite de que alguien la controle y la castigue. Algunas mujeres con TLP, como veíamos en el caso de Lisa al principio de este capítulo, se casan a edad temprana para escapar del caos de la vida familiar; y se aferran a maridos dominantes con los que recrean la toxicidad del antiguo hogar. Es posible que el matrimonio entre en una dinámica sadomasoquista: él le da una bofetada a su esposa y ella responde «gracias, ¡es lo que necesitaba!». Aunque es menos habitual, también se da el caso contrario, en el que un hombre límite se junta con una mujer narcisista.

El masoquismo es una característica destacada de las relaciones límite. De la combinación de dependencia y dolor nacen dichos tan conocidos como «el amor duele» o «quien bien te quiere te hará llorar». En la infancia, posiblemente la persona con TLP experimentó dolor y confusión al tratar de establecer una relación madura con su madre o cuidador principal. Más adelante en la vida, otras personas próximas –su cónyuge, las amigas, un profesor, su jefa, el sacerdote, el médico– reavivan esa confusión temprana. Las críticas, los malos tratos o los abusos, particularmente, refuerzan la pésima opinión que tiene de sí misma. Las relaciones de la Lisa adulta con su marido o sus supervisores, por ejemplo, reproducían en ella el sentimiento de ineptitud que de niña le producían las constantes críticas de su padre.

A veces, el sufrimiento masoquista de la personalidad *borderline* se transforma en sadismo. Ann, por ejemplo, a veces animaba a su marido, Liam, a beber, a sabiendas del problema que tenía con la bebida. A continuación, provocaba una pelea, siendo plenamente consciente de la propensión de Liam a la violencia cuando estaba borracho. Después de recibir una paliza, Ann lucía los moratones como si fueran medallas de guerra, que le recordaran a Liam su comportamiento, e insistía en que salieran a reunirse con sus amigos, a los que Ann explicaba que las marcas eran debidas a uno u otro «accidente», como «haber chocado con una puerta». Tras cada episodio, Liam se sentía profundamente arrepentido y humillado, mientras que Ann se mostraba como una sufrida mártir. Ann utilizaba cada paliza de un modo que obligaba a Liam a volverla a castigar. Saber quién era de verdad la víctima en esta relación es muy difícil.

Incluso cuando una relación ha terminado definitivamente, el sufridor *borderline* vuelve arrastrándose para recibir más castigo, pues siente que merece que lo denigren. El castigo le es familiar, lo conoce bien y le es más fácil de sobrellevar que la aterradora perspectiva de la soledad o de estar con una pareja distinta.

Una situación frecuente que se da en las relaciones sociales modernas es el «solapamiento de amantes» (*shingling*), es decir, establecer un nuevo romance antes de cortar con la relación anterior. La persona con TLP encarna esa imperiosa necesidad de estar siempre en pareja: mientras escala las «barras de mono» de su selva de relaciones, no se atreve a soltarse de la barra inferior hasta haberse sujetado con firmeza a la siguiente. Por lo general, no dejará a su actual pareja, y seguirá soportando sus abusos, hasta que un nuevo «caballero blanco» se vislumbre, al menos, en el horizonte.

En los períodos de moral sociosexual relajada y relaciones románticas poco estructuradas (como el final de la década de los sesenta y la década de los setenta del pasado siglo), a los individuos con TLP les resulta difícil desenvolverse; la mayor libertad y la falta de estructura aprisionan, paradójicamente, a quienes están seriamente incapacitados para idear su propio sistema de valores. Por el contrario, el período de abstinencia sexual de finales de los ochenta (debido en parte a la epidemia de sida) irónicamente tuvo un efecto terapéutico en quienes sufrían de TLP. Los temores sociales imponen límites estrictos que solo pueden cruzarse a riesgo de sufrir un gran daño físico; la impulsividad y la promiscuidad tienen ahora severas sanciones, como son las enfermedades de transmisión sexual, la posible violencia de las desviaciones sexuales, etc. Esta estructura externa puede protegerlos de su propia tendencia autodestructiva.

Cambio en los patrones de los roles de género

A principios del siglo XX, los roles sociales estaban más definidos, eran menos numerosos y mucho más fáciles de compaginar. El territorio de la madre era la casa, ella se ocupaba de las tareas domésticas y estaba a cargo de los hijos. Sus actividades fuera del hogar, como participar en los actos y proyectos de la escuela, alguna afición o colaborar en obras de beneficencia, eran una prolongación natural de sus responsabilidades. El trabajo del padre y su presencia en la comunidad también eran fáciles de combinar. Y juntos, los roles del padre y de la madre funcionaban de una manera sincronizada.

Sin embargo, la complejidad de la sociedad moderna exige que el individuo desempeñe toda una diversidad de roles sociales, muchos de los cuales no combinan tan bien. La madre que trabaja fuera de casa, por ejemplo, tiene dos roles muy distintos y debe esforzarse por desempeñar bien los dos. La mayoría de los jefes le dejarán muy claro que debe mantener el hogar y el trabajo en compartimentos separados; como consecuencia, muchas madres se sienten culpables o avergonzadas cuando los problemas de uno repercuten en el otro.

El padre que trabaja fuera de casa también tiene sus roles compartimentados. Ya no es el propietario del colmado de la localidad y vive en el piso de arriba. Lo más probable es que trabaje a bastantes kilómetros de casa y tenga mucho menos tiempo para estar con su familia. Además, el padre moderno desempeña en casa un papel cada vez más participativo, que supone un nuevo tipo de responsabilidad familiar. Y tanto para el padre como para la madre, la creciente preferencia por trabajar desde casa, o la necesidad de hacerlo, tendencia que se ha disparado en la era de la COVID-19, supone una tensión añadida a tratar de compaginar las obligaciones laborales con las parentales.

Los cambios que han experimentado los roles de género durante las últimas décadas son la base de las teorías sobre por qué el TLP se identifica con más frecuencia en las mujeres. En el pasado, una mujer tenía esencialmente marcado su camino en la vida: casarse (por lo general, poco antes o poco después de cumplir los veinte años), tener hijos, quedarse en casa para criarlos y reprimir cualquier ambición profesional. Hoy, en cambio, una mujer joven se encuentra ante un desconcertante abanico de posibles modelos y expectativas: desde ser una mujer soltera dedicada a su profesión, o ser una mujer casada y dedicada además a su profesión, hasta ser una madre tradicional, o ser una supermamá, que hace lo imposible por combinar con éxito su matrimonio, su carrera profesional y el cuidado de los hijos.

También de los hombres se espera que asuman nuevos roles, pero no tan diversos ni contrapuestos como en el caso de las mujeres. En generaciones anteriores, si un padre se hubiera ausentado de su trabajo para ir al partido de voleibol de su hija, habría parecido que estaba eludiendo la responsabilidad de mantener a su familia. Hoy, se espera que los hombres sean más sensibles y abiertos y que asuman un papel más activo en la crianza de los hijos que en épocas anteriores, aunque estas cualidades y responsabilidades suelen encajar en su rol general de proveedor o coproveedor. No es habitual, por ejemplo, que un hombre abandone sus ambiciones profesionales por ocuparse de las tareas domésticas a jornada completa, ni suele esperarse tampoco que lo haga.

Los hombres se ven menos obligados a hacer ajustes en el curso de su relación de pareja o su matrimonio. Por ejemplo, los cambios de domicilio suelen estar dictados por los imperativos profesionales del hombre, de cuyo sueldo suele depender en mayor medida la unidad familiar. Durante el embarazo, el parto y la crianza de los hijos, no hay demasiados cambios en la realidad cotidiana del hombre. La mujer no solo tiene que responder a las exigencias físicas del embarazo y el parto y dejar su trabajo para dar a luz, sino que, después, tendrá que hacer la transición para reincorporarse al trabajo o abandonar su carrera profesional. Y, sin embargo, en muchas familias en las que el padre y la madre trabajan, aunque quizá no se verbalice abiertamente, la mujer asume sencillamente que es la principal responsable de mantener el hogar. Es ella la que suele modificar sus planes para quedarse en casa a atender a su hija si se pone enferma o a esperar a que llegue el técnico a reparar la lavadora.

A pesar de que las mujeres han tenido éxito en su lucha por conseguir más oportunidades sociales y profesionales, quizá se vean obligadas a pagar por ello un precio muy elevado. Aunque está demostrado que las mujeres pueden ser excelentes madres y trabajar a la vez (y en muchas familias es necesario que lo hagan), las expectativas «tradicionales» pueden significar para ellas todavía hoy una presión a la hora de tomar decisiones laborales importantes que vayan a afectar a la familia y a los hijos; pueden crear tensión en su relación con los hijos y el marido, estrés por la decisión que han tomado y por tener que asumir las consecuencias, y confusión sobre quiénes son y quiénes quieren ser. Desde esta perspectiva, es comprensible que se asocie más a las mujeres con el TLP, un trastorno en el que la confusión sobre la identidad y sobre el rol que se desempeña son elementos tan esenciales.

Un cambio importante en el propio concepto de matrimonio ha aumentado la confusión. La norma tradicional judeocristiana del matrimonio entre un hombre y una mujer se ha cuestionado seriamente en los últimos veinte años, no solo en debates religiosos, sino también en el ámbito político y social. En 2004, los estadounidenses se opusieron al matrimonio entre personas del mismo sexo por una mayoría del sesenta frente al treinta y uno por ciento; según las encuestas de 2019, la opinión pública ha dado un giro completo: ahora, la mayoría de los estadounidenses (el sesenta y uno por ciento) apoya el matrimonio entre personas del mismo sexo, mientras que el treinta y uno por ciento se opone a él.[14] Reflejando la opinión pública, el Tribunal Supremo de Estados Unidos se pronunció, en el caso *Obergefell contra Hodges*, anulando por inconstitucional la prohibición del matrimonio entre personas del mismo sexo en trece estados.

No obstante, el reconocimiento y legalización del matrimonio entre personas del mismo sexo ha avivado el debate público en lugar de disiparlo. En la última década, la homosexualidad en general y el matrimonio del mismo sexo en particular se han convertido en temas determinantes de la polarización del país.

La orientación sexual y el TLP

La orientación sexual puede ser para la persona *borderline* otro factor de confusión sobre quién es y cuál es su lugar en la sociedad y en la vida. Durante siglos, la homosexualidad ha sido un tema controvertido, cuando no sencillamente escandaloso; dependiendo de la sociedad y la época, ha pasado por ser aceptada, calificada de pecado venial, condenada a la ilegalidad o prohibida bajo pena de muerte. Todavía a principios de los años ochenta, la homosexualidad se consideraba un trastorno psiquiátrico, hasta que finalmente el *Manual diagnóstico y estadístico de los trastornos mentales* eliminó toda referencia a ella en su edición de 1987 (DSM-III-R).

Paralelamente a la agitación social provocada por el tema, para la persona gay, lesbiana o transexual la decisión de «salir del armario» suele ser motivo de ansiedad personal y de temor por las posibles repercusiones sociales y/o familiares que tendrá. Sin embargo, el contexto social ha cambiado. Según encuestas recientes, el siete por ciento de los milenial se identifican como homosexuales, frente al tres y medio por ciento en 2011.[15]

El transexualismo ha añadido ambigüedad a las características que definen la masculinidad y la feminidad. Para el individuo *borderline*, para quien la confusión sobre la identidad es tan acusada como para constituir uno de los criterios diagnósticos del TLP, esa ambigüedad es un serio problema. También hay quienes han exigido que se cambien los pronombres con los que se los describe porque no se identifican ni como «él» ni como «ella», y prefieren que se los denomine «elle», un género que entienden como neutro. La ambigüedad creciente sobre la identidad y la sexualidad –y, en última instancia, sobre qué constituye la «normalidad»– afecta de una manera especial a la persona *borderline*. El debate cada vez más encendido entre las organizaciones evangélicas y religiosas conservadoras y los partidarios liberales, LGTBIQ y a favor del derecho al aborto es un factor más de ansiedad para los individuos con TLP que siguen intentando establecer un sentido firme de identidad y desarrollar relaciones estables.

Modelos de familia y crianza

Desde el final de la Segunda Guerra Mundial, nuestra sociedad ha experimentado impresionantes cambios en lo que respecta a los modelos de familia y crianza:

- La institución de la familia nuclear ha sufrido un progresivo declive. Debido en gran medida al divorcio, la mitad de los niños estadounidenses nacidos en la década de 1990 pasaron parte de su infancia en un hogar monoparental.[16] Según la Oficina del Censo de Estados Unidos, entre 1960 y 2016, el porcentaje de niños que vivía con el padre y la madre descendió del ochenta y ocho al sesenta y nueve por ciento, y en el seis por ciento de esas familias el padre y la madre no estaban casados. Durante ese mismo intervalo, los niños que vivían solo con su madre casi se triplicaron, pasando del ocho al veintitrés por ciento. En 2016, el cuatro por ciento de los niños vivía solo con su padre.[17] Un estudio más reciente del Centro de Investigaciones Pew (2019) confirmó que, en Estados Unidos, el veintitrés por ciento de los niños menores de dieciocho años vivía con un solo progenitor, frente al siete por ciento de casos en el resto del mundo.[18]

- Las estructuras familiares alternativas (como las familias mixtas, en las que un padre o madre con hijos se combina con otro hogar monoparental para formar una nueva unidad familiar) han dado lugar a situaciones en las que quienes crían en muchos casos a los niños no son sus padres biológicos. Debido a la creciente movilización geográfica, entre otros factores, la familia tradicional extendida, en la que hay contacto regular con abuelos, hermanos, primos y otros parientes, está casi extinguida, lo cual deja a la familia nuclear prácticamente sin apoyo.
- El número de mujeres que trabajan fuera de casa ha aumentado de manera espectacular. El cuarenta por ciento de las mujeres trabajadoras son madres de niños y adolescentes menores de dieciocho años; el setenta y uno por ciento de la totalidad de las madres que no están casadas tiene un empleo.[19]
- Como consecuencia de que las mujeres trabajen fuera de casa, hay más niños que nunca en las guarderías, o bajo el cuidado de personas que no son su padre ni su madre, y desde una edad mucho más temprana. El número aumentó un cuarenta y cinco por ciento durante la década de 1980.[20]
- Los datos indican con toda claridad que la incidencia de maltratos físicos y abusos sexuales, así como negligencia infantil aumentó significativamente durante los últimos años del siglo XX.[21]

¿Qué efectos psicológicos tienen estos cambios de los modelos de crianza tanto en los niños como en los padres? Los psiquiatras y los expertos en desarrollo coinciden por lo general en que los niños que crecen en entornos marcados por la agitación, la inestabilidad o los malos tratos o los abusos corren mucho mayor riesgo de sufrir problemas emocionales y mentales en la adolescencia y la edad adulta. Además, los padres que viven en esos entornos tienen muchas más probabilidades de desarrollar estrés, sentimientos de culpa, depresión y baja autoestima, características todas ellas relacionadas con el TLP.

Por favor, no nos malinterpretes: no estamos diciendo que los hogares monoparentales o con dos figuras parentales que trabajan sean inferiores a las familias nucleares tradicionales, menos aún en lo que respecta a la prevención de los trastornos mentales; nada evidencia que sea así.[22] De hecho, hoy en día, solo una minoría de los hogares estadounidenses son familias nucleares tradicionales con un padre y una madre, y solo una tercera parte de los estadounidenses vive en ese tipo de estructura familiar. Millones de padres y madres que se encuentran en una situación distinta a la de la familia nuclear son capaces de salir adelante, e incluso prosperar, tras el estrés emocional y financiero ocasionado por el divorcio. O es posible que ambos progenitores quieran seguir avanzando profesionalmente o que trabajen los dos por pura necesidad económica. Aunque no hay evidencia de que el aumento en el número de niños que pasan el día bajo los cuidados de personas distintas a sus progenitores haya causado un incremento de los trastornos mentales o del maltrato infantil, lo cierto es que las iniciativas gubernamentales para ofrecer a los padres servicios de cuidado infantil asequibles y de calidad van muy por detrás de las necesidades reales de la familia en la que un progenitor o ambos trabajan. En lo que respecta al niño que crece en situaciones familiares diferentes a la familia tradicional, se puede decir lo mismo; de hecho, un hogar monoparental, o un hogar donde las dos figuras parentales trabajan, es a menudo mucho mejor para él que la situación triste y turbulenta a la que sustituye. Lo que sí sugerimos es que estos padres, madres e hijos se anticipen al posible estrés asociado con la situación y encuentren maneras de afrontarlo, ya sea leyendo sobre el tema, buscando asesoramiento profesional, acudiendo a terapia, pidiendo consejo a familiares y amigos, etc.

Maltrato, abusos y negligencia infantiles: los destructores de la confianza

El maltrato, el abuso y la negligencia infantiles se han convertido en importantes problemas de salud. En 2007, atendiendo a los más de tres millones de informes y denuncias de maltrato infantil presentados en Estados Unidos, hubo unos 5,8 millones de niños que sufrieron maltrato y abusos.[23] Algunos estudios estiman que el veinticinco por ciento de las niñas han sufrido algún tipo de abuso sexual (por parte de sus progenitores o de otras personas) para cuando llegan a la edad adulta.[24]

Entre las características de los niños en edad preescolar que sufren maltrato físico se aprecian inhibición, depresión, dificultad para establecer vínculos emocionales, problemas de comportamiento como hiperactividad y fuertes rabietas, escaso control de los impulsos, agresividad y problemas de relación con los compañeros.

«La violencia engendra violencia», decía John Lennon, y si algo lo demuestra es el caso de los niños maltratados. Teniendo en cuenta que estos niños suelen convertirse a su vez en maltratadores, el problema puede persistir durante muchas décadas y generaciones. De hecho, alrededor del treinta por ciento de los niños maltratados y desatendidos maltratarán más tarde a sus propios hijos, dando continuidad así al círculo vicioso.[25]

La incidencia de maltrato, abuso o negligencia infantiles entre los individuos *borderline* es lo bastante alta como para que pueda considerarse un factor que diferencia el TLP de otros trastornos de la personalidad. Los malos tratos verbales o psicológicos son los más habituales, seguidos del maltrato físico y en menor medida del abuso sexual. De todos modos, aunque el impacto del maltrato físico y el abuso sexual sea más fuerte, el niño que sufre maltrato emocional puede perder por completo la autoestima.

El maltrato emocional durante la infancia puede adoptar distintas formas:

- **Degradación.** Desvalorizar constantemente los logros del niño y magnificar su mal comportamiento. Con el tiempo, el niño se convence de que es de verdad malo o no vale nada.
- **No disponibilidad/negligencia.** El padre y la madre psicológicamente ausentes muestran poco interés por el desarrollo del niño y no le transmiten afecto en los momentos en que lo necesita.
- **Dominación.** Uso de fuertes amenazas para controlar el comportamiento del niño. Algunos expertos en desarrollo infantil han comparado esta forma de maltrato con las técnicas utilizadas por los terroristas para lavarles el cerebro a los rehenes.[26]

Si volvemos a la historia de Lisa, vemos que probablemente sufrió todas estas formas de maltrato psicológico: su padre le repetía a cada momento que «no valía lo suficiente», su madre rara vez la defendía y casi siempre dejaba que fuese su marido quien tomara las decisiones importantes, y Lisa vivía los sucesivos traslados de la familia como un «secuestro».

El patrón del niño desatendido, tal como lo describe el psicólogo Hugh Missildine, refleja los dilemas de quienes desarrollan TLP en un momento posterior de sus vidas:

> Si te sentiste abandonada en la infancia, es posible que vayas pasando de una persona a otra con la esperanza de que alguna te dé lo que necesitas. Es posible que no seas capaz de ocuparte mucho de ti, y pienses que el matrimonio acabará con eso; y te encuentres de repente en la alarmante situación de estar casada pero ser incapaz de establecer un vínculo emocional [...] Es más, la persona que se sintió abandonada en la niñez está siempre inquieta y ansiosa porque a nivel emocional nada la satisface. [...] Esa inquietud e impulsividad de movimientos le crean la ilusión de tener una vida emocional. [...] Una persona así

podría, por ejemplo, estar comprometida en matrimonio con alguien y al mismo tiempo mantener relaciones sexuales con otros dos o tres individuos. Cualquiera que la haga sentirse admirada y respetada le resulta atractivo, y, como su necesidad de afecto es tan grande, la capacidad de discernimiento en esta persona está muy disminuida.[27]

Por lo que hemos conseguido entender sobre las raíces del TLP (véase el capítulo tres), el maltrato, el abuso, la negligencia o las separaciones maternofiliales prolongadas durante la infancia pueden dañar gravemente la confianza del niño que se está desarrollando. La autoestima y la autonomía sufren una especie de parálisis. Las capacidades para hacer frente a cualquier separación y formarse una identidad no siguen el curso que deberían. Luego, de adultos, es posible que los niños maltratados reproduzcan con los demás las relaciones frustrantes de su infancia; que asocien el dolor y el castigo con la proximidad afectiva, y lleguen a creerse de verdad que «el amor duele». Cuando el niño que con el tiempo desarrollará TLP va haciéndose mayor y llega a la adolescencia, la autoagresión puede convertirse en el sustituto del padre o la madre maltratadores.

Hijos del divorcio: la desaparición del padre

Debido principalmente al divorcio, hay cada vez más niños que crecen sin la presencia física y/o emocional de su padre. Como casi todos los tribunales conceden la custodia de los hijos a la madre, es ella la que está a la cabeza de la gran mayoría de los hogares monoparentales. Incluso en los casos de custodia compartida o en que se ha establecido un régimen de visitas flexible, el padre, que probablemente será quien antes vuelva a casarse tras el divorcio y a formar una nueva familia, a menudo deja de estar presente en el desarrollo esencial del niño.

El actual estilo de crianza, que tiende hacia un reparto más equitativo de las responsabilidades parentales entre la madre y el padre, hace que el divorcio, si llega a producirse, sea para el niño aún más perturbador. Los niños se benefician indudablemente de que sus dos progenitores se ocupen en igual medida de su crianza, pero también pierden más si el matrimonio se disuelve, sobre todo si la ruptura se produce durante los años de formación, cuando el niño todavía tiene que pasar por muchas etapas cruciales de desarrollo.

Los estudios sobre los efectos del divorcio suelen indicar que los niños en edad preescolar sufren una profunda desestabilización, que se traduce en inseguridad, regresión y lo que se conoce como ansiedad por separación, derivada del miedo al abandono.[28] Un número significativo de niños sufre depresión[29] o manifiesta una conducta antisocial en etapas de la infancia posteriores.[30] Y en cuanto a los adolescentes que viven en familias monoparentales, no solo tienen más probabilidades de suicidarse, sino también de sufrir trastornos psicológicos, en comparación con los adolescentes que viven en familias intactas.[31]

Durante la separación y el divorcio, aumenta la necesidad de intimidad física del niño. Por ejemplo, es típico que un niño pequeño, en el momento de la separación, le pida a su padre o a su madre que duerma con él. Si se convierte en costumbre, y dormir en la misma cama que el niño empieza a ser una necesidad también para el progenitor, el sentido de autonomía e integridad corporal del niño puede verse afectado. Esto, combinado con el sentimiento de soledad y la grave «herida narcisista» (o disminución de la autoestima) causados por el divorcio, hace que algunos niños corran un elevado riesgo de sufrir un estancamiento en su desarrollo o, si la necesidad de afecto y seguridad se vuelve desesperada, de sufrir abusos sexuales. Es posible que un padre separado del hogar exija poder pasar más tiempo con su hijo o su hija para aliviar su propio sentimiento de soledad y carencia. Si el niño se convierte en blanco del resentimiento y la amargura de su padre, puede, además, correr el riesgo aún mayor de sufrir malos tratos.

En muchas situaciones de separación parental, el niño se convierte en mero instrumento de la feroz batalla entre los padres. Hans, un padre divorciado que solía hacer poco uso de sus derechos de visita, exigía de repente que su hija fuera a pasar el día a su casa cada vez que se enfadaba con su exesposa. Aquellas visitas forzadas solían ser desagradables tanto para la niña como para él y su nueva familia, pero le servían para castigar a la madre, que se sentía culpable e impotente ante sus exigencias. Otra niña, Isabella, se veía envuelta en los conflictos entre sus padres divorciados cada vez que su madre llevaba a su padre a los tribunales para exigirle más dinero para su manutención. Sobornar a los niños con regalos o amenazar a la madre con dejar de mandarle dinero para los gastos escolares o el mantenimiento de la casa son armas de uso habitual entre el padre y la madre que viven continuamente enfrentados tras el divorcio; sobornos y amenazas que suelen ser más perjudiciales para los niños que para los padres.

Los niños pueden incluso verse arrastrados a las batallas judiciales y obligados a testificar sobre sus padres. En estas situaciones, ni los padres, ni los tribunales, ni las organizaciones de bienestar social correspondientes pueden proteger al niño, que a menudo se queda con una abrumadora sensación de impotencia (pues los conflictos continúan a pesar de su aportación) o de fabuloso poder (su testimonio controla la batalla entre sus padres). Puede sentirse enfurecido por su situación y, a la vez, temeroso de que todos lo abandonen. Todo esto se convierte en terreno fértil para que se desarrollen los síntomas del trastorno límite de la personalidad.

Además del divorcio, otras poderosas fuerzas sociales han contribuido al síndrome del padre ausente. El último medio siglo ha sido testigo de cómo se han ido haciendo mayores los hijos de miles de veteranos de guerra: de la Segunda Guerra Mundial, la guerra de Corea, la guerra de Vietnam y los conflictos del golfo Pérsico, Irak y Afganistán, por no mencionar a numerosos supervivientes de los campos de concentración y de los campos de prisioneros. Muchos de esos padres no solo estuvieron ausentes durante etapas importantes del desarrollo de sus hijos, sino que volvieron con trastorno por estrés postraumático y duelo retardado (o «congelado») provocados por el combate, lo cual también afectó al desarrollo de los niños.[32] En 1970, el cuarenta por ciento de los prisioneros de guerra de la Segunda Guerra Mundial y de la guerra de Corea habían tenido una muerte violenta por suicidio, homicidio o accidente de automóvil (en la mayoría de los casos, con un solo ocupante a bordo).[33] La tendencia luego ha sido la misma en los veteranos de la guerra de Irak y de combates posteriores. Según cifras de las Fuerzas Armadas estadounidenses, en 2007 intentaban suicidarse cinco soldados al día, frente a menos de un soldado al día antes de la guerra.[34] Los hijos de los supervivientes del Holocausto suelen tener graves problemas emocionales, cuyas raíces están en el terrible trauma psíquico de sus padres.[35]

El síndrome del padre ausente puede tener consecuencias patológicas. A menudo, en las familias desgarradas por el divorcio o la muerte, la madre intenta compensar la pérdida convirtiéndose en la madre ideal y organizando todos los aspectos de la vida de su hijo; naturalmente, el niño tiene pocas oportunidades de desarrollar su propia identidad. Sin un padre que haga de amortiguador, el vínculo madre-hijo puede ser demasiado estrecho como para permitir una separación sana.

Aunque la madre suele tratar de reemplazar al padre ausente, en muchos casos es el niño quien intenta reemplazarlo. En ausencia del padre, la intensidad simbiótica del vínculo con la madre se magnifica. El niño crece con una visión idealizada de la madre y con fantasías que lo llevarán a intentar complacerla eternamente. La dependencia por parte de la madre puede ser entonces tan persistente que interfiera en su proceso de crecimiento e individuación, y siembre así las semillas del TLP.

La permisividad en la crianza

Las actuales formas de crianza, en que las funciones parentales tradicionales se transfieren a organismos externos –la escuela, los medios de comunicación, los centros de actividades extraescolares–, han alterado significativamente la calidad de la relación paterno/materno-filial. El «instinto» de la madre y del padre ha sido suplantado por una fe ciega en lo que dicen los libros y los expertos en educación infantil. En muchas familias, la educación de los hijos queda relegada a un segundo plano por las exigencias profesionales de ambos progenitores. «Pero pasamos juntos "tiempo de calidad"» es un eufemismo, inducido por la culpa, que quiere decir «no tengo tiempo para ellos».

Muchos padres y madres lo compensan prodigando atención a las necesidades prácticas y recreativas del niño, pero sin darle un afecto y un calor verdaderos. El padre y la madre narcisistas sienten que sus hijos son una extensión de ellos, o los perciben como objetos o posesiones, en lugar de como seres humanos separados. Como consecuencia, el niño se asfixia en medio de esa atención emocionalmente distante, lo que lo lleva a darse una exagerada importancia, a utilizar la regresión como mecanismo de defensa psicológica y a no saber quién es.

Movilidad geográfica: ¿dónde está el hogar?

Nos movemos como nunca antes en la historia. Una mayor movilidad geográfica puede ser beneficiosa para el niño en los aspectos educativo y de intercambio cultural, pero los numerosos traslados suelen ir a la vez acompañados de un sentimiento de desarraigo. Algunos investigadores han comprobado que los niños que se mudan con frecuencia y permanecen en un mismo lugar solo durante períodos de tiempo cortos suelen dar una respuesta confusa, o no responder, cuando se les hace una pregunta tan sencilla como «¿dónde vives?».

Dado que la hipermovilidad suele estar relacionada con estilos de vida que giran en torno a lo profesional y a las exigencias laborales, uno o ambos progenitores de las familias «móviles» trabajan normalmente muchas horas y, por tanto, no tienen demasiada disponibilidad para sus hijos. Para los niños que en su entorno tienen pocas constantes que hagan de contrapeso y les den la estabilidad necesaria para seguir desarrollándose, la movilidad añade una fuerza perturbadora más: el mundo se convierte en un muestrario de sitios y rostros que cambian continuamente. Es posible que esos niños crezcan sintiéndose solos y aburridos, y necesiten buscar estímulos constantes. Obligados a adaptarse incesantemente a nuevas situaciones y personas, tal vez pierdan la sensación estable de sí mismos que un anclaje seguro en la comunidad suele favorecer. Aunque saben desenvolverse socialmente con elegancia, como en el caso de Lisa suelen sentir que están fingiendo con elegancia.

La creciente movilidad geográfica debilita la estabilidad del vecindario, de los centros educativos, religiosos y cívicos de la localidad, y también las amistades. Las afiliaciones tradicionales se pierden. Alrededor del cuarenta y cuatro por ciento de los estadounidenses es miembro de una iglesia diferente de aquella en la que se lo educó.[36] Las grandes distancias separan a unas generaciones de otras, y ya no es posible contar con el apoyo emocional y la ayuda en el cuidado de los niños que ofrecía el resto de la familia; los niños crecen sin conocer a sus abuelos, tíos y primos, y pierden así la auténtica conexión con el pasado y una fuente de cariño y apoyo que los habría ayudado a tener un desarrollo emocional sano al ir haciéndose mayores.

El auge de las falsas familias

A medida que la sociedad se fragmenta, que los matrimonios se disuelven y las familias se desintegran, la «familia artificial», o comunidad virtual, a menudo reemplaza a las comunidades reales del pasado. Este anhelo de afiliación tribal se manifiesta de una diversidad de maneras: los aficionados al fútbol americano se identifican como Raider Nation; hordas de personas esperan durante horas cada semana para votar por su «ídolo americano»* favorito, simplemente para formar parte de un grupo mayor con un propósito «común», y millones de jóvenes se registran en Facebook, Instagram, YouTube, Snapchat y Twitter para ser miembros de una extensa red social electrónica. Hace sesenta años, en su novela *Cuna de gato,* jocosa pero proféticamente, Kurt Vonnegut llamó a esta clase de conexiones *granfalloon*, un

* N. de la T.: Referencia al programa *American Idol,* de formato similar a Operación Triunfo o La Voz.

grupo de personas que eligen o dicen tener una identidad o propósito comunes, pero entre las que la relación es totalmente insignificante. El autor ponía dos ejemplos: la Daughters of the American Revolution* y la compañía General Electric; si Vonnegut escribiera la novela hoy, los ejemplos podrían ser fácilmente las legiones de usuarios de Facebook o de Twitter.

Desde 2003, las redes sociales han pasado de ser una actividad de minorías a un fenómeno del que participan decenas de millones de usuarios de Internet. En 2007, más de la mitad (el cincuenta y cinco por ciento) de los jóvenes estadounidenses de entre doce y diecisiete años que tenían acceso a internet utilizaban las redes sociales.[37] En 2018, según un estudio reciente del Centro de Investigaciones Pew, el noventa por ciento de los adolescentes dice conectarse a Internet «casi a cada momento» o «varias veces al día».[38] A la vista de los datos, la primera impresión es que son muchísimos los adolescentes que utilizan las redes para comunicarse, estar en contacto con sus amigos y hacer planes con ellos, así como para conocer a nuevos amigos. Sin embargo, podría no ser tan benigno lo que hay detrás de eso. Un estudio de Microsoft, por ejemplo, descubrió que el ego es el mayor impulsor de la participación: la gente participa para «aumentar su capital social, intelectual y cultural».[39]

Twitter, entre las plataformas sociales que más rotundamente han triunfado en la nación (artificial), no intenta disimular su tendencia narcisista. Como servicio de mensajería de texto instantánea, el objetivo de tuitear es anunciar (en un máximo de ciento cuarenta caracteres, o doscientos ochenta en el caso de los idiomas no asiáticos, desde 2017) «lo que estoy haciendo» o «lo que estoy pensando» a un grupo de seguidores, sin fingir que con ello se pretende establecer una comunicación de ida y vuelta.

---

* N. de la T.: La sociedad *Daughters of the American Revolution,* Las Hijas de la Revolución Americana (DAR) es una organización de servicio sin fines de lucro cuya membresía se basa en el linaje (mujeres que descienden directamente de una persona involucrada en la causa de la independencia de los Estados Unidos). Promueven la educación y el patriotismo. Su lema es «Dios, Hogar y Patria».

Pocos discutirían que el narcisismo es cada día mayor en la cultura estadounidense. El impulso narcisista, del que hablaban Tom Wolfe en su artículo de 1976 titulado «La década del 'Yo' y el tercer gran despertar» (*"The 'Me' Decade the Third Great Awakening"*) y Christopher Lasch en su libro *La cultura del narcisismo* en 1979, se ha puesto de manifiesto desde entonces en toda una diversidad de tendencias culturales: en los *reality shows*, que en un instante convierten a sus participantes en personajes famosos; el auge de la cirugía estética, que la ha convertido en una industria en expansión; el culto a las celebridades; el ansia de riqueza material; el narcisismo que la permisividad de los padres genera en los adolescentes, y ahora, además, las redes sociales, en las que podrán crearse un grupo de falsos amigos. Como dicen Jean M. Twenge y W. Keith Campbell en *La epidemia del narcisismo*: «Internet trajo consigo una tecnología útil, pero también la posibilidad de la fama instantánea y una mentalidad de "¡Mírame!" [...] Muchos se crean una "marca personal" que les defina (*"personal brand"* o *"self-branding"*), por la que quieren que se les reconozca, como si fueran un producto en venta».[40]

Los turbulentos años diez: una década de cambios espectaculares formidables

Imagina por un instante que has viajado en el tiempo y estás de vuelta en el año 2009. Barack Obama acababa de ser elegido presidente de Estados Unidos, y, junto con otros líderes mundiales y bancos centrales, intentaba sacar al mundo de la peor crisis económica que se había producido desde la Gran Depresión. Alrededor del setenta y siete por ciento de la población estadounidense tenía un teléfono móvil, y de ese porcentaje la mayoría eran adolescentes que lo habían comprado en los últimos cinco años.[41] Facebook, Twitter y YouTube estaban en sus inicios, e Instagram y Snapchat ni siquiera existían. En Estados Unidos, el matrimonio entre personas del mismo sexo era ilegal en cuarenta y cinco estados. Los tiroteos masivos se repetían a un ritmo de unos cinco al año.[42] Los términos *tribalismo político*, *ciberacoso*, *selfi* y *emoji* aún no formaban parte del léxico cotidiano.

Independientemente de la ideología política de cada cual, pocos podrían decir, una década después, que el mundo no ha experimentado un cambio social, cultural, político y tecnológico significativo desde entonces. Los teléfonos móviles se han convertido en el principal dispositivo de comunicación de nuestro tiempo. Las redes sociales son cada vez más uno de los modos de comunicación principales (aunque controvertido), sobre todo entre los jóvenes. Los tiroteos masivos/escolares han pasado a ser catástrofes habituales: en la década de 2010 se produjeron ciento noventa y cuatro tiroteos masivos, casi el triple que en la década anterior.[43] La radicalización de los conflictos entre demócratas y republicanos ha provocado con frecuencia un estancamiento de las conversaciones en los gobiernos locales y en el Congreso de Estados Unidos.

Lo más importante para el estudio que nos ocupa es que estas fuerzas sociales se han combinado para formar, si no las «semillas» de la enfermedad mental, al menos una placa de Petri en la que pueden prosperar los «gérmenes» de la ansiedad, el estrés y los trastornos mentales. Según recientes estudios y encuestas realizados en Estados Unidos, en la década de 2010, y en especial durante el período 2016-2019, aumentaron de forma espectacular los siguientes aspectos: los niveles de ansiedad y estrés, las visitas a los terapeutas y el número de diagnósticos de trastornos mentales, así como su gravedad.[44,45]

Los tiempos han sido confusos para todo el mundo, de eso no hay duda, pero lo han sido mucho más para quienes sufren afecciones mentales en general, y TLP en particular. Varios de los cambios sociales que se describen a continuación exacerban los pensamientos, sentimientos y comportamientos de la personalidad *borderline*, es decir, los nueve criterios del TLP, posiblemente más que los de cualquier otra afección mental. El trabajo del psicoterapeuta que trata el TLP también se ha hecho más difícil. Como el resto de la población, los profesionales de la salud mental viven en el mundo real, no en una burbuja; son vulnerables a las mismas fuerzas sociales que sus pacientes, y se esfuerzan por comprenderlas y adaptarse a ellas mientras tratan de ayudar a sus pacientes a hacer lo mismo.

Radicalización extrema y tribalismo político

La polarización y el tribalismo político tienen ramificaciones que van más allá de las urnas. Ahora más que nunca, una publicación en las redes sociales que abogue, por ejemplo, por los derechos de los homosexuales o por los derechos reproductivos de las mujeres tiene casi las mismas probabilidades de provocar respuestas violentas y amenazadoras, incluso amenazas de muerte, que respuestas de desacuerdo racionales. En bastantes casos, había de hecho señales de aviso publicadas en las redes sociales, a la vista de todos, previas a los tiroteos masivos y a notorios delitos de odio.[46] En general, ni los órganos legislativos, ni las fuerzas del orden, ni las propias plataformas han sabido, o han podido, regular o supervisar las redes sociales a fin de evitar esta clase de comportamientos delictivos, alegando razones como la libertad de expresión, la creación de contenidos, el coste u otras.[47]

Los mantras que fundamentan el tribalismo político –«Nosotros siempre tenemos la razón y ellos siempre se equivocan» y «Nosotros somos los buenos y ellos son los malos»– dan validez social a la percepción polarizada que tiene de sí mismo y de quienes están en su órbita inmediata el individuo con trastorno límite de la personalidad: su mecanismo de defensa, conocido como escisión (véase el capítulo uno). Cuando las noticias de la televisión y las redes sociales lanzan a diario y a todas horas mensajes en defensa de esa visión tribal, para el individuo *borderline* que lucha contra su percepción de la vida en blanco o negro es un gran motivo de confusión, y un gran obstáculo para el terapeuta que intenta ayudarlo a ver los tonos grises de la vida. Según encuestas recientes, el ochenta y siete por ciento de los terapeutas admite haber hablado de política con sus pacientes,[48] lo cual ilustra la omnipresencia de la radicalización social no solo en las mentes de las personas que reciben asistencia psicológica, sino también entre los terapeutas en un entorno que tradicionalmente se centra en cuestiones personales.

Catástrofes: tiroteos masivos/escolares y pandemias

A nadie que viva en Estados Unidos le sorprenderá saber que el número de tiroteos en masa, en centros educativos y en otros lugares, así como el de las víctimas resultantes, ha aumentado alarmantemente en la última década. Lo que quizá sí sorprenda es la relativa escasez de estudios científicos que investiguen las consecuencias que tienen los tiroteos masivos para la salud mental. Sin embargo, las escasas investigaciones que se han hecho indican que estos incidentes pueden provocar distintos problemas de salud mental en los miembros de las comunidades afectadas y en las poblaciones indirectamente expuestas.[49]

Dichas investigaciones apuntan a un aumento de la prevalencia del trastorno depresivo mayor (TDM), del TEPT y del trastorno de ansiedad generalizada (TAG) en los sectores más jóvenes de la sociedad durante el período inmediatamente posterior al tiroteo y también a largo plazo.[50] Al igual que los niños y niñas de la generación X se escondían aterrorizados debajo de sus pupitres en cada simulacro de ataque nuclear que se ensayaba en los colegios, los niños de hoy viven ensayos de evacuación en preparación para un ataque armado. Quienes sean particularmente vulnerables por presentar ya síntomas de TLP, vivirán esa ansiedad y ese miedo significativamente magnificados.

Las pandemias, como el azote del coronavirus (COVID-19) que, en el momento de escribir esto, ha infectado y matado a millones de personas en todo el mundo, pueden ser una fuente de ansiedad aún mayor, para personas de todas las edades, que la epidemia de los tiroteos en centros educativos. A fin de combatir la pandemia, se ordenó a los ciudadanos de todos los países que mantuvieran el distanciamiento social, y en muchas regiones del mundo se ordenó incluso el confinamiento domiciliario y se prohibieron las reuniones sociales de cualquier número de personas. Los profesionales de la salud mental se apresuraron a advertir de los peligros psicológicos que tendría el distanciamiento social: «Si la gente empieza a distanciarse socialmente, habrá una recesión social [además de la económica] –dijo el doctor Vivek Murthy, excirujano general de Estados Unidos–. El aislamiento social y el sentimiento de soledad son problemas muy graves en nuestro país [...] acortan la vida, y aumentan el riesgo de sufrir enfermedades cardiovasculares, diabetes, demencia, depresión y ansiedad». El Departamento de Recursos y Servicios Sanitarios de Estados Unidos fue aún más contundente: «El sentimiento de soledad puede ser tan perjudicial como fumar quince cigarrillos al día».[51]

Sin duda, gran parte de la población mundial experimenta ansiedad, estrés y un sentimiento de soledad durante una pandemia, pero para los individuos afectados por el TLP, el aislamiento y la soledad pueden ser insoportablemente dolorosos, una «plaga» que es necesario evitar tanto o más que el propio virus. El aislamiento puede provocar sentimientos de desesperanza, vacío, miedo al abandono y paranoia, todos ellos criterios definitorios del TLP. Además de estas reacciones en cadena, el distanciamiento social y las restricciones de la movilidad durante períodos prolongados impiden a los pacientes asistir a las sesiones de terapia individual y de grupo que tanto necesitan. Por otro lado, si los cónyuges se ven obligados a permanecer aislados del mundo, en muchos casos en un espacio reducido y con sus hijos, la situación puede exacerbar la inestabilidad e intensidad de la relación interpersonal y la ira, criterios también del TLP. Como la pandemia de la COVID-19 es tan reciente, se desconoce cuáles serán los efectos a largo plazo de los períodos de aislamiento prolongados, o incluso cortos, en los adultos *–y* en los niños–, pero es probable que futuros estudios descubran que los efectos nocivos son de carácter más duradero en quienes sufren de TLP u otros trastornos mentales.

La tecnología: las antisociales redes sociales, el robo de identidad y los sitios de contactos

La historia demuestra que la innovación tecnológica es siempre un arma de doble filo. La automatización de los procesos industriales conduce a un aumento de la productividad, pero a menudo se traduce en una pérdida de puestos de trabajo. Poder comprar, hacer las operaciones bancarias e invertir en bolsa a través de Internet es increíblemente cómodo, pero tiene también efectos secundarios nefastos: cierre de tiendas físicas, robo de identidades y corrupción digital (piensa en Bernie Madoff, cerebro del mayor fraude piramidal de la historia). Y si quedarse sin trabajo o perder los ahorros de toda una vida es espantoso para cualquiera, para alguien con TLP un golpe así de abrupto y desestabilizador es una catástrofe.

Internet permite acceder cómodamente a artículos de investigación en numerosos campos, pero cómo saber si los datos son de verdad fiables o si la información se remite de verdad a los hechos. Las redes sociales y los sitios web de citas han permitido a millones de personas establecer conexión instantánea, pero también han dado lugar al ciberacoso y a relaciones peligrosas. De hecho, gran parte de la historia reciente de Estados Unidos puede definirse como la incapacidad de las instituciones gubernamentales, educativas y sociales para seguirle el ritmo a la innovación tecnológica y estar al día en lo referente a cuestiones como el armamento (nuclear), el calentamiento global, los tiroteos masivos, la delincuencia en las calles y la interacción social negativa, no digamos ya para controlarlas.

Redes sociales antisociales

Los intimidadores escolares han existido desde que existen las escuelas, por supuesto, pero el *ciberacoso* es un fenómeno relativamente nuevo que se ha desarrollado a la par que las redes sociales. Según estudios recientes, el porcentaje de jóvenes que sufren ciberacoso oscila entre el diez y el cuarenta por ciento, dependiendo del grupo de edad y de cómo se defina el ciberacoso.[52] Una definición comúnmente utilizada es la de «acto o comportamiento agresivo e intencionado llevado a cabo por un grupo o individuo, utilizando formas electrónicas de contacto, repetidamente y a lo largo del tiempo, contra una víctima que no puede defenderse fácilmente».

Ese acoso tan dañino –frecuente sobre todo entre los adolescentes que utilizan las plataformas de redes sociales como Twitter y Facebook, pero también presente en los sitios de juegos en línea y en los mensajes de texto– puede consistir en difundir rumores y publicar amenazas, fotos comprometedoras, comentarios sexuales, información personal de la víctima o etiquetas peyorativas (discurso de odio). Las víctimas del ciberacoso experimentan normalmente una disminución de la autoestima, y aumentan en ellas las ideas suicidas, los intentos de suicidio y los sentimientos negativos: miedo, ira, frustración y depresión.[53]

No hace falta decir que las personas con TLP, que ya presentan muchos de estos síntomas (véase el capítulo dos), son especialmente vulnerables. Además, teniendo en cuenta las contradictorias tendencias sádicas y masoquistas del TLP, el individuo límite puede adoptar bien el papel de acosador o bien el de acosado.

Robo de identidad

Aunque se nos asegura repetidamente que nuestros datos personales son confidenciales y están a salvo, se han producido violaciones de datos a gran escala en las principales empresas, bancos e instituciones. Yahoo, JPMorgan Chase, Marriott, Target, eBay y Facebook son solo algunas de las muchas compañías en las que se han visto comprometidos los datos personales de más de cincuenta millones de clientes. Ya fuera por errores internos, por tergiversación de datos o por la abominable acción los *hackers*, en 2016 los casos de robo de identidad en Estados Unidos eran casi tres veces más numerosos que en 2005. De los cincuenta millones de víctimas, que pasaron seis meses resolviendo sus problemas financieros y crediticios, más de una tercera parte experimentó un grave estrés emocional.[54]

Aparte de la angustia financiera, práctica y emocional que provocan estos robos, está el coste psicológico. Para una persona mentalmente sana, el robo de identidad es un golpe considerable; a una persona con TLP, que tiene ya una inestable percepción de sí misma, que le usurpen su identidad (véase el capítulo uno) –o simplemente vivir sabiendo que existe la *posibilidad* de que se la usurpen– puede provocarle ansiedad, en el mejor de los casos, y, en el peor, puede dejarla devastada.

Paraísos del ligue

El número de miembros de los sitios web de citas en línea, como Match.com, eHarmony y otros, ha ido aumentando a ritmo constante durante los últimos treinta años, y de ellos han salido miles de nuevas relaciones y matrimonios. Al cabo del tiempo, la mayoría de los miembros son capaces de reconocer las ventajas que ofrecen estos sitios en cuanto a comodidad y eficacia, pero también sus riesgos ocultos, concretamente el de que ese supuesto millonario de cuarenta años tan arrebatador resulte ser en la vida real un exconvicto de sesenta que vive en el sótano de casa de su madre. Poco a poco se ha ido estableciendo un protocolo estándar entre las personas que buscan pareja: correos electrónicos, luego llamadas telefónicas y después el primer encuentro cara a cara en un lugar público, como un Starbucks. En resumen, la mayoría de los solteros son conscientes de los riesgos, rebajan sus expectativas y toman precauciones.

Desde la década de 2010, sin embargo, la aparición de sitios web que se utilizan principalmente para tener un encuentro rápido ha cambiado el panorama de las citas en línea. Simplificando mucho, la intención al utilizar una aplicación de «ligue» es concertar rápidamente un encuentro de una noche, deslizando a la izquierda o a la derecha una foto y un breve perfil. Si aparece alguien lo bastante atrayente, adelante, pero sin muchas expectativas, y menos precauciones aún en cuanto a indagar e intentar saber algo más sobre la cita en cuestión antes de conocerse en persona. Tanto Tinder como Grindr (la versión gay, bi, trans y *queer* de Tinder) han crecido exponencialmente en todo el mundo desde su creación, en 2011 y 2009 respectivamente; la gran mayoría de los usuarios tienen entre dieciocho y treinta y cinco años.[55] Proporcionalmente, en los encuentros concertados a través de Tinder y Grindr, la asociación con delitos violentos y no violentos ha sido mucho más frecuente que en las citas concertadas a través de los sitios tradicionales, tendencia que se observó por primera vez en el Reino Unido, y que en Estados Unidos han confirmado varios estudios recientes.[56]

Según han revelado esos estudios de jóvenes en edad universitaria, los usuarios de Tinder –chicos y chicas– están más insatisfechos con su cuerpo, tienen una autoestima más baja y experimentan cambios de humor más frecuentes.[57] Resulta bastante obvia la tentación –y el peligro potencial– que pueden ser las aplicaciones de encuentros rápidos para la persona *borderline*, propensa a la impulsividad, la promiscuidad, los sentimientos crónicos de vacío y las relaciones inestables e intensas. La realidad es que, en su caso, consentir en tener un encuentro íntimo de carácter sexual podría concretarse en una seducción juguetona, una cruel manipulación o una explotación destructiva.

«Campos mentales» microscópicos

Desde una edad temprana, estamos condicionados por Hollywood a creer que el caos y la destrucción llegan en forma de gigantescos monstruos como Godzilla, King Kong, los desbocados velocirráptores de *Parque Jurásico*, el feroz e insaciable *Tiburón* o los alienígenas de *La guerra de los mundos*. O en forma de desastres naturales –ciclones, terremotos, huracanes, tsunamis o asteroides– como los que vemos en *Twister*, *Armageddon* y *El día después*. O de las terribles catástrofes nucleares, bombas y misiles que crean el escenario apocalíptico en películas como *La carretera*, *¿Teléfono rojo? Volamos hacia Moscú* o *Punto límite*.

Pero las películas no son el mundo real, y en las dos últimas décadas hemos aprendido que lo infinitesimal e intangible puede también causar estragos. Los virus invisibles y los códigos de *bytes*, los agentes contaminantes imperceptibles y los dolorosos malentendidos y tergiversaciones debidos a una alteración de las microscópicas sinapsis neuronales pueden causar terribles daños psicológicos y físicos. Junto con la acción individual, una sociedad moderna debe estar preparada, y dispuesta a gastar lo que sea necesario, para protegerse, prepararse y hacer frente a estos enemigos sociales invisibles, por el bien de la salud física y mental de su población.

Capítulo cinco

El sistema de comunicación SET-UP

Está bien..., ¿qué quiere que le diga? ¿Quiere que le diga que es divertido, para que pueda contradecirme y decir que es triste? ¿O quiere que le diga que es triste, para que usted pueda darle la vuelta y decir que no, que es divertido? Usted puede jugar este maldito juego como quiera, ¡lo sabe!

—*Quién teme a Virginia Woolf*, de Edward Albee

La persona con TLP cambia de personalidad como si fuera un caleidoscopio que, a medida que gira, va reorganizando el cristal fragmentado de su ser y creando distintas formaciones: cada *collage* diferente del anterior, pero todos y cada uno, ella. Como si fuera un camaleón, adopta cualquier aspecto que imagine que complacerá al espectador.

El comportamiento *borderline* puede ser muy frustrante para quienes están en contacto diario con las víctimas del TLP, pues las explosiones de ira, los rápidos cambios de humor, la desconfianza, los actos impulsivos y los arrebatos imprevisibles, las acciones autodestructivas y las contradicciones de su discurso les resultan comprensiblemente inquietantes.

En este capítulo vamos a explicar un método estructurado y eficaz para comunicarse con quienes sufren de TLP, el sistema SET-UP, que tanto la familia y los amigos como los terapeutas entenderán fácilmente y podrán adoptar a diario, lo cual tal vez los ayude, además, a convencer a la persona con síntomas de TLP de que considere la posibilidad de ponerse en tratamiento (véase el capítulo siete).

El sistema SET-UP se creó expresamente para su uso con pacientes de TLP en el contexto hospitalario, en un principio, y fue evolucionando hasta constituirse en un marco estructurado para la comunicación con el paciente *borderline* en momentos de crisis. Originalmente se enseñó el método al personal del hospital, pero pronto se adaptó para que pudieran utilizarlo también los familiares y otras personas cercanas al paciente. En esos momentos de crisis, la comunicación con el individuo *borderline* se ve obstaculizada por su impenetrable y caótico campo interno de tensiones, caracterizado principalmente por tres estados emocionales y mentales: una soledad aterradora, sentir que nadie lo comprende y una abrumadora impotencia.

Debido a esto, las personas cercanas no encuentran a menudo la manera de razonar con el individuo *borderline*, y se ven obligadas a soportar sus explosiones de cólera y su destructividad impulsiva, las amenazas o actos de autolesión y unas exigencias de atención irracionales. Si es tu caso, el sistema SET-UP te ayudará a hacer frente a esa avalancha de emociones con respuestas configuradas para que puedas abordar con calma sus miedos profundos, disolver su hostilidad y evitar que derive en un cataclismo mayor.

Este sistema de comunicación no es una terapia formalizada. A diferencia de los programas de tratamiento estándar, dirigidos a producir cambios conductuales duraderos, el sistema SET-UP se creó para hacer frente a episodios de crisis emocional, para facilitar la comunicación y para evitar la escalada durante los potenciales conflictos. Sin embargo, los objetivos de SET-UP cuando utiliza el sistema alguien no profesional están en total consonancia con los de los programas formalizados que emplean los profesionales clínicos.

- Al igual que la terapia cognitivo-conductual (TCC), el SET-UP identifica los patrones de pensamiento negativo y el comportamiento improductivo y trabaja con el individuo *borderline* para hacer ajustes.
- Al igual que la terapia dialéctica conductual (TDC), el SET-UP da prioridad a los impulsos destructivos y ofrece respuestas productivas y lógicas al malestar emocional.
- Al igual que la terapia basada en la mentalización (TBM), el SET-UP hace hincapié en la conciencia de sí mismo y de los demás, y afronta los problemas de confianza y de relaciones.
- Al igual que la psicoterapia centrada en la transferencia (PCT), el SET-UP intenta modificar las representaciones distorsionadas del yo y de los demás.
- Al igual que la terapia centrada en esquemas (TCE), el SET-UP trata la hipersensibilidad al rechazo y la preocupación por el abandono.
- Al igual que la terapia de exposición utilizada para el tratamiento de las fobias y el trastorno por estrés postraumático (TEPT), el SET-UP hace frente a situaciones temidas o traumáticas.

Encontrarás más detalles sobre estos programas formalizados en el capítulo ocho.

Al igual que estos y otros programas terapéuticos estandarizados, el SET-UP apela a la mentalización y la atención plena (*mindfulness*) y a desarrollar la valentía necesaria para hacer frente a los dolorosos dilemas de la realidad. (La base de la mentalización y el *mindfulness* es centrar la atención en el momento presente y comprender el estado mental propio y el de los demás que subyace a los comportamientos. En el proceso, las respuestas emocionales reflejas se disipan). Aunque el programa SET-UP se creó en un principio como vía de comunicación con el paciente *borderline* en momentos de crisis, también puede ser de utilidad para tratar con cualquier persona con la que sea necesario tener una comunicación concisa y coherente, incluso aunque no sea en momentos de crisis.

Comunicación SET-UP

La porción «SET» de este sistema, siglas de *Support*, *Empathy*, *Truth* ('apoyo, empatía y verdad'), consta de tres partes (véase la figura 5.1). En situaciones de comportamiento destructivo, de importante toma de decisiones u otras situaciones de crisis, la interacción con el individuo *borderline* debe apelar a los tres elementos en proporción equilibrada. Esta parte del sistema, SET, es la táctica principal para mantener una interacción constructiva *en el momento*. «UP» son las siglas en inglés de *Understanding* y *Perseverance* ('comprensión y perseverancia'), las actitudes esenciales que alientan el compromiso continuo con la relación y con los objetivos que todas las partes tratan de alcanzar y consolidar *a la larga*.*

La parte del *apoyo* consiste en expresar la preocupación del «yo»: «Estoy sinceramente preocupada por cómo te sientes», «Me importa de verdad lo que estás viviendo» y «Quiero serte de ayuda» son algunos ejemplos de declaraciones de *apoyo*. Ponen el énfasis en los propios sentimientos del interlocutor, y son esencialmente expresión del compromiso de intentar ser de ayuda.

Con *empatía*, queremos transmitir que reconocemos la angustia y los sentimientos caóticos de la persona *borderline*, y ponemos el énfasis en el «tú»: «Qué mal te debes de sentir», «Debe de ser para ti un momento muy difícil», «Debes de haberte sentido realmente desesperada para hacer esto», «Es imposible imaginar por lo que debes de estar pasando». Es importante no confundir la empatía con la lástima («Me das tanta pena..., «Pobrecita»), ya que percibir un tono condescendiente puede provocar en la persona una explosión de cólera. Además, la *empatía* debe expresarse de un modo neutro, haciendo la menor referencia posible a lo que sentimos nosotros y poniendo el énfasis en la experiencia dolorosa de la persona *borderline*, no en la nuestra. Una frase como «sé lo mal que te sientes» la inducirá

---

* N. de la T.: El término que resulta del acrónimo en inglés, *set-up*, hace referencia al verbo «configurar» y a su acción y efecto (configuración).

a dar una réplica sarcástica como «no, no lo sabes» y solo agravará el conflicto.

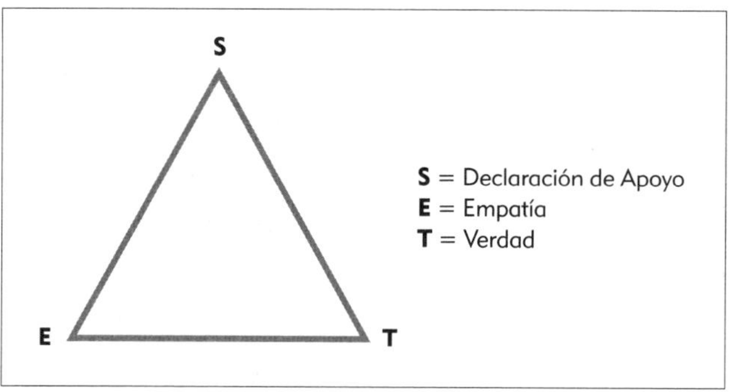

Figura 5.1

La parte de la *verdad*, reconoce la realidad de la situación y pone el énfasis en que la persona con TLP es en última instancia responsable de su vida y en que los intentos de ayuda por parte de los demás no pueden eximirla de esa responsabilidad esencial. Las declaraciones de *apoyo* y *empatía* son de carácter subjetivo; confirman cómo se siente la persona que está a cargo y suelen comunicarse en primer lugar. En cambio, la declaración de *verdad* reconoce que existe un problema y aborda la cuestión práctica y objetiva de qué se puede hacer para resolverlo. «Bueno, ¿qué crees que podemos hacer al respecto?» es una expresión básica de la *verdad*. Otras expresiones de la *verdad* características hacen referencia a acciones concretas que el interlocutor se siente obligado a realizar en respuesta a los comportamientos del individuo con TLP. Estas enunciaciones de la *verdad* deben expresarse de manera neutral y objetiva («Esto es lo que ha pasado... Estas son las consecuencias... Esto es lo que puedo hacer... ¿Qué vas a hacer tú?»). Y es importante plantearlas sin culpabilizar a la persona o expresar el deseo sádico de castigarla («¡Vaya lío en el que nos has metido!», «¡Tú te lo has buscado, así que apechuga con las consecuencias!»). La *verdad* intenta iniciar también una reflexión sobre las posibles soluciones y contrarrestar las expresiones de desesperanza e impotencia. La parte de la *verdad* del sistema SET es la más importante y la más difícil de aceptar para la persona *borderline*, ya que gran parte de su perspectiva del mundo excluye o rechaza las consecuencias realistas de su comportamiento.

La comunicación debe incluir, en la medida de lo posible, los tres mensajes. Sin embargo, aunque se expongan las tres partes, la persona con TLP podría no integrarlas todas. Cuando alguna de ellas no se enuncia con suficiente claridad, o la persona no la «oye», las respuestas son predecibles.

Por ejemplo, si la etapa de *apoyo* se pasa por alto (véase la figura 5.2), normalmente el individuo acusará a su interlocutor de no preocuparse por él, de no querer tener nada que ver con lo que le pasa. Después de esto, es probable que se desentienda del resto de la comunicación, puesto que siente que a su interlocutor le da igual lo que le pase o tal vez quiera incluso hacerle daño. La acusación de «¡no te importo!» suele indicar que la declaración de *apoyo* no se ha integrado o no se ha comunicado bien. En ese caso, conviene hacer nuevas declaraciones inequívocas de *apoyo*.

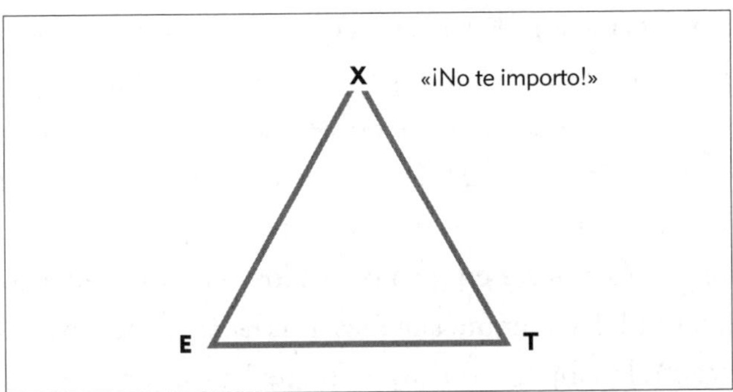

Figura 5.2

No ser capaz de comunicar eficazmente la parte de *empatía* del mensaje (véase la figura 5.3) creará en la persona *borderline* la sensación de que su interlocutor no entiende por lo que está pasando («¡No sabes cómo me siento!»). Esta vez, justificará su negativa a comunicarse alegando que su interlocutor no la entiende. Y dado que no la entiende y no es capaz de comprender su dolor, cualquier cosa que diga carecerá de valor para ella. Cuando el individuo *borderline* no acepta el ofrecimiento de *apoyo* o de *empatía*, ya no escucha lo demás. Por lo tanto, a menudo debemos reiterar las declaraciones de *apoyo* y/o *empatía* cuando se nos acusa de no preocuparnos o no comprender.

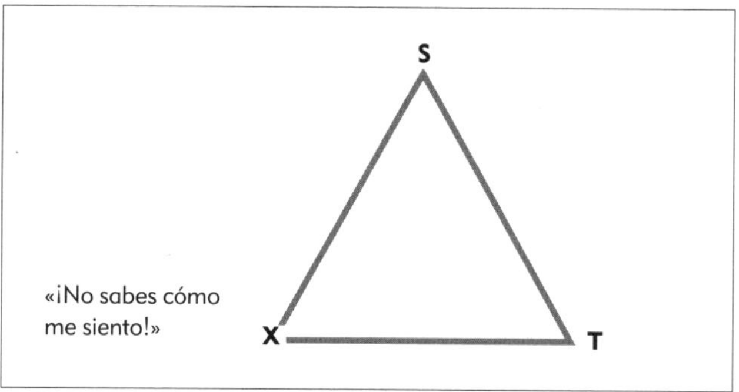

Figura 5.3

Si el elemento de *verdad* no se expresa claramente (véase la figura 5.4), la situación a la que esto da lugar es más peligrosa: la persona *borderline* interpretará la supuesta aquiescencia de su interlocutor del modo que le resulte más cómodo, normalmente como una confirmación de que los demás pueden realmente responder por ella cuando ella no pueda, o de que su percepción de cómo son las cosas cuenta con el beneplácito y el respaldo de todos. La frágil fusión que se crea en este caso entre la persona con TLP y los demás se desintegrará más tarde o más temprano, cuando la relación con ellos no sea capaz de sostener el peso de sus expectativas disparatadas. Sin una *verdad* expresada claramente y una confrontación, esa persona seguirá creando situaciones de exagerado enredo –o codependencia– en su relación con los demás. Mientras se satisfagan sus necesidades, percibirá que todo está en orden, o al menos que las cosas mejorarán sin más esfuerzo por su parte. De hecho, la prueba de ese enredo es a menudo una sorprendente ausencia de conflictos durante un tiempo. Tendrá menos manifestaciones de hostilidad y de ira. Sin embargo, cuando sus expectativas irracionales se vean finalmente frustradas, la relación se derrumbará y provocará en la persona con TLP una vorágine de ira y desengaño.

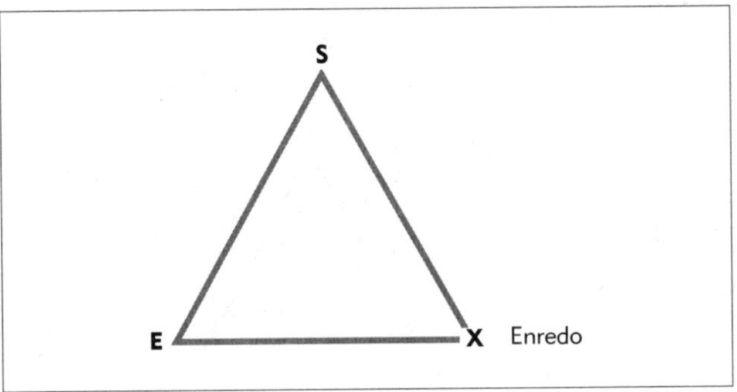

Figura 5.4

La extensión «UP» del marco de comunicación SET-UP tiene como propósito ser un recordatorio continuo de que las relaciones requieren *comprensión* y *perseverancia*. Comprender el trastorno *borderline* y sus síntomas ayuda a tener paciencia mientras se intenta conseguir una mejoría. Sin embargo, reconocer la angustia de un trastorno significa reconocer la necesidad de hacer ajustes concretos, no quedar eximido de la responsabilidad. Perseverar en el tratamiento y en la relación, a pesar de las decepciones, es la única manera de que la situación pueda mejorar. Uno de los factores que más contribuyen a que mejore la salud general del paciente es que las personas de su entorno –sus médicos, terapeutas, familiares, amigos y amantes– y el propio paciente «aguanten» con firmeza a pesar de las frustraciones que vayan surgiendo. A todos los implicados en la relación, les será de ayuda mantener vivos, de modo verbal o tácito, estos sentimientos (véase la figura 5.5).

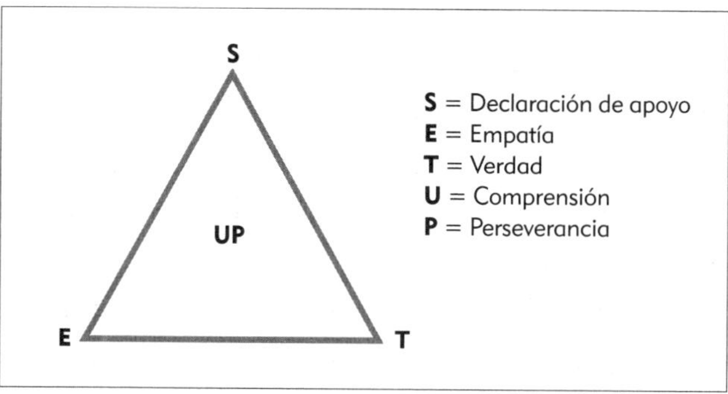

Figura 5.5

Los dilemas del TLP

Los principios del sistema SET-UP pueden utilizarse en una diversidad de entornos para intentar apaciguar situaciones inquietantes. A continuación describimos algunos aprietos típicos en los que se puede utilizar esta estrategia.

Malo si haces, malo si no haces

La confusión de la persona *borderline* suele dar lugar a que su mensaje le resulte contradictorio a quien lo recibe. Con frecuencia, sus palabras comunican una determinada postura, pero su comportamiento expresa un mensaje distinto. Aunque tal vez ella no sea consciente del dilema que esto supone, a menudo su pareja o sus amistades se encuentran en un callejón sin salida: los condenará hagan lo que hagan. («Dime, ¿cuál de estos vestidos me hace parecer más gorda?», «¿Por qué crees *tú* que estoy enfadada contigo?»).

CASO 1: GLORIA Y ALEX. Gloria le cuenta a su marido, Alex, que se siente desamparada y deprimida. Dice que ha decidido suicidarse, pero le prohíbe que trate de remediarlo de ninguna manera.

Así que Alex se encuentra con dos mensajes que se contradicen: (1) el mensaje explícito de Gloria, que esencialmente se traduce como: «Si te importo, respetarás mis deseos, y no interferirás en mi libertad para controlar mi destino e incluso morir, si así lo decido», y (2) el mensaje opuesto, transmitido por el acto en sí de anunciar sus intenciones, que dice: «Por el amor de Dios, si te importo, ayúdame y no dejes que me muera».

Si Alex ignora las palabras de Gloria, ella lo acusará de ser frío y de no quererla. Si, por el contrario, hace una lista de todas las razones por las que no debería suicidarse, ella frustrará cada uno de sus intentos con argumentos implacables de por qué está equivocado, y acabará condenándolo por no comprender realmente su dolor. Si Alex llama a la policía o al médico, no estará respetando lo que Gloria le ha pedido, y ella concluirá que no puede confiar en él.

Como Gloria no se siente lo bastante fuerte como para responsabilizarse de su vida, quiere que sea Alex quien asuma esa carga. Se siente abrumada e impotente por efecto de la depresión. Al involucrar a Alex en el drama, lo convierte en un personaje de la obra de teatro que ha escrito, pero que tiene un final incierto, y ese final no debe resolverlo ella, sino él. Para terminar con el conflicto entre sus sentimientos contradictorios sobre el suicidio, pone en manos de Alex la responsabilidad de su destino.

Además, Gloria separa las partes negativas de la ambivalencia y las proyecta en Alex, y ella se reserva el lado positivo. Responda como responda Alex, lo criticará. Si no intercede activamente, será porque es un egoísta y no tiene corazón, y ella será «una pobre incomprendida». Si intenta evitar que se suicide, será un insensible y un controlador, y la habrá privado de su respeto por sí misma.

En cualquiera de los casos, Gloria, que se considera moralmente superior, se ve a sí misma como una mártir indefensa, una víctima a la que Alex ha privado de alcanzar todo su potencial. Y en cuanto a Alex, ¡malo si haces, malo si no haces!

Los principios del SET-UP pueden ser de ayuda en una situación tan difícil como esta. Lo ideal es que las respuestas de Alex incluyan los tres lados del triángulo SET. Su expresión de *apoyo* (*S*) debe ser una declaración de su compromiso con Gloria y de su deseo de ayudarla:

«Estoy muy preocupado por lo mal que te sientes, y mi mayor deseo es ayudarte, porque te quiero». Si después de esto consiguen descubrir juntos qué preocupaciones pueden estar sumándose a la angustia de Gloria, Alex puede proponer algunas soluciones y volver a manifestar su voluntad de ayudarla: «Creo que una parte de lo que sientes podría estar relacionada con los problemas que estás teniendo con tu jefe. Vamos a pensar en algunas alternativas. Una posibilidad sería pedir un traslado. O si este trabajo te está creando tanta preocupación, quiero que sepas que me parece bien si quieres dejarlo y buscar otro trabajo distinto».

La declaración de *empatía* (*E*) debe intentar transmitir que Alex es consciente del dolor actual de Gloria y que entiende que unas circunstancias tan extremas puedan llevarla a contemplar la posibilidad de acabar con su vida: «La presión a la que has estado sometida estos últimos meses debe de estar haciéndosete ya insoportable. Tanta tensión debe de estar llevándote al límite, a un punto en el que sientes que ya no puedes seguir».

En cuanto al elemento *verdad* (*T*), la parte más importante de la declaración de Alex debería poner de manifiesto su terrible frustración ante el dilema de «malo si haces, malo si no haces». También debería intentar aclarar la ambivalencia de Gloria respecto a la idea de morirse, haciéndole ver que, además de esa parte de ella que quiere poner fin a su vida, otra parte de ella desea que la ayuden y la salven. Las expresiones de *verdad* de Alex podrían ser algo como: «Me doy cuenta de lo mal que te sientes y puedo entender que pienses en morirte. Sé que has dicho que, si de verdad me importas, debo dejarte hacer lo que quieras. Pero si me importas, ¿cómo puedo sentarme a ver cómo te destruyes? El hecho de que me hayas alertado de que planeas suicidarte me dice que, por mucho que te quieras rendir, hay al menos una parte de ti que no quiere morirse. Y es a esa parte a la que siento que debo responder. Quiero que vayamos juntos al médico para que nos ayude a resolver estos problemas».

Dependiendo de la intensidad de los sentimientos de Gloria, Alex debería insistir en que le hicieran una evaluación psiquiátrica lo antes posible o, si hay peligro inminente, llamar a la policía o a los servicios paramédicos o llevarla al servicio de urgencias.

En este último caso, la situación puede exacerbar la furia de Gloria, que culpará a Alex de haberla forzado a ir al hospital. Pero las declaraciones de *verdad* deberían recordarle que, si está en el hospital, no es tanto por lo que ha hecho él como por lo que antes hizo ella: amenazar con suicidarse. Es posible que la persona con TLP necesite que se le recuerde con frecuencia que las reacciones de los demás hacia ella se basan principalmente en lo que *ella* hace, y que es *ella* la que debe responsabilizarse por tanto de las consecuencias, en lugar de culparlos a ellos por responder a su conducta con medidas realistas.

Cuando el peligro inminente haya pasado, las posteriores declaraciones de *verdad* deben hacer referencia a la manera contraproducente en que Gloria responde sistemáticamente en situaciones de estrés y a la necesidad de desarrollar maneras más eficaces de hacer frente a la realidad de su vida. Las expresiones de *Verdad* deberían incluir también cómo les afecta a cada uno de ellos el comportamiento del otro y cómo afecta a su matrimonio. Con el tiempo, tal vez sean capaces de elaborar un sistema de respuesta mutua, ya sea por su cuenta o con la ayuda de un terapeuta, que satisfaga las necesidades de ambos.

Este tipo de situaciones es muy común en las familias de pacientes con TLP que manifiestan conductas notablemente autodestructivas. Los adolescentes con conductas delictivas o tendencias suicidas y las personas alcohólicas o anoréxicas pueden poner a sus familias en dilemas similares. Se resisten enérgicamente a recibir ayuda, al tiempo que se comportan de forma obviamente autodestructiva. Por lo general, la única manera de ayudarlos es la confrontación directa, que precipitará en ellos una crisis. Esto es lo que recomiendan grupos como Alcohólicos Anónimos, situaciones de confrontación normalizadas en las que la familia, los amigos o los compañeros de trabajo, a menudo junto con un consejero o terapeuta, confrontan al paciente con su comportamiento adictivo y le exigen que se ponga en tratamiento.

La asociación Tough Love ('amor severo') cree que sentir verdadero afecto por alguien significa obligarlo a hacer frente a las consecuencias de sus comportamientos, en lugar de protegerlo de ellas. Los grupos de Tough Love para madres y padres de adolescentes, por ejemplo, pueden aconsejar que a un adolescente con adicción a las drogas se le plantee que o accede a ponerse en tratamiento o tiene prohibido volver a casa. Este tipo de métodos enfatiza el elemento de *verdad* (T) del triángulo SET-UP, pero quizá ignora las partes del *apoyo* (S) y la *empatía* (E). Por tanto, estos sistemas tal vez resulten solo parcialmente eficaces para la persona afectada por el TLP, que podría adoptar sin grandes dificultades el cambio externo de hábitos que se le impone; pero, en el fondo, sin el cariño y la confianza que transmiten las declaraciones de *apoyo* y *empatía*, carecería de verdadera motivación para comprometerse con un cambio duradero.

Sentirse mal por sentirse mal

El individuo con trastorno límite de la personalidad suele responder a la depresión, la ansiedad, la frustración o la ira superponiendo nuevas capas de los mismos sentimientos. Debido a su perfeccionismo y a su tendencia a ver las cosas o blancas o negras, intenta borrar los sentimientos desagradables en lugar de comprenderlos o afrontarlos. Cuando se da cuenta de que no puede borrar esos sentimientos inquietantes, se siente aún más culpable o frustrado. Y como sentirse mal es para él inaceptable, se siente mal por sentirse mal. Cuando esto le hace sentirse todavía peor, se encuentra de repente preso en una espiral descendente que parece no tener fondo.

Una parte del trabajo de sus terapeutas y de las personas cercanas consiste por tanto en abrirse paso a través de estas capas sucesivas para localizar el sentimiento original y ayudar al individuo a aceptarlo como parte de quien es. El individuo *borderline* debe aprender a permitirse tener «malos» sentimientos sin reprenderse o culparse por ellos ni negarlos.

CASO 2: NEIL Y SUS AMIGOS. Neil, un empleado de banca de cincuenta y tres años, ha tenido episodios de depresión durante más de la mitad de su vida. Sus padres murieron cuando era pequeño, y quien se ocupó principalmente de él fue una hermana soltera, mucho mayor que él, fría e hipercrítica. Era una fanática religiosa que lo hacía ir a la iglesia a diario y que con frecuencia lo acusaba de haber cometido alguna trasgresión pecaminosa.

El Neil adulto era un hombre pasivo, dominado por su esposa. De niño le habían enseñado que la rabia era un sentimiento inadmisible, y negaba sentirse nunca enfadado con nadie. Era muy trabajador y respetado en la oficina, pero recibía poco afecto de su esposa, que rechazaba todos sus intentos de acercamiento sexual, lo cual lo frustraba y deprimía. Al principio, Neil se indignaba con su mujer por rechazarlo, luego se sentía culpable y se indignaba consigo mismo por haberse indignado, y después caía en la depresión. El proceso era el mismo en las demás áreas de la vida de Neil. Cada vez que alguien lo trataba mal, sentía que se lo merecía; si surgían en él resentimiento u otros sentimientos negativos, se obligaba a ponerles fin. Y como no era capaz de controlar sus sentimientos más profundos, la decepción y la frustración consigo mismo eran cada vez mayores. La depresión se agravó.

Los amigos de Neil intentaron reconfortarlo. Le dijeron que podía contar con ellos, que estaban siempre a su disposición si tenía necesidad de hablar. Empatizaban con lo duro que se le hacía el trabajo en aquellas condiciones y con las dificultades que tenía para tratar con su esposa. Le hicieron ver que «se sentía mal por sentirse mal» y lo animaron a que dejara todo aquello atrás y tomara de una vez las riendas de su vida. El consejo, sin embargo, no lo ayudó; por el contrario, Neil se sintió todavía peor porque ahora, además de lo que ya le pasaba, tenía la sensación de estar defraudando a sus amigos. Y cuanto más intentaba frenar los sentimientos negativos, más sentía que era un fracasado y más se deprimía.

El sistema SET-UP habría podido ayudar a Neil a plantarle cara al dilema. Es verdad que recibió de sus amigos gran *apoyo* y *empatía*, pero sus mensajes de *verdad* no fueron los adecuados. En lugar de intentar borrar las emociones desagradables (una propuesta de «todo o nada»), Neil debe entender la necesidad de aceptarlas en su contexto como emociones reales y legítimas sin emitir juicios de valor. En lugar de añadir más capas autocondenatorias, que le permiten seguir revolcándose en el fango del «¡ay de mí!», debe afrontar las críticas y trabajar para cambiar lo que sea necesario.

Otras posibles declaraciones de *verdad* tratarían sobre los motivos para la pasividad de Neil y para el comportamiento de su esposa y de otras personas cercanas. Es necesario que Neil se dé cuenta de que, hasta cierto punto, es él quien se coloca en una posición que invita a los demás a abusar de él. Aunque puede trabajar para que esto cambie en el futuro, antes debe enfrentarse a cómo son las cosas ahora. Esto significa reconocer que está indignado, que tiene razones para estar indignado y que no le queda más remedio que aceptar la rabia que tiene dentro puesto que no es capaz de hacerla desaparecer, al menos no de inmediato. Aunque deteste que haya en él sentimientos que considera inaceptables, no tiene poder para cambiarlos (una máxima similar a las que se utiliza en Alcohólicos Anónimos). Aceptar estos sentimientos inquietantes significa aceptarse a sí mismo como un ser humano imperfecto y renunciar a la ilusión de poder controlar factores incontrolables. Si Neil es capaz de aceptar su rabia o su tristeza o cualquier sentimiento desagradable, el mecanismo de «sentirse mal por sentirse mal» sufrirá un cortocircuito. Puede empezar entonces a cambiar otros aspectos de su vida.

Gran parte del éxito profesional de Neil ha sido el resultado de esforzarse más y más. Estudiar con más ahínco suele traducirse en sacar mejores notas. Cuanto más se practica una técnica más se rinde, normalmente. Pero hay situaciones en la vida que requieren lo contrario. Cuanto más aprietes los dientes y los puños mientras intentas dormirte, más probable será que estés despierto toda la noche. Cuanto más te empeñes en relajarte, mayor será la tensión. Cuanto más intentes no estar ansioso, mayor será la ansiedad.

Alguien que está atrapado en este dilema muchas veces se libera de él en el momento más inesperado: cuando se relaja, cuando deja de ser tan obsesivo y tan exigente consigo mismo y aprende a aceptarse como es. No es una casualidad que el personaje *borderline* que anhela tener una relación sentimental armoniosa suela encontrarla precisamente cuando menos ansioso está por encontrarla y más se dedica a hacer aquellas cosas que lo hacen sentirse bien. Porque es en esos momentos cuando más atractivo les resulta a los demás y, también, cuando menos presionado se siente a agarrarse a lo primero que se le presente con tal de no estar solo.

La víctima perenne

La persona con TLP se ve frecuentemente envuelta en situaciones problemáticas en las que se convierte en víctima. Neil, por ejemplo, se ve a sí mismo como un personaje indefenso sobre el que los demás actúan. El comportamiento del individuo *borderline* es con frecuencia provocador o peligroso, y puede invitar inconscientemente al acoso. La mujer que continuamente elige a hombres que la maltratan no suele darse cuenta de los patrones de comportamiento que repite. En la percepción escindida que tiene de sí misma la persona *borderline*, está por un lado la parte que se siente moralmente superior y merecedora de ciertos privilegios y por otro la parte indigna, enfadada, masoquista y merecedora de castigo, aunque la persona posiblemente no sea consciente de ninguna de las dos. De hecho, este patrón de «invitada» victimización suele ser un indicio claro de TLP.

Aunque sentirse víctima es muy poco agradable, puede tener también su atractivo. Tanto es así que, a veces, puede dar miedo abandonar ese rol que se ha incorporado a la identidad, y que se expresa en una conducta de persistente autosabotaje, en una resistencia inconsciente a «estar mejor». La imagen de persona desamparada e indefensa, azotada por las aguas turbulentas de un mundo injusto, tiene un gran atractivo para algunos. Un encuentro entre una damisela abrumada e inconsolable y alguien que siente un fuerte impulso de rescatar y cuidar a otros satisface las necesidades de ambas partes: la identidad *borderline* encuentra a un «generoso desconocido» que le promete protección total, y el recién llegado sacia su propio deseo de sentirse fuerte, protector, importante y necesitado: de ser el que «la saque de todo eso».

En esta situación, el papel de héroe y de pobre desamparada se refuerzan mutuamente. El héroe se siente poderoso, proteger a ese ser indefenso da propósito a su vida; y la oprimida mujer *borderline* se siente ahora más segura y puede eludir toda responsabilidad. Es posible que se aferren a estos roles, que él se sienta amenazado si ella se muestra más independiente y que ella empiece a tener miedo si él da muestras de vulnerabilidad.

CASO 3: ANNETTE. Annette nació en una familia negra pobre, y cuando era muy pequeña su padre se fue y nunca volvió. Una sucesión de hombres ocuparon brevemente la silla del «padre», y finalmente su madre se volvió a casar, pero su segundo marido era igual de juerguista y bebedor que el primero. Cuando Annette tenía alrededor de ocho años, su padrastro empezó a abusar sexualmente de ella y de su hermana. Annette tenía miedo de contárselo a su madre, que no cabía en sí de satisfacción porque la familia hubiera conseguido al fin cierta seguridad económica. Así que mantuvo en secreto los abusos de su padrastro, «por su madre».

A los diecisiete años, Annette se quedó embarazada y se casó con el padre del bebé. Consiguió terminar el instituto; siempre había sacado buenas notas y no le resultó difícil. Pero otros aspectos de su vida eran un caos: su marido bebía, salía con otras mujeres y, al cabo de un tiempo, empezó a pegar a Annette. Ella siguió teniendo hijos suyos, quejándose y aguantando, «por los niños».

Después de seis años y tres hijos, su marido la dejó. Verlo marchar fue una especie de alivio ansioso: la pesadilla al fin había terminado, pero como una sombra funesta se cernía sobre ella la pregunta de qué iba a hacer ahora.

Annette intentó como pudo que las cosas funcionaran para ella y sus hijos, pero se sentía constantemente desbordada. Entonces conoció a John, que era unos veinticinco años mayor (no quiso decirle su edad exacta) y que parecía tener un auténtico deseo de cuidar de ella. Pronto, se convirtió en el buen padre que Annette nunca había tenido. La animaba y la protegía. Le aconsejaba cómo vestirse y cómo hablar. Poco a poco, Annette empezó a tener más confianza en sí misma, consiguió un buen trabajo y comenzó a disfrutar de su vida. Al cabo de unos meses, John se mudó a vivir con ella, o casi. Vivía con ella los fines de semana; el resto de la semana, por cuestiones de trabajo, era «más fácil quedarse a dormir en la oficina».

En el fondo, Annette sabía que John estaba casado, pero nunca preguntó. Cuando John empezó a ser menos cumplidor, a aparecer menos por casa y a mostrarse más distante, ella se guardó la rabia. En el trabajo, sin embargo, la rabia salía, y hubo varias oportunidades de promoción para las que no se la tuvo en cuenta. La excusa de sus supervisores era que estaba menos cualificada que los demás y tenía una actitud desabrida, pero a Annette no le servían aquellas explicaciones. En su indignación, entendía los rechazos como una muestra de discriminación racial. Se fue deprimiendo más y más, hasta que la hospitalizaron.

En el hospital, la susceptibilidad de Annette a la discriminación racial explotó. La mayoría de los médicos eran blancos, al igual que la mayoría de las enfermeras y de los pacientes. La decoración del hospital era «blanca» y las comidas eran «blancas». Toda la rabia que había acumulado a lo largo de los años estaba enfocada ahora en los prejuicios que la sociedad tenía contra los negros. Haciendo de este problema global el foco de su atención, Annette eludía sus propios demonios.

El objetivo más difícil fue Harry, un musicoterapeuta blanco que trabajaba en el hospital. A Annette le parecía que Harry ponía cuidado en tocar solo música «blanca» y que su aspecto y su forma de ser entera encarnaban la «blancura». De modo que descargaba su furia contra aquel terapeuta, y en mitad de las sesiones de musicoterapia se levantaba y se marchaba indignada.

Aunque a Harry le asustaban aquellos arrebatos, un día fue a buscar a Annette. Su declaración de *apoyo* reflejaba la preocupación que sentía por sus avances en el programa hospitalario. Harry expresó su *empatía* con Annette confiándole que reconocía lo frustrante que puede ser sentirse discriminado, y le contó lo que significaba a veces para él ser uno de los únicos judíos del programa educativo. Luego intentó confrontar a Annette con la *verdad*, o realidad, de las circunstancias de su vida, diciéndole que criticar duramente la discriminación racial por parte de la sociedad y de su empresa, *aunque era una acción justificada e importante*, la tenía tan absorbida que no le dejaba ver que también ella necesitaba cambiar de mentalidad en algunos sentidos. La necesidad de seguir siendo una víctima, le dijo Harry, la protegía de tener que asumir ninguna responsabilidad por lo que ocurría en su vida. Ser una víctima le servía de justificación para maldecir a la sociedad, en lugar de tener la valentía de investigar cuál era su parte en que otros la utilizaran. Ocultarse tras un velo de justificada ira le evitaba tener que enfrentarse a una aterradora introspección o confrontación que quizá pudieran inducir un cambio, y entre tanto perpetuaba su sentimiento de desamparo e impotencia, que la dejaba incapacitada para hacer cualquier cambio «por ella».

En la siguiente sesión de musicoterapia, Annette no se marchó airada de la sala. En lugar de eso, se encaró con Harry y los demás pacientes; sugirió que se tocaran otras canciones. En la siguiente reunión, el grupo acordó tocar algunas canciones de góspel a elección de Annette. Más tarde, Harry la felicitó por haber estado abierta a escuchar lo que él intentaba comunicarle (*comprensión*) y por su voluntad de «aguantar» con entereza (*perseverancia*) para que siguieran trabajando juntos.

Las respuestas de Harry, que ejemplifican los principios del SET-UP, también habrían sido una ayuda si hubieran venido del jefe de Annette, de sus amigos o de cualquiera que presenciara con regularidad sus arrebatos.

La comunicación SET-UP puede liberar a una persona con TLP, o a cualquiera que esté atrapado en el victimismo, al hacerle ver las ventajas que tiene ser una víctima (que los demás se preocupen por ella, no figurar como culpable de que las cosas vayan mal, eximirse de responsabilidad) y las desventajas (abdicar de la autonomía, mantener una dependencia servil, permanecer impedida e inmóvil en medio de los dilemas de la vida). Ahora bien, la «víctima» con TLP tiene que oír las tres partes del mensaje, pues de lo contrario el mensaje no surtirá efecto. Si es cierto que «la verdad os hará libres», entonces el *apoyo* y la *empatía* deben acompañarla para garantizar que se escucha.

La búsqueda de sentido

Gran parte del dramatismo que caracteriza la personalidad *borderline* está relacionada con su interminable búsqueda de algo que llene el vacío que continuamente la acecha. Las relaciones destructivas, el comer sin límite, las autolesiones y las drogas son algunos de los mecanismos que utiliza el individuo con TLP para combatir la soledad y tener por unos instantes la sensación de existir en un mundo real.

CASO 4: RICH. «¡Supongo que amo demasiado!», dijo Rich mientras describía los problemas que tenía con su novia. Era un hombre divorciado de treinta años que había tenido una sucesión de aventuras desastrosas con mujeres. Se aferraba obsesivamente a las mujeres y las colmaba de regalos y atenciones. Gracias a ellas se sentía completo, vivo y realizado. Pero exigía de ellas –y de otros amigos– obediencia absoluta. De este modo sentía que tenía el control, no solo de ellas sino, más importante aún, de su propia existencia.

Se angustiaba en cuanto una mujer actuaba con independencia. Trataba de engatusarla, se volvía insistente, la amenazaba. Para evitar la omnipresente sensación de vacío, intentaba controlar a los demás; si se negaban a cumplir sus deseos, Rich se deprimía terriblemente y perdía el control. Recurría al alcohol o a las drogas para volver a sentir que era alguien o recuperar el sentimiento de autenticidad. A veces provocaba peleas con sus novias o incluso con desconocidos cuando estaba seguro de que perdería o se lanzaba a la carretera y conducía de un modo tan temerario que en ocasiones tuvo que intervenir la policía. A veces se hacía cortes si temía estar perdiendo el contacto con las sensaciones físicas o los sentimientos. Cuando la ira y el dolor ya no le provocaban ningún cambio, iniciaba una relación con otra chica que viera en él a un «incomprendido» que solo necesitaba «el amor de una buena mujer». Y el proceso volvía a empezar.

Rich no tenía noción de su dilema; cuando las cosas iban mal era siempre «por culpa de esa zorra». Despreciaba las palabras de sus amigos, diciéndoles que no lo entendían o que les daba igual lo que le pasara; no era capaz de oír su *apoyo* y *empatía*. En cuanto a las mujeres, al principio eran comprensivas, pero en su relación con él estaba ausente el elemento *verdad*. Y Rich necesitaba encontrarse de frente con los tres aspectos.

En esta situación, en la que tristemente Rich no oía ninguno de los aspectos esenciales del SET, el mensaje de *apoyo* (S) le transmitiría el mismo afecto que querían comunicarle sus amigos. La parte de *empatía* (E) aceptaría sin ningún juicio la sensación de Rich de «amar demasiado», pero también lo ayudaría a comprender su sentimiento de vacío y la necesidad de llenarlo.

El mensaje de *verdad* trataría de sacar a la luz los patrones emocionales que al parecer se repetían en la vida de Rich interminablemente. La *verdad* debería ayudarlo además a darse cuenta de que utiliza a las mujeres, lo mismo que las drogas y la autolesión, como objetos o maniobras para aliviar su falta de sensaciones fuertes y para sentirse completo. Mientras Rich siga buscando en el exterior algo que lo satisfaga interiormente, continuará sintiéndose frustrado y decepcionado, porque no puede controlar las fuerzas externas, y menos aún a los demás, como puede hacer consigo mismo. Por ejemplo, a pesar de sus más frenéticos esfuerzos por reglamentar la vida de una nueva novia, con el tiempo ella querrá recuperar cierta independencia, fuera del ámbito de control de Rich. O Rich podría quedarse sin trabajo, sin tener culpa alguna, porque debido a factores económicos se ha decidido eliminar su puesto. Rich *no puede* dominar estas situaciones, pero *sí puede* tener control sobre sus capacidades creativas, su curiosidad intelectual, etc. Los intereses personales –la lectura, el arte, las aficiones, los deportes, hacer ejercicio– pueden ser fuentes de satisfacción independientes en las que depositar la confianza, fuentes que no pueden quitársele a uno fácilmente.

La búsqueda de constancia

Adaptarse a un mundo continuamente cambiante, en cuya estabilidad no se puede confiar, es un gran problema para la persona con TLP. Su universo carece de patrón y previsibilidad. No tiene ninguna garantía de que los amigos, los trabajos ni las capacidades vayan a mantenerse inamovibles. Saber esto la obliga a comprobar una y otra vez todos los aspectos de su vida; teme constantemente que un individuo o situación en los que confía se tornen de repente en todo lo contrario: una absoluta traición; que el héroe se convierta en un demonio, el trabajo perfecto en una amargura. La persona *borderline* no puede concebir, ni en lo referente a individuos ni a situaciones, la constancia del objeto (véase el capítulo dos y el apéndice B). No concibe que nada perdure. No tiene laureles en los que descansar. Cada día debe empezar de cero e intentar desesperadamente demostrarse a sí misma que el mundo es de fiar. El hecho de que el sol haya salido por el este durante miles de años no significa que hoy vaya a suceder también. Tiene que comprobar que es así todos los días.

CASO 5: PAT Y JAKE. Pat era una atractiva joven de veintinueve años que estaba en proceso de divorciarse de su segundo marido. Lo acusaba, como había hecho con su primer marido, de ser un alcohólico y de maltratarla. Su abogado, Jake, la veía como una desafortunada víctima necesitada de protección. La llamaba con frecuencia para asegurarse de que estaba bien. Empezaron a salir a comer juntos de vez en cuando. Mientras el proceso seguía su curso, se hicieron amantes. Jake se fue de su casa y dejó a su esposa y a sus dos hijos. Aunque Pat todavía no estaba divorciada, se instaló a vivir con él.

Al principio, Pat admiraba la inteligencia y los conocimientos de Jake. En los aspectos en los que ella se sentía débil e indefensa, él parecía «sólido y recio». Sin embargo, Pat se fue volviendo cada vez más exigente. Mientras Jake hiciera de protector, se mostraba dulce y cariñosa, pero cuando él empezó a reclamar un poco de espacio, ella adoptó una actitud hostil. Le molestaba que Jake fuera a trabajar y, sobre todo, que se encargara de otros casos de divorcio. No quería que visitara a sus hijos y lo acusaba de dedicarles más atención que a ella. Iniciaba discusiones violentas que a menudo culminaban en que ella salía corriendo de la casa y se iba a pasar la noche con un «amigo platónico».

Pat carecía de constancia del objeto. Necesitaba poner constantemente a prueba sus amistades y sus relaciones amorosas porque nunca se sentía segura en ninguna interacción humana. Su necesidad de demostraciones constantes de compromiso que la tranquilizaran era insaciable. Había pasado por innumerables relaciones en las que primero se mostraba ingenua y necesitada de atención y cuidados, y luego ponía a prueba a su pareja con exigencias irracionales. En todas las relaciones terminaba abandonada, que era precisamente lo que más temía; al cabo de un tiempo repetía el proceso en el siguiente romance.

Al principio, cuando Pat veía en Jake a un hombre que la apoyaba y con el que podía contar, idealizó la relación. Pero luego, cada vez que él daba señales de necesitar cierta independencia, ella se enfurecía, lo maldecía y lo denigraba. Cuando estaba en el despacho, lo llamaba incesantemente porque, según decía, se estaba «olvidando de él». A las amigas de Pat que la oían hablar, les parecía como si Jake fuera dos personas totalmente diferentes; para Pat, lo era.

Si se quiere confrontar al individuo *borderline* con su inconstancia del objeto utilizando el sistema SET, es necesario tener conocimiento del dilema del TLP. Las declaraciones de *apoyo* deben transmitir que el afecto hacia ella es constante e incondicional. Desafortunadamente, el trastorno límite de la personalidad hace que para Pat sea muy difícil comprender que no necesita exigir confirmación continua de que se la acepta. Ella vive con un miedo constante a que el *apoyo* le pueda ser retirado si en algún momento hace algo que desagrada a su pareja. De ahí que, por mucho que se intente tranquilizarla una y otra vez, nunca sea suficiente.

El mensaje de *empatía* de Jake debe confirmar que comprende que Pat no haya aprendido a confiar aún plenamente en las continuas muestras de afecto con que intenta tranquilizarla. Jake debe comunicar que es consciente de la espantosa ansiedad que debe de experimentar Pat y de lo aterrador que debe de ser para ella estar sola.

Las declaraciones de *Verdad* tienen que hacer lo posible por reconciliar las partes escindidas. Jake debe explicar que Pat es importante para él en todo momento, incluso cuando se siente frustrado por su conducta. También debe declarar su intención de no dejarse maltratar. Capitular ante las exigencias de Pat dará lugar a más exigencias. Tratar de complacer y satisfacer a Pat es una tarea imposible, ya que no termina nunca: siempre aparecerán nuevas inseguridades. La *verdad* probablemente exigirá una terapia continuada para ambos, si quieren que su relación continúe.

La cólera inocente

La cólera del TLP suele ser aterradora por su imprevisibilidad e intensidad. La pueden provocar episodios o detalles relativamente insignificantes, y explotar sin previo aviso en el contexto de una sencilla y agradable interacción. Puede ir dirigida contra alguien a quien hasta ese momento el individuo *borderline* tenía en gran estima. Esta ira a veces va acompañada de violencia. Todo esto hace que la ira del TLP sea muy diferente de la ira típica.

En un instante, Pat podía pasar de ser dócil, dependiente y casi infantil a ser exigente, chillona e inconsolable. En una ocasión, le sugirió con ternura a Jake que la llevara a algún sitio para disfrutar juntos de un almuerzo romántico. Pero cuando Jake le dijo que primero tenía que ir al despacho, ella de repente le empezó a gritar, casi pegada a su cara, acusándolo de ignorar por completo sus necesidades. Arremetió con saña contra su hombría, sus fracasos como marido, como padre y como profesional. Lo amenazó con denunciarlo al colegio de abogados por mala conducta. Cuando los intentos de Jake por aplacarla fracasaban, se alejaba en silencio, lo que enfurecía aún más a Pat. Cuando volvía horas más tarde, actuaban los dos como si no hubiera pasado nada.

Los principios de SET-UP deben tener como primer propósito resolver la cuestión de la seguridad. Se debe frenar cualquier tipo de violencia. En el caso anterior, aunque habitualmente los mensajes de Jake expresando *apoyo* y *empatía* serían lo primero, Pat probablemente los rechazará porque le sonarán falsos. En este caso, sería imprudente por parte de Jake continuar explicándole a Pat lo importante que es para él y que entiende que esté dolida. Debe pasar inmediatamente a las declaraciones de *verdad* y establecer en primer lugar que no se causarán daño físico el uno a la otra. Debe decirle con firmeza que dé un paso atrás y permita que haya cierta distancia física entre ellos. Puede manifestar su deseo de comunicarse tranquilamente con ella. Si ella no consiente esto, Jake puede expresar su intención de marcharse hasta que la situación se haya calmado, para que puedan reanudar la conversación. Debe hacer todo lo posible por evitar el conflicto físico, a pesar de las provocaciones de Pat. Aunque inconscientemente quizá Pat quiera que Jake la domine físicamente, se trata de una necesidad basada en experiencias malsanas de su pasado, y es probable que, si llega a ocurrir, luego lo utilice para criticarlo más duramente aún.

Suele ser preferible que las afirmaciones de *verdad* que se verbalizan durante un enfrentamiento airado hagan referencia a la dinámica subyacente, más que a los detalles concretos del enfrentamiento en cuestión. Seguir discutiendo sobre si llevar a Pat a almorzar es más importante que ir a la oficina posiblemente no ayudará a sacar nada en claro. Sin embargo, Jake puede hablar sobre la aparente necesidad que tiene Pat de pelear y sobre un posible deseo de que la domine y le haga daño. O plantear la posibilidad de que el comportamiento de Pat responda a una necesidad de que se la rechace. ¿Es posible que tenga tanto miedo al rechazo que lo precipite, para que así «se acabe todo cuanto antes»? El principal mensaje de *verdad* es que ese comportamiento está alejando a Jake. Puede preguntarle a Pat si realmente es eso lo que quiere.

La importancia de ser consecuente y establecer límites

Todas las afirmaciones de *verdad* deben ser ciertas. Teniendo en cuenta que la persona con TLP vive ya en un mundo de incoherencias, es mucho peor amenazarla con tomar medidas serias y luego no cumplirlas que dejarla que siga comportándose como le plazca y no hacer nada. En *Atracción fatal*, por ejemplo, Alex Forrest, la protagonista femenina (interpretada por Glenn Close) en la icónica película de 1987, mostraba varios rasgos característicos del TLP llevados al extremo, y durante décadas ha servido como prototipo de la versión trágica (en vez de cómica) de la «trastornada ex». Inicia un romance con Dan Gallagher (Michael Douglas), un hombre casado y de buena posición, y se niega a dejarlo ir aun después de que haya quedado claro que Dan no va a dejar a su esposa. Al final de la película, Dan, su familia y Alex acaban poco menos que destruidos. Alex estaba acostumbrada a utilizar la manipulación para impedir que la rechazaran. Que Dan le dijera que no iba a continuar su relación con ella y luego no lo cumpliera de una forma inequívoca tuvo un efecto destructivo. Por supuesto, él no comprendía que, tras poner fin a una relación tan intensa, Alex no era capaz de aceptar que fueran «solo amigos»; para la personalidad *borderline*, la idea de una relación «intermedia» es intolerable.

Dado que los equívocos tienen un efecto tan desestabilizador para las personas con TLP, cualquier declaración de intenciones debe ir respaldada por acciones claras y predecibles. Un padre que amenaza a su hijo adolescente con suspender sus privilegios debido a cierta conducta suya y luego no cumple lo prometido exacerba el problema.

Un terapeuta que se ha propuesto establecer límites en su trato con los pacientes –fijar los honorarios, reducir el número de llamadas telefónicas que atenderá– pero que luego no los cumple está invitando al paciente con TLP a que siga intentando ponerlo a prueba.

A menudo, la persona *borderline* ha crecido en un ambiente en el que las amenazas y el dramatismo eran su única manera de conseguir lo que quería. Al igual que percibe la aceptación como una respuesta condicional, cree que también el rechazo puede serlo, y que si es lo bastante inteligente o atractiva, o lo bastante rica o insistente, logrará al final lo que quiere. Cuanto más cedamos a los comportamientos con los que trata de ponernos a prueba, más utilizará esta clase de maniobras.

CASO 6: KEVIN. Los esfuerzos del señor y la señora Hopkins por ayudar a su hijo Kevin, de veintinueve años, se encontraron con un obstáculo insalvable. Exceptuando los años que asistió a un centro de formación profesional, durante los que vivía intermitentemente en una residencia de estudiantes cercana, Kevin siempre había vivido en casa. Aunque sacaba buenas notas y sus profesores, y luego sus jefes, lo apreciaban, siempre había sido un chico solitario, con pocos amigos. Evitaba las reuniones familiares y tenía fuertes arrebatos de mal humor cuando estaba estresado. El señor y la señora Hopkins andaban con pies de plomo cuando estaban con su hijo, por miedo a disgustarle.

Después de dejar el último trabajo, se pasaba el día en su habitación, viendo la televisión y jugando a videojuegos. Cuando sus padres le sugerían que fuera a hablar con un terapeuta si necesitaba ayuda, o que buscara otro trabajo o contemplara la posibilidad de sacar un título de grado superior, contestaba a todo que no. Se hacía sus comidas por separado, comía en su habitación y evitaba tener contacto con sus padres. A veces lo oían gritarse a sí mismo, pero tenían miedo de intervenir.

El señor y la señora Hopkins le rogaron, exigieron y amenazaron, pero todo fue en vano. Cuando intentaron sacar el televisor de su habitación, Kevin se puso físicamente agresivo y los amenazó con suicidarse, puesto que ya no tendría nada que hacer. Su habitación era un desastre, y se negaba a ayudar en las tareas de casa. De vez en cuando, llamaba algún amigo y lo invitaba a salir. Kevin les pedía entonces dinero a sus padres para esa noche, y ellos se lo daban de buena gana, contentos de que quisiera salir un rato de su habitación. Las veces que accedía a salir, volvía tarde a casa y al día siguiente dormía hasta pasado el mediodía. Las botellas de bebidas alcohólicas empezaron a acumularse en el cubo de la basura del jardín.

El señor y la señora Hopkins discutían cada día más. Él quería echar de casa a Kevin, pero ella tenía miedo de que no fuera capaz de sobrevivir solo. A continuación, la familia se vio afectada por desventuras de otro tipo. A la señora Hopkins le diagnosticaron cáncer de mama. El negocio del señor Hopkins sufrió un revés financiero. El estrés añadido que esto supuso para cada uno de ellos hizo que se fueran distanciando el uno del otro. El señor Hopkins seguía muy enfadado, pero él y su esposa llegaron al acuerdo tácito de que, por el momento, lo más fácil era consentir el comportamiento general de Kevin. Aun así, estaban preocupados: «¿Qué será de nuestro hijo cuando ya no estemos?».

Una tarde, Kevin le confesó a su madre que acababa de tragarse un puñado de aspirinas. No quería que su madre llamara a una ambulancia, pero luego dejó obedientemente que lo llevaran al hospital. Le dieron el alta unos días después tras ponerle un tratamiento con antidepresivos, y Kevin aceptó ir a hablar con un terapeuta.

Durante los meses siguientes, las cosas mejoraron. Kevin consiguió un trabajo que le gustaba como profesor adjunto. Ayudaba en casa y cenaba con sus padres. Pasaba más tiempo con sus amigos. Pero, al cabo de un tiempo, él y su familia volvieron al frágil equilibrio del pasado. Kevin a veces no se tomaba la medicación y empezó a faltar a las sesiones de terapia. Pasaba cada vez más tiempo aislado en su habitación.

Su terapeuta sugirió que la familia entera visitara a una terapeuta familiar. El día de la primera cita, el señor y la señora Hopkins se sintieron decepcionados, pero no sorprendidos, cuando Kevin no se presentó. Durante la sesión, la madre y el padre manifestaron diferencias de opinión sobre algunas cuestiones relacionadas con Kevin, pero tanto ellos como la terapeuta estaban de acuerdo en varios puntos:

- La situación estaba interfiriendo en la relación de sus padres.
- El ambiente en casa era intolerable.
- Cuanto más tiempo pasara, más problemas tendría Kevin en el futuro.
- Alterar el equilibrio actual podría tener graves consecuencias, entre ellas, provocar en Kevin impulsos autodestructivos. (Sin embargo, el riesgo sería mayor a medida que pasara el tiempo).
- El señor y la señora Hopkins debían ponerse de acuerdo en qué límites establecer y qué exigirle a Kevin.
- Debían contar con que Kevin desafiaría esos límites y, por consiguiente, estar preparados para poner en práctica las medidas de las que le habían advertido.

Aunque en su conversación con la terapeuta el señor y la señora Hopkins habían mostrado al principio una discrepancia de opiniones, lograron encontrar una postura intermedia con la que los dos estaban de acuerdo en comprometerse. En una sesión posterior a la que también asistió Kevin, le presentaron un contrato por escrito. En él se exponían sus expectativas para los dos próximos meses: Kevin debía realizar cada semana una serie de tareas domésticas concretas, continuar con su trabajo o buscar otro, o inscribirse en un programa formativo. Si no cumplía con estas responsabilidades, tendría que irse de casa. El señor y la señora Hopkins incluyeron los nombres y números de teléfono de los centros de acogida y de los amigos de la familia que habían accedido a alojarlo temporalmente. Sus padres continuarían ayudándolo económicamente a costear las actividades descritas durante un período de tiempo específico.

En la conversación, el señor y la señora Hopkins expresaron su amor por Kevin y su deseo de ayudarlo a sentirse mejor, y lo felicitaron por haber mantenido el compromiso con su trabajo actual (*apoyo*). Le dijeron que eran conscientes de lo infeliz que era, y que entendían que debía de estar muy insatisfecho con su situación actual (*empatía*). A continuación, hablaron de su preocupación por la salud de los tres y dejaron claro que no podían tolerar que la actual situación continuara. Expresaron también su inquietud porque, al no afrontar estos problemas, sin darse cuenta habían estado contribuyendo al descontento de Kevin. Por último, admitieron haber tenido conversaciones similares con él en el pasado pero no haberse mantenido firmes en las condiciones que le habían puesto. Ahora, comprendían perfectamente que Kevin tal vez no fuera capaz de cumplir esas condiciones, y llegado el caso estaban dispuestos a ayudarlo a marcharse (*verdad*). Tomar conciencia del diagnóstico de TLP de Kevin y haber estado atentos a su evolución y su salud durante los últimos meses (y la voluntad de estarlo en el futuro) demostraban la parte UP de la comunicación.

A pesar de la acalorada respuesta de Kevin a la propuesta que ellos le habían presentado con mucha calma, aunque enfadado, firmó el contrato. Al principio fue capaz de cumplir las condiciones, pero, al cabo de un mes, empezó a quejarse de lo descontento que estaba en el trabajo y algunos días no iba a trabajar y se quedaba en su habitación. Sus padres le recordaban con delicadeza lo que habían convenido. Cuando pasaron los dos meses y llegó la fecha señalada, le dijeron a Kevin que se tenía que marchar. La incredulidad («¡Estáis de broma!») se convirtió en súplica («¡No podéis hacerme esto!»), y luego en furia («¡Podéis agarrar vuestro maldito contrato y metéroslo por donde os quepa! ¿Y sabéis qué?, ¡que estoy mejor sin vosotros!»).

Durante los meses siguientes, Kevin se quedó en casa de un amigo, luego en la de un primo y después en la de su tía. Una mañana, cuando comentó vagamente que estaría mejor muerto, su tía lo llevó al servicio de urgencias para que lo examinaran. Estando allí, negó que tuviera realmente pensamientos suicidas; dijo que solo estaba enfadado y que odiaba la situación en la que se encontraba. La interacción con sus padres, que se habían mantenido en continuo contacto con él, empezó a ser menos hostil. Después de haber encontrado otro trabajo de profesor, Kevin admitió que quería hacer algunos cambios en su vida y les preguntó a sus padres si podía volver a casa. Antes de que acabara el año, se había mudado de casa de sus padres a un piso compartido con un compañero de trabajo y era económicamente independiente.

¿Esta vez quién soy?

Como la plastilina, la persona con TLP puede modelarse a sí misma y adoptar distintas formas. Si la plastilina está hecha de harina, agua, sal, bórax y aceite mineral, la identidad del TLP se fabrica a partir de la inseguridad, el miedo y la angustia. Este aspecto camaleónico de la persona *borderline* revela su notable sensibilidad a los demás, ya que se hace fácilmente una imagen de lo que le parece que el otro quiere que sea. Es capaz de sumarse con sinceridad a cualquiera de los dos bandos enfrentados a uno y otro lado de la barricada, de defender con convicción uno u otro lado del debate, pero sin ese contexto que le ofrecen los demás, no es capaz de saber qué piensa ella en realidad ni cuál es su postura. Si los cuadros surrealistas de Dalí representan trastornos psicóticos, el TLP es el trampantojo creado por el artista, en el que lo artificial no puede distinguirse de la persona real. Como Zelig, el famoso personaje de la película de Woody Allen, esta persona puede transformarse en quien nosotros queramos. Ahora bien, es posible que en el proceso de transformación pierda la noción de quién es realmente.

CASO 7: CHRISTIE Y MARTIN. Martin no podía evitar fijarse en Christie cada semana en la iglesia. Era seminarista, y dedicaba la mayor parte de su tiempo al estudio y a ayudar con los servicios parroquiales. Le había llamado la atención aquella chica tan guapa que iba a la iglesia sola cada domingo, se sentaba en silencio al lado del pasillo en uno de los bancos del fondo y se marchaba inmediatamente después de la bendición final. Un domingo, al fin, cuando terminó el servicio, durante el que había estado sentado en la parte de atrás con otros feligreses, alcanzó a Christie mientras ella bajaba a toda prisa las escaleras.

Tenía una voz suave y, con la cabeza baja, comentó lo mucho que disfrutaba de los sermones del pastor. A partir de aquel día, Martin salía corriendo detrás de ella cada domingo en cuanto terminaba el servicio y hablaban un rato, y finalmente un domingo hizo acopio de valor y la invitó a almorzar. A medida que avanzaba la conversación, la tímida Christie se fue abriendo. Le contó a Martin que era secretaria en una sociedad de inversión de capitales, que vivía con su gato y que le gustaba el cine.

Aunque Martin pensaba que Christie se sentía a gusto con él, cuando la invitó a salir el sábado por la noche ella declinó la proposición. En realidad, le dijo, estaba ocupada la mayoría de los fines de semana, porque su jefe tenía muchas transacciones comerciales con el extranjero los viernes y los sábados. Y justo cuando Martin estaba a punto de darse por vencido, Christie sugirió que fueran juntos a ver una película nueva que estrenaban el siguiente jueves. Después de aquello, los jueves, y algunos martes, eran sus noches de cita, además del almuerzo de los domingos. Pasaron los meses y Martin se había enamorado. Imaginaba a Christie, atractiva, recatada, de voz suave, pero inteligente, como la compañera perfecta con la que compartir su vida y sus responsabilidades eclesiásticas.

Y de repente todo cambió. Martin estaba en la despedida de soltero de un vecino cuando llegaron a la casa dos mujeres vestidas con uniforme de policía, del que se despojaron de inmediato dejando al descubierto unas minúsculas prendas íntimas. Anunciaron que estaban allí para «arrestar» al soltero, se sentaron en su regazo y empezaron a hacer eróticos movimientos al ritmo de la música *heavy metal*. Martin no se lo podía creer: ¡una de las mujeres era igual que Christie! Tenía el pelo mucho más largo y mucho más maquillaje, pero era ella. Cuando sus miradas se encontraron un instante, Christie abrió los ojos de par en par con expresión de sorpresa, y luego los volvió a entrecerrar en un gesto de desapego. Al cabo de media hora de bailes insinuantes y de hablar con los demás hombres, las dos mujeres anunciaron de pronto que era hora de marcharse, recogieron sus uniformes de policía y su música, y se fueron.

Después de aquella noche, Martin y Christie se evitaban en la iglesia. Cuando alguna vez la miraba de reojo sin que ella lo viera, echaba dolorosamente de menos a aquella mujer por la que tanto afecto sentía. Pero al instante su cerebro recreaba la imagen indeleble de la Christie desvergonzada en la despedida de soltero. La imagen horrenda anidada en el hipocampo luchaba con la pasión de la amígdala. La lógica de la corteza prefrontal lo mantuvo alejado. Pero muchos meses después sintió que necesitaba conciliar aquellas dos imágenes tan dispares de Christie.

La persiguió por las escaleras a la salida de la iglesia y finalmente consiguió que se detuviera y hablara con él. Martin le confesó con lágrimas en los ojos lo mucho que la había querido y el golpe tan fuerte que fue para él verla en aquella fiesta. Christie aceptó volver a verlo, y en el curso de las siguientes conversaciones le habló de sus sentimientos, sus luchas y sus problemas del pasado. Martin se enteró de que ella y su hermana pequeña, que tenía una discapacidad del desarrollo, habían sufrido abusos sexuales de niñas por parte de un tío suyo que asumió la custodia cuando murieron sus padres. Christie hacía lo que podía para mantenerse y mantener a su hermana, que ahora estaba en una residencia.

Después le habló de las diferentes facetas de personalidad que había desarrollado para atender a sus distintas obligaciones. Podía ser enérgica y seria cuando estaba en la sociedad de inversiones, insinuante y seductora cuando trabajaba de animadora en las despedidas de soltero. Pero también sentía una profunda conexión religiosa y espiritual. «Tenía que mantener cada parte de mi vida separada de las demás –le dijo a Martin–. Por eso no podía verte los fines de semana:

estaba haciendo otro trabajo. Tuve que seguir siendo *esa* Christie durante una temporada, y era diferente de la Christie que tú conocías».

Martin sintió que valía la pena intentar continuar la relación. Le ofreció una declaración de *apoyo* que hablaba de su afecto sincero por ella y del deseo de que siguieran juntos. Expresó *empatía* reconociendo lo difíciles que debieron de ser aquellos años de la infancia y admirando la fortaleza que había tenido para salir adelante y cuidar además de su hermana. La declaración de *verdad* destacaba, entre otras cosas, su convicción de que la verdadera Christie era la mujer a la que él había conocido: generosa y sensible. Declaró su preocupación por la seguridad de Christie durante sus trabajos de fin de semana. Personalmente, creía que aquel trabajo la degradaba. Dijo que estaba seguro de que podría encontrar formas menos comprometidas de suplementar sus ingresos. Finalmente, le dijo que no podía seguir con ella si continuaba haciendo ese trabajo.

La reacción inicial de Christie fue adoptar una actitud indignada y desafiante. Le disgustaba lo que entendía que era un intento de Martin por controlarla. «¿Quién quieres *tú* que sea? –le gritó– ¡Estoy cansada de intentar ser lo que todo el mundo quiere! Mi prioridad es cuidar de mi hermana y de mí, y hago lo que necesito hacer. ¡Y soy quien soy!».

Martin se dio cuenta de que Christie no había oído sus declaraciones de *empatía*, y volvió a verbalizar que comprendía que había en su vida circunstancias muy difíciles. La invitó a almorzar para seguir hablando. En el café, Christie admitió que sus actividades de fin de semana eran el único momento en que sentía que tenía el control: «Son el único momento en que manipulo a los demás, en lugar de que los demás me controlen a mí».

Un rato después reconoció que se sentía atrapada en su vida. «No me gusta en lo que me he convertido, pero es mi manera de salir adelante –le confesó–. Eres una buena persona, Martin. Sabes lo que quieres y mereces conseguirlo. Me gustaría que fuera diferente, pero yo no he llegado ahí aún. Tú sabes con qué clase de mujer quieres estar. Yo no sé quién soy, pero sé que ahora mismo no soy esa persona. No sé si jamás podría serlo». Y dicho esto, Christie se levantó y salió de la vida de Martin... y volvió a la suya. A veces, para la persona *borderline* las soluciones *límite* son la única manera de sobrevivir.

Mentiras, malditas mentiras y delirios

Quizá el menos destacado de los nueve criterios que definen el TLP sea el de los pensamientos paranoides transitorios relacionados con el estrés o los síntomas disociativos. La mayoría hemos tenido en algún momento esta clase de experiencias en grado muy leve: por un instante, quizá has tenido la sensación de que dos desconocidos que hay al otro lado de la calle se están riendo de ti. O puede que hayas experimentado una especie de disociación mientras conducías de vuelta a casa al salir del trabajo por la misma carretera de siempre: de repente al aparcar el coche, te das cuenta de que, sumido en tus pensamientos, no has sido consciente del viaje en ningún momento, no recuerdas nada. En el TLP, estas experiencias son más intensas y duran más que una fracción de segundo o un breve instante, aunque normalmente no más de uno o dos días. La recuperación puede ser sorprendentemente rápida. Es posible que oír verbalizar las sospechas obsesivas o las sensaciones de irrealidad sea más desconcertante y alarmante para quienes están con la persona *borderline* que para ella misma. En esos momentos críticos, es necesario contar con la ayuda de un profesional.

CASO 8: MARNIE Y ROBIN. Marnie y Robin conectaron rápidamente. Ambas habían empezado a trabajar como asistentes legales en un bufete de abogados más o menos al mismo tiempo. Ambas tenían veintitantos años. Ambas tenían novios encantadores. Y sus personalidades eran complementarias. Robin era algo introvertida y Marnie era más extrovertida, rebosaba de energía y tenía una risa contagiosa. Cuando el contrato de alquiler del piso de Robin estaba a punto de finalizar, Marnie le propuso que se instalara en su casa. Había sitio de sobra y podían ir juntas al trabajo.

Ahora que vivían juntas, Robin empezó a ver más aspectos de Marnie. A veces se volvía huraña e irritable, sobre todo cuando tenían mucho trabajo. Aunque Gavin, el novio de Marnie, parecía un chico agradable, algunas noches Robin la oía gritarle por teléfono. Robin no le dio más importancia; qué se le iba a hacer, resulta que Marnie a veces tenía mal humor. Pero se sorprendió al enterarse de que Marnie había estado hospitalizada dos veces por «crisis nerviosas» y de que visitaba a su psiquiatra de modo intermitente. Supo que el número de teléfono que había pegado al lateral de la nevera era de él: «A mí me mantiene las pilas cargadas –bromeó Marnie–, y él me echaría de menos si dejara de importunarlo».

Robin se preocupó cuando Marnie empezó a trabajar con los abogados en el caso más importante del bufete. Pasaba cada día más horas en la oficina y volvía a casa en Uber ya muy de noche. Se llevaba además trabajo a casa. Apenas si dormía unas horas antes de volver al trabajo. Después de una nueva discusión telefónica con Gavin, Marnie salió de su habitación llorando y dijo que habían roto. Mientras Robin intentaba consolarla, ella se apartó. «Bueno, ¡que le den!, estoy muy ocupada», refunfuñó, y volvió a su escritorio. Pasó los días siguientes oscilando entre la tristeza y la tenaz dedicación al trabajo.

Unas noches más tarde, cuando Robin llegó a casa encontró a Marnie de pie al lado de la puerta con la mirada perdida. Le preguntó:

–¿Te encuentras bien?

–¡Quiere destruirme! –respondió Marnie.

Luego le explicó que oía la voz de Gavin, diciendo que iba a hacer que todo el mundo supiera quién era la *verdadera* Marnie, la malvada, repugnante y destructiva Marnie.

–No me siento real –sollozó–. Le está contando a todo el mundo que soy una farsante. Sois todos unos farsantes. No te importo nada. A nadie le importo.

Robin estaba pasmada y asustada. Observó a Marnie pasearse por la habitación con la mirada perdida. Asintiendo con la cabeza como una autómata, Marnie accedió a que Robin llamara a la consulta de su psiquiatra. Mientras esperaban a que les devolviera la llamada, Robin le ofreció *apoyo*.

–Soy tu amiga –le dijo nerviosa–. Me importas. Quiero ayudarte.

A los pocos minutos, sonó el teléfono. Robin contestó, aliviada, le explicó al psiquiatra lo que ocurría y luego conectó el modo altavoz para que hablara con Marnie.

–Me alegro de que hayas llamado. He pensado mucho en ti –le dijo el psiquiatra, expresando *apoyo*–. La última vez que hablamos me dijiste que habías estado sometida a mucha presión, por el trabajo y la ruptura. Con todo lo que ha pasado últimamente y todo ese estrés, es comprensible que sientas que el mundo se te viene encima –añadió con *empatía*.

–Pero es que no me queda nada. Ya es demasiado tarde. Todo el mundo finge. Me están intentando destruir –dijo Marnie sollozando–. ¿No me cree?

El psiquiatra respondió con la *verdad*:

–Te creo lo que dices, y creo que estás sufriendo mucho y necesitas ayuda. –Le indicó a Robin que llevara a Marnie al hospital, y la ingresaron.

Al cabo de dos días, Marnie volvió a casa. Robin se quedó estupefacta de que su compañera de piso pareciera haberse recuperado por completo en tan poco tiempo.

–Solo necesitaba una pequeña puesta a punto –le dijo Marnie–. Un ajuste de la medicación, dormir un poco y comer me han dejado como nueva. Debí de darte un buen susto, cuando me volví un poco majara el otro día. Lo siento. Eres una buena amiga, Robin. –Marnie le siguió explicando que iba a ver a su psiquiatra con más regularidad y que ya lo había arreglado todo en el trabajo para tener un horario más relajado–. Estoy aprendiendo a reconocer cuándo empieza el estrés a ser excesivo y cuándo necesito ayuda.

Aunque los principios de SET-UP se desarrollaron originalmente para trabajar con pacientes *borderline*, pueden ser útiles para tratar con otras personas. Cuando la comunicación se estanca, SET-UP puede servirnos para ver qué mensajes no le están llegando a la otra persona y para encontrar la manera de hacérselos llegar. Si alguien siente que no se lo apoya o respeta, o que se lo está malinterpretando, o si se niega a abordar problemas reales relacionados con su conducta, se puede apelar al SET para transmitirle mensajes referidos con precisión al aspecto concreto que se deba tratar. Dada la complejidad del mundo actual, es necesario contar con unos principios de comunicación claros, que incluyan tanto el afecto como la razón, para poder con las tribulaciones del caos *borderline*. Si se quiere que la relación sea fructífera, harán falta además *comprensión* y *perseverancia*. Comprender la dinámica subyacente a la comunicación y a las necesidades de esa persona refuerza los principios del SET. Y perseverar es la única manera de lograr el cambio constante y progresivo. Para muchos individuos afectados por el TLP, contar en su vida con una figura imperturbable, ya sea un vecino, un amigo o un terapeuta, puede ser uno de los requisitos más importantes para curarse. Tal vez esa figura no haga mucho más que transmitir solidez y aceptación (frente a las frecuentes provocaciones), pero con ello ofrece a la persona *borderline* a la que aprecia un modelo de constancia en su mundo por lo demás caótico.

Capítulo seis

La familia y los amigos: cómo convivir con el TLP

Pero es un ser humano y le está ocurriendo algo terrible. Por eso debemos prestarle atención, evitar que acabe en la tumba como un perro viejo. Llega un momento en que hay que prestar toda la atención necesaria a alguien como él.

—De *La muerte de un viajante,* de Arthur Miller

Nadie sabía bien qué hacer con Ray. A lo largo de los años, había estado hospitalizado innumerables veces y lo habían tratado muchos médicos, pero nunca era capaz de seguir mucho tiempo el tratamiento. Tampoco era capaz de conservar mucho tiempo ningún trabajo. Su esposa, Denise, trabajaba en la consulta de un dentista y pasaba la mayor parte del tiempo libre con sus amigas, sin hacer normalmente ningún caso a Ray cuando lo oía quejarse de dolor de pecho, de cabeza y de espalda, o de estar deprimido.

Ray era el único hijo de unos padres acaudalados y protectores. Cuando él tenía nueve años, el hermano de su padre se suicidó. Aunque Ray no conocía demasiado a su tío, se daba cuenta de que sus padres estaban muy afectados por el suicidio. Después de aquello, sus padres se volvieron aún más protectores, y cada vez que Ray se encontraba mal insistían en que ese día no fuera al colegio. A los doce años,

Ray les anunció que estaba deprimido, y allí empezaron las visitas a lo que iría convirtiéndose en un largo desfile de terapeutas.

Los estudios le resultaban indiferentes, pero aun así fue a la universidad, y allí conoció a Denise. Era la primera chica que demostraba interés por él, y tras un breve noviazgo se casaron. Los dos dejaron los estudios y se pusieron a trabajar, pero eran los padres de Ray quienes los ayudaban a cubrir los gastos de la casa y de la terapia continua de su hijo.

La pareja cambiaba de domicilio con frecuencia; cada vez que Denise se aburría de un trabajo o de una ciudad, se trasladaban a otra parte del país. Ella conseguía rápidamente un nuevo trabajo y nuevos amigos, pero a Ray le costaba mucho, y solía pasarse meses sin trabajar.

Con el tiempo, los dos empezaron a beber más y las peleas se intensificaron. Cuando discutían, Ray a veces se marchaba, volvía a casa de sus padres y se quedaba allí hasta que empezaban las discusiones; entonces volvía con Denise.

A menudo, lo mismo sus padres que su esposa le decían lo hartos que estaban de su mal humor y de que estuviera todo el día quejándose de sus dolores. Pero entonces Ray amenazaba con suicidarse, y sus padres, aterrados, acababan por convencerlo de que fuera a ver a algún otro especialista y lo mandaban de un lado a otro del país para que consultara a un nuevo experto. Lo arreglaban todo para que lo ingresaran en una u otra institución de prestigio, pero al poco tiempo Ray pedía que le dieran el alta, indiferente a la recomendación de los médicos, y sus padres le enviaban dinero para el pasaje de vuelta. Juraban continuamente que las ayudas económicas se habían terminado, pero nunca cumplían su palabra.

Los amigos y los trabajos se fueron convirtiendo en un confuso borrón de interacciones insatisfactorias. Cada vez que una ocupación o alguien con quien había entablado relación recientemente lo decepcionaban en cualquier sentido, Ray se levantaba y se iba. Sus padres vivían permanentemente angustiados; Denise básicamente lo ignoraba. Ray seguía dando vueltas y vueltas fuera de control sin que nadie supiera cómo pararlo, menos aún él mismo.

Reconocer el TLP en los amigos y la pareja

Superficialmente, puede ser muy difícil identificar a alguien que sufre trastorno límite de la personalidad, a pesar de la turbulencia volcánica que hay debajo. A diferencia de quienes padecen otros trastornos mentales –como esquizofrenia, trastorno bipolar (maníaco depresivo), alcoholismo o trastornos de la conducta alimentaria–, el adulto con TLP suele ser capaz de funcionar estupendamente en situaciones laborales y sociales, sin dar muestras obvias de sufrir ninguna patología. De hecho, entre las características que definen el comportamiento del individuo con TLP están precisamente las súbitas, impredecibles y sorprendentes explosiones de ira o las manifestaciones de extrema desconfianza o de depresión suicida en alguien que parecía tan normal.

Esos arrebatos imprevisibles suelen ser desconcertantes y aterradores tanto para la propia persona con TLP como para la gente cercana a ella. Es fácil que la naturaleza repentina y extrema de esas manifestaciones engañe a quienes están a su alrededor, y que las interpreten como síntomas prominentes de algún otro trastorno, en lugar de manifestaciones comunes del TLP. Por ejemplo, es posible que a alguien que intenta suicidarse por sobredosis o cortándose las venas se le diagnostique depresión y se le prescriban medicamentos antidepresivos y una breve psicoterapia de apoyo. Si el paciente solo sufre depresión clínica, lo normal es que este tratamiento produzca una mejoría y que se recupere completa o casi completamente con relativa rapidez. Ahora bien, si ese comportamiento destructivo es manifestación del TLP, el tratamiento no cambiará nada y las autolesiones continuarán. Incluso si realmente padece depresión *además de* TLP (una combinación común), hacer un diagnóstico incompleto significa que solo se estará tratando una parte del estado mental conjunto, y eso creará problemas. Si no se identifican los rasgos del TLP, el hecho de que a pesar del tratamiento la conducta suicida o destructiva continúe, provocará desconcierto y frustración, tanto en el paciente como en el médico y las personas cercanas.

A Abby, una modelo de veintitrés años, se la trató por alcoholismo en un centro de atención a drogodependientes. Respondió muy bien al programa, pero, en cuanto dejó de consumir alcohol, empezó a comer compulsivamente y desarrolló bulimia. La ingresaron entonces en una unidad de trastornos de la conducta alimentaria, donde volvió a responder favorablemente al tratamiento.

Unas semanas después, comenzó a sufrir graves ataques de pánico estando en establecimientos u oficinas, e incluso mientras conducía, y acabó por no atreverse a salir de casa. Además de estas fobias, se encontraba cada vez más deprimida. Cuando estaba planteándose ingresar en una clínica de tratamiento de fobias, un asesor en salud mental se dio cuenta de que todos sus síntomas eran representativos del trastorno límite de la personalidad y le recomendó que ingresara en una unidad psiquiátrica especializada en TLP. Si los anteriores tratamientos se habían centrado exclusivamente en el alcoholismo o la bulimia, esta vez se adoptó una perspectiva holística, tanto de los síntomas de Abby y sus circunstancias como del tratamiento.

En el curso de la terapia, Abby fue capaz de asociar sus problemas con la ambivalente relación que tenía continuamente con sus padres, siempre reacios a dejarla separarse de ellos, madurar y ser más independiente.

Se dio cuenta de que sus diversas afecciones eran en realidad maneras de escapar de lo que le exigían sin sentirse culpable. La bulimia, la bebida y las ansiedades le ocupaban toda la energía y la distraían de la situación conflictiva con ellos. Es más, su papel de «enferma» la eximía incluso de sentirse obligada a hacer algo por la relación. Paradójicamente, sin embargo, sus dolencias la mantenían *adherida* a sus padres. Ellos tenían serios problemas matrimoniales (su madre era adicta a los analgésicos y su padre sufría de depresión crónica), y Abby sin darse cuenta siguió conectada a ellos al convertirse en una reproducción de sus roles patológicos.

Tras una breve hospitalización, continuó la psicoterapia individual en régimen ambulatorio. Su estado de ánimo mejoró y sus ansiedades y fobias desaparecieron. También continuó absteniéndose del alcohol y de la conducta purgativa.

El caso de Abby ilustra cómo un comportamiento tan prominente que parece explicarlo todo puede en realidad representar y camuflar un TLP subyacente, en el que una o más características –relaciones inestables, impulsividad, cambios de humor, ira intensa, amenazas de suicidio, alteraciones de la identidad, sentimientos de vacío o esfuerzos desesperados por evitar el abandono– dan lugar a síntomas psiquiátricos que podrían llevar erróneamente a hacer un diagnóstico incompleto o incluso equivocado.

Relaciones constructivas con la personalidad límite

Es fundamental tener presente que el TLP es un trastorno mental, no un intento premeditado del paciente por llamar la atención. El individuo con TLP no tiene de dónde sacar la claridad y la fortaleza para reponerse él solo. Es inútil enfadarse con él o intentar engatusarlo o suplicarle que cambie; sin ayuda y motivación, no es fácil que pueda modificar su comportamiento.

Ahora bien, esto no significa que sea un pobre desventurado al que no debe hacérsele responsable de su conducta. Más bien todo lo contrario. Debe aceptar, sin que se lo excuse ni se lo proteja, las consecuencias reales de sus acciones, incluso aunque de entrada se sienta impotente para modificarlas. En este sentido, el TLP no es distinto de cualquier otra discapacidad. El individuo confinado a una silla de ruedas posiblemente despierte comprensión, pero sigue siendo responsable de encontrar los sistemas de accesibilidad para entrar en los distintos sitios y de asegurarse de que su vehículo está en buenas condiciones para llevarlo hasta allí.

Las manifestaciones extremas del comportamiento *borderline* suelen hacer que los demás respondan, sin miramientos: «Haz el favor de controlarte, desgraciado, deja de hacer el vago y empieza a comportarte», o con unas palmaditas en el hombro: «Pobrecito, ya sé que tú solo no puedes; yo voy a cuidar de ti». Todos los que se relacionan con la persona afectada por el TLP deben ser conscientes de que cómo interactúen con ella puede enardecer o inhibir su respuesta. Eso significa que deben intentar encontrar el equilibrio entre, por un lado, confirmar su valía y, por otro, confirmar lo que necesariamente se espera de ella. Deben tratar de ofrecerle apoyo, pero sin exagerar. El afecto y el contacto físico, como darle un abrazo o apretarle la mano, pueden comunicarle que se la aprecia, que es una persona valiosa; pero si son excesivos, interferirán en la confianza. Si el afecto se traduce en *sobre*protección, esa persona dejará de sentirse responsable de su comportamiento. Un delicado equilibrio entre *apoyo* y *empatía*, por un lado, y *verdad* por otro es la manera ideal (véase el capítulo cinco).

En la mayoría de las situaciones, concentrarse en los elementos de *verdad* del conjunto de principios SET-UP ofrece pautas de acción razonables. Pero cuando nos encontramos frente a una amenaza de suicidio, ha llegado el momento de ponerse en contacto con un profesional de la salud mental o un centro de prevención del suicidio. No se debe permitir que las amenazas de suicidio se conviertan en instrumento de chantaje emocional, mediante el cual se manipula al amigo, la pareja o cualquiera que sea la persona para que se comporte como exige el individuo *borderline*. Las amenazas deben tomarse en serio y se debe responder a ellas de un modo tajante, predecible y realista, instando al individuo a que consiga ayuda profesional (una respuesta de *verdad*).

Jack, un hombre soltero de cuarenta y un años, tenía un trabajo de media jornada mientras intentaba retomar sus estudios. Su madre, viuda, seguía ayudándolo económicamente, y, cada vez que Jack se sentía frustrado en el trabajo o en la universidad o en una relación, ella intensificaba su sentimiento de impotencia insistiendo en que no conseguiría alcanzar sus objetivos y sugiriéndole que volviera «a casa» a vivir con ella. Una parte de la terapia consistió en ayudar a comprender a Jack, por un lado, su tendencia a seguir siendo incapaz de salir adelante por sí mismo para obtener así los beneficios inherentes a esa incapacidad y, por otro, el papel de su madre, que, llevada inconscientemente por el afán de control, estaba contribuyendo a que tuviera que depender de ella.

A veces, para iniciar un cambio de relación, basta con que una de las partes dé el paso. Puede ser la madre de Jack quien responda a la dependencia de su hijo expresando su cariño (*apoyo*) y su comprensión (*empatía*), y reconociendo la realidad (*verdad*): la necesidad de que Jack asuma plenamente la responsabilidad de sus actos. O si su madre no está dispuesta a modificar su comportamiento, puede ser Jack quien reconozca que la actitud de ella no lo está ayudando en nada y se distancie de ella. La acción, bien de Jack o bien de su madre, puede inducir un cambio en la relación que permita interacciones más sanas.

Problemas de crianza característicos en el TLP

La mayoría de los relatos de infancia de los individuos que padecen TLP presentan ciertos rasgos característicos. Con frecuencia hubo abusos emocionales, físicos o sexuales. A menudo faltaba uno de los progenitores, o se ausentaba repetidamente, o sus intereses, aficiones o exigencias profesionales lo tenían siempre ocupado, o abusaba del alcohol o las drogas.

Si ambos progenitores vivían en el hogar familiar, su relación solía estar marcada por la discordia. Con frecuencia había entre ellos una falta de consenso sobre la educación de los hijos y, como consecuencia, uno de los progenitores, normalmente la madre, asumía el papel principal en la crianza. Difícilmente pueden esos padres transmitirles a sus hijos una imagen de unidad y colaboración. Para esos niños, el mundo está saturado de invalidación e inconsistencia. Cuando el niño necesita estructura, lo que encuentra son contradicciones;

cuando necesita firmeza, solo encuentra ambivalencia. Así es como ese niño al que se priva de la oportunidad de desarrollar una identidad central consistente acaba siendo un adulto con TLP.

Hay casos en que la madre del individuo *borderline* sufre a todas luces un trastorno mental, pero lo más frecuente es que su patología sea bastante sutil. Es posible incluso que a los ojos de los demás sea la madre perfecta, por su total «dedicación» a la maternidad. Al observarla con más atención, sin embargo, quedan al descubierto una excesiva intromisión en la vida de sus hijos, un comportamiento que favorece la dependencia mutua y una resistencia a dejar que sus hijos maduren y se separen de ella como es lo natural. Se ha visto que, con frecuencia, las madres *borderline* tienen hijos *borderline*.

Intentar que la crianza y la educación de los hijos sean coherentes tras la separación o el divorcio es particularmente difícil. Sin embargo, es prioritario que haya coherencia entre todas las figuras que supervisen el desarrollo del niño –la madre y el padre, y la madrastra o el padrastro si los hay– para poder establecer reglas con límites definidos. Esto puede resultarle muy difícil al progenitor con TLP, que puede utilizar consciente o inconscientemente a los niños para continuar la batalla con su excónyuge; este debe tratar de minimizar los conflictos y ser muy selectivo a la hora de decidir qué batallas es de verdad necesario librar. Intentar defenderse o debatir las acusaciones de la persona *borderline* no cambiará su resentimiento, pero confundirá a los niños. Contradecir o invalidar las directrices del otro progenitor solo sirve para aumentar el caos. A menudo, la mejor táctica es redirigir la conversación apartándola de la relación personal, reconociendo la dedicación de ambas partes a la educación de los hijos y centrándose solo en hacer lo que sea mejor para ellos. Por lo general, se puede encontrar un terreno común y reducir al mínimo los conflictos.

Separaciones a edad temprana

Es frecuente, en la biografía de los individuos con TLP, que se sintieran separados de sus padres durante sus primeros años de vida. Son separaciones que, vistas desde fuera, podrían parecer insignificantes, pero tienen repercusiones a un nivel muy profundo. Por ejemplo, el nacimiento de un hermano aleja a la madre de sus actividades normales durante unas semanas, y, cuando vuelve, ya no es tan receptiva con el hijo mayor; a los ojos de este, su madre ha desaparecido y la ha sustituido alguien que dedica su atención casi exclusivamente al hermano pequeño. El niño sano que crece en un entorno sano supera este trauma con facilidad, pero para el niño que más adelante desarrollará TLP, y que vive en un entorno marcado por este trastorno, ese puede ser uno más de una larga serie de sentimientos de pérdida y abandono. El divorcio, las ausencias frecuentes o una enfermedad prolongada del padre o la madre, o la muerte de uno de ellos, también privan al niño de unos cuidados que le ofrezcan la seguridad que necesita en momentos críticos, lo cual podría interferir en su capacidad para desarrollar confianza y constancia del objeto en su mundo inestable y tornadizo.

El trauma de los malos tratos y los abusos infantiles

El maltrato emocional y físico y los abusos sexuales graves son un trauma común en la historia del individuo con trastorno límite de la personalidad. Un informe reveló que el setenta y uno por ciento de los pacientes con TLP informaban de haber sufrido maltrato y abusos traumáticos en el pasado. Este análisis de noventa y siete estudios diferentes determinó que los individuos con TLP experimentaron adversidades en la infancia en una proporción casi catorce veces mayor que la de los controles no clínicos. La forma de maltrato más común era la negligencia física, seguida del maltrato emocional. Alrededor de una tercera parte de estos pacientes *borderline* habían sido objeto de maltrato físico o abusos sexuales.[1]

Cuando un niño sufre cualquier clase de maltrato o abuso, invariablemente se culpa a sí mismo, ya que (siendo consciente o no de ello) se le presenta como la mejor de las alternativas posibles. Si culpa al adulto, vivirá aterrorizado porque aquellos de quienes depende sean unos ineptos que no cuidan de él. Si no culpa a nadie, el dolor adquiere un carácter aleatorio e imprevisible y se vuelve por tanto aún más aterrador, ya que no estará en su mano controlarlo. Culpándose a sí mismo, el maltrato o el abuso le resulta más fácil de entender y más posible de controlar: bien pensará que, por alguna razón, él es el causante, y eso significa que puede encontrar la manera de ponerle fin, o bien se rendirá y aceptará que es un niño «malo».

Cuando el niño maltratado incorpora a edad temprana la impresión de que es malo, de que él es la causa de que ocurran cosas malas, vive esperando el castigo, y es posible que solo se sienta seguro cuando se le castiga. Más adelante, la autolesión puede ser en ocasiones su forma de perpetuar esa sensación que le es familiar y le da seguridad. Es posible también que conciba los abusos como una forma de amor y los repita con sus hijos. De adulto, sigue confinado en el confuso mundo del niño, donde el amor y el odio se mezclan, solo existen bien y mal, sin término medio, y únicamente es constante la inconstancia.

Los malos tratos y los abusos infantiles pueden adoptar formas mucho más sutiles que la de la violencia física o la sexualidad aberrante. El maltrato emocional –expresado como acoso verbal, sarcasmo, humillación o silencio glacial– puede ser también devastador.

Stephanie nunca conseguía complacer a su padre. Cuando era pequeña, la llamaba «regordeta» y se reía de sus torpes intentos de agradarle practicando deportes de chico. Era «tonta» cuando no sacaba sobresalientes en todo o cuando rompía un plato por accidente mientras intentaba recoger la cocina. Su padre se rio del vestido sin tirantes que llevaba la noche del baile de graduación y, el día de la entrega de diplomas, le dijo que «nunca llegaría a nada».

De adulta, Stephanie se sentía siempre insegura, no se creía ningún comentario halagador que le hicieran e intentaba inútilmente complacer a personas a las que era imposible complacer. Tras una larga lista de relaciones destructivas, conoció finalmente a Ted, que parecía cariñoso y comprensivo. Sin embargo, cada dos por tres Stephanie intentaba sabotear la relación poniendo a prueba su lealtad y cuestionando su compromiso, convencida de que nadie a quien ella valorara podía valorarla a ella.

Ted tuvo que conocer elementos del pasado de Stephanie para entender que solo podría depositar su confianza en una relación una vez pasado el tiempo. No todo el mundo está dispuesto a esperar. Ted lo estaba, y la pareja se vio recompensada con una larga relación de apoyo mutuo.

El TLP a lo largo del ciclo de vida

Un extenso estudio de colaboración entre el Reino Unido y Estados Unidos reveló que la presencia significativa de síntomas del TLP manifestados a la edad de doce años predecía problemas para hacer la transición a la edad adulta a los dieciocho.[2] Aunque algunos pediatras dicen ser capaces de pronosticar qué niños serán adultos *borderline* basándose en su comportamiento a edad temprana, lo habitual es que el trastorno se reconozca por primera vez en la adolescencia y en los primeros años de la edad adulta.

El TLP en la adolescencia

Por definición, la lucha interior del adolescente y de la persona con TLP son muy similares: tanto el adolescente típico como el adolescente con TLP luchan por establecer su identidad y separarse de los padres, crean vínculos con los amigos y se identifican con diversos grupos, tratan de evitar quedarse solos, tienden a experimentar cambios de humor drásticos, tienen arrebatos de ira y son generalmente propensos a la impulsividad. La ensoñación inconsciente del adolescente y su tendencia a la distracción son análogas a las experiencias disociativas del individuo con TLP y a su dificultad para comprometerse con un objetivo y trabajar para alcanzarlo. Los excéntricos estilos de vestir, hábitos de alimentación primitivos y música machacona a todo volumen propios de los adolescentes suelen ser intentos por forjarse una identidad diferenciada y sentirse parte de grupos concretos de iguales, esfuerzos similares a los de los adolescentes que batallan con el TLP.

Ahora bien, cualquier adolescente puede escuchar música triste, escribir poemas pesimistas, glorificar a suicidas famosos, gritar, llorar y proferir dramáticas amenazas, pero no cualquier adolescente se corta las venas, ni se da repetidamente atracones de comida que luego vomita, ni se hace adicto a las drogas, ni ataca a su madre; son estos extremos de comportamiento los que presagian el desarrollo del TLP. Algunos padres se niegan a aceptar la seriedad de ciertos comportamientos adolescentes (una sobredosis de drogas, por ejemplo); les quitan importancia diciéndose que se trata de algo accidental o los consideran la típica conducta adolescente para llamar la atención. Aunque es cierto que a menudo los niños tratan de captar la atención de formas bastante aparatosas, ni las tentativas de suicidio ni los comportamientos destructivos son «normales». Por el contrario, indican la posibilidad de un incipiente trastorno límite de la personalidad, u otro tipo de trastorno, y deben ser evaluados por un profesional. En comparación con los adolescentes afectados por otros trastornos psiquiátricos, los adolescentes *borderline* experimentan algunas de las patologías y disfunciones más graves; tienen más probabilidades de contraer infecciones de transmisión sexual y desarrollar problemas médicos a lo largo de su vida, y son más propensos al consumo de cigarrillos, alcohol y otras drogas.[3]

Por lo general, los padres, profesores, jefes o amigos reconocen cuándo el adolescente normal cruza la frontera hacia el comportamiento *borderline* incluso antes que el propio adolescente. El abuso continuado de drogas, las relaciones tumultuosas en serie o el ayuno anoréxico son indicadores de que puede haber problemas serios. Aunque se tiene la tentación de considerar esos comportamientos destructivos por separado, convendría examinar el estilo de funcionamiento del adolescente en su conjunto, más que los síntomas individuales. Y esto es aún más importante considerando que existe un riesgo potencial de suicidio.

El suicidio es una de las principales causas de muerte entre los adolescentes, y es particularmente prevalente en los jóvenes que están deprimidos, abusan de las drogas, manifiestan impulsividad o violencia y cuentan con pocos sistemas de apoyo, características destacadas todas ellas del TLP.[4,5] Las amenazas de autolesión deben tomarse en serio *siempre*. Las tentativas de autolesionarse «solo para llamar la atención» pueden írsele de las manos al adolescente. Los padres que se empeñan en diferenciar el «verdadero suicidio» del intento de «llamar la atención» se equivocan: ambos son comportamientos gravemente patológicos y requieren tratamiento, a menudo hospitalización.

Plantar cara a la conducta destructiva de un adolescente *borderline* se complica si los padres se han divorciado y hay un padrastro o madrastra. Incluso aunque entre las partes divorciadas persista un sentimiento de rencor, deben cooperar en lo que respecta a cómo afrontar el comportamiento de su hijo. Todas las partes deben actuar en sintonía para hacer frente al «tú no eres mi padre/madre» u otras objeciones a las normas con las que se intenta fijar unos límites.

El TLP en la juventud

El joven *borderline* de entre veinte y treinta años se enfrenta a los nuevos retos de ser un adulto. Empieza a plantearse potenciales compromisos de larga duración en el terreno laboral y en el de las relaciones, y trata de averiguar qué tipo de persona quiere ser. Ahora que ya no está bajo la influencia y supervisión de los padres y de los centros escolares, se encuentra de repente en un contexto de autonomía y libertad. El cerebro humano continúa madurando hasta la mitad de la veintena, por lo que es posible que siga dominado por su impulsividad, mal humor y ansiedad adolescentes mientras toma decisiones que determinarán el rumbo de su vida.

La personalidad del TLP en la madurez

La mayoría de las personas que tienen un diagnóstico de TLP, con tratamiento o sin él, mejoran con el tiempo. Muchos se recuperan por completo. Los adultos *borderline* de alta funcionalidad o competencia, aunque no se recuperen totalmente, pueden ser notablemente eficientes y llegan a brillar en su profesión, asumir roles familiares tradicionales y tener un grupo de amigos y sistemas de apoyo. Son capaces de llevar una vida bastante satisfactoria en su rincón de existencia privado, a pesar de las frustraciones recurrentes consigo mismos y con aquellos con quienes convive.

Los adultos *borderline* con menor funcionalidad o competencia, sin embargo, tienen más dificultades para mantener las amistades o el trabajo y pueden no contar con el respaldo de una familia y otros sistemas de apoyo; es posible que habiten «agujeros negros» más solitarios y desesperados dentro de su propio universo personal.

Puede persistir en el adulto *borderline* un elemento de imprevisibilidad y comportamiento errático. Esto será más evidente en el individuo solitario y aislado, pero quienes conozcan bien a un hombre de familia supuestamente satisfecho, por ejemplo, quizá detecten también incoherencias en su comportamiento que desmientan la racionalidad superficial. En el trabajo, es posible que incluso el empresario o profesional de éxito les cause una sensación un poco extraña a quienes trabajan codo a codo con él, aunque no sepan decir exactamente qué hay en él que proyecte esa aura de desequilibrio. Otra posibilidad es que el empresario de éxito parezca totalmente normal en el trabajo, pero tenga un comportamiento abusivo o irracional en casa.

Muchos adultos *borderline*, a medida que envejecen, se van «suavizando». La impulsividad, los cambios de humor y los comportamientos autodestructivos parecen disminuir en intensidad. Para entonces han conseguido establecer cierta conexión y sentido de identidad. Ahora bien, este aplacamiento que se percibe en ellos puede reflejar un cambio real objetivo o ser una evaluación subjetiva de quienes viven o trabajan con él; en este último caso, es posible que los amigos y amantes se hayan adaptado con el tiempo a sus acciones erráticas y ya no respondan a su dramatismo, o ni siquiera lo noten.

Tal vez se deba a que el adulto con TLP se ha asentado en un estilo de vida más rutinario, en el que ya no le hacen falta arrebatos periódicos –excesos con el alcohol, amenazas de suicidio u otros comportamientos dramáticos– para satisfacer sus necesidades. Tal vez con la edad pierda la energía o la resistencia para mantener el ritmo frenético de la vida al límite. O tal vez se trate simplemente de un proceso natural de sanación que tiene lugar para algunas personas a medida que van madurando. En cualquier caso, la mayoría de los individuos con TLP mejoran con el tiempo, con o sin tratamiento. De hecho, podría considerarse que la mayoría están «curados», dado que ya no cumplen cinco de los nueve criterios definitorios (véase el capítulo uno). Debemos recordar siempre que el pronóstico a largo plazo de este devastador trastorno es muy esperanzador (véase el capítulo siete).

Así pues, quienes comparten su vida con un ser querido que sufre de TLP pueden contar con que su conducta se irá haciendo más tolerable con el tiempo. Sus reacciones imprevisibles van siendo cada vez más predecibles y, por tanto, más fáciles de manejar, y esto le permite aprender a amar y a ser amado de una manera más sana.

La vejez del padre y la madre *borderline*

Cuando síntomas del TLP como el mal humor, los accesos de ira, el miedo al abandono y los problemas de relación persisten en la edad adulta, la interacción continuada con el individuo *borderline* es difícil de tolerar, sobre todo si se trata del padre o la madre. En estas situaciones, el hijo o la hija adultos probablemente quieran poder mantener algún tipo de relación con su progenitora, por ejemplo, pero sin que sea continuamente una amargura. Al fin y al cabo, ¡es su madre!

Un progenitor límite puede provocar culpa en sus hijos cuando no se satisfacen sus necesidades. Tal vez se haya ido alejando de los amigos y sus hijos sean su única conexión social. Si te encuentras en esta situación, debes intentar mantener límites tajantes en cuanto al apoyo que puedes proporcionar. Alentar a tu padre o a tu madre a abrirse a otras actividades y contactos puede ser una ayuda, incluso aunque luego no lo haga sistemáticamente.

La madre de Lois la llamaba con frecuencia y se quejaba de fuertes dolores de cabeza y de lo sola y hastiada de la vida que estaba. Su padre había muerto hacía tiempo, de sus hermanos no sabía nada prácticamente, y Lois era la «hija buena», la única que se preocupaba y el único miembro de la familia que mantenía algún contacto con la madre.

Lois se sentía culpable cuando su madre estaba sola y sufría. Pero por encima del amor que le tenía, y de los sentimientos de culpa que su madre le creaba, empezó a enfadarse cuando vio que el desvalimiento de su madre empeoraba de día en día y que ya no se sentía capaz de ocuparse de sus cosas. Lois comenzó a darse cuenta de que se estaba aprovechando de ella, de que dependía de ella cada día más. Pero cada vez que le manifestaba su enfado, su madre se echaba a llorar y daba una imagen todavía más desvalida, y Lois se sentía aún más culpable, y el ciclo se repetía de nuevo. Solo una vez que se soltó de la relación de enredo en la que estaba atrapada y empezó a tener con su madre contacto constante pero marcando claramente los límites, se vio ella obligada a empezar a ser más autosuficiente y pudieron tener una relación más sana.

El TLP en el lugar de trabajo

En el entorno laboral, a los compañeros de trabajo *borderline* se los suele considerar personas extrañas o extravagantes. Tienden a aislarse, a evitar el contacto personal y a alejar a los demás rodeándose de un aura de hosquedad, suspicacia o excentricidad. Algunos se quejan habitualmente de dolencias físicas o problemas personales, o tienen ocasionalmente accesos de paranoia y de ira. Otros tal vez actúen con toda normalidad en el trabajo, pero fuera del lugar de trabajo se muestren extraños o incómodos con sus compañeros. En un estudio holandés se vio que el rendimiento laboral de los trabajadores con TLP (e incluso de otros que manifestaban algunos síntomas de TLP pero no los suficientes para un diagnóstico formal) era significativamente inferior a la media. Tenían más inseguridad, más dificultad para tomar decisiones, menos apoyo de sus compañeros y mayor estrés.[6]

Muchos empresarios han integrado en la empresa programas de asistencia al empleado (PAE), asesores psicológicos y departamentos de coordinación sanitaria pensados, originariamente, para ayudar a los empleados con problemas de adicción al alcohol u otras sustancias. En la actualidad, hay además muchos PAE para ayudar a los trabajadores a afrontar otras cuestiones emocionales, así como problemas legales y financieros.

Muchos asesores de los PAE cuentan con una formación que los capacita para identificar rasgos de un trastorno por dependencia del alcohol u otras sustancias psicoactivas, o de trastornos mentales comunes como la depresión o la psicosis, pero tal vez estén menos familiarizados con los intrincados síntomas del TLP. Incluso en el caso de que tanto el supervisor y los compañeros de trabajo de cierto empleado como el asesor y hasta el propio empleado sean conscientes de que manifiesta comportamientos disfuncionales o perturbadores, es posible que a ese empleado *borderline* no se lo remita para que reciba tratamiento porque no se consigue asociar claramente su conducta con ninguno de los trastornos psiquiátricos más comunes.

El empresario que se encuentra ante el historial de un potencial empleado en el que destacan frecuentes cambios de empleo, quizá sea capaz de ver en esto características del perfil *borderline*. Contemplará la posibilidad de que los sucesivos ceses hayan sido debidos a conflictos de personalidad (lo que, de hecho, suele ser acertado) o a algún cambio notable –un nuevo supervisor, un nuevo sistema informático o un reajuste de las responsabilidades del puesto– que interrumpiera bruscamente una rutina muy estructurada (quizá incluso monótona).

Como el trabajador *borderline* es a menudo muy creativo y entregado, puede no obstante ser un empleado valioso. Cuando da lo mejor de sí, es un individuo de muchos recursos, estimulante e inspirador para los demás. En la mayoría de los casos, contribuirá a su funcionamiento óptimo un entorno bien definido y estructurado en el que estén claramente determinados los resultados que se espera obtener; aunque también hay individuos con TLP que se desenvuelven bien en un contexto poco regulado que les permita ser más imaginativos y creativos.

Los compañeros de trabajo se relacionarán más fácilmente con un colega *borderline* cuando conozcan su tendencia a ver las cosas o blancas o negras y acepten su preferencia por una estructura sistemática. Si las instrucciones son precisas y no hay ambigüedad en cuanto a las expectativas, el compañero *borderline* responderá con menos estrés. Los compañeros de trabajo deben abstenerse de bromear con él, ya que es fácil que malinterprete sus bromas por muy bienintencionadas que sean. Conviene interceder en su favor si se convierte en blanco de las bromas de los demás. Los elogios frecuentes por su trabajo y señalarle de una manera objetiva y sin críticas cualquier posible error que cometa, así como sugerirle formas concretas de mejorar, pueden ayudar a su eficiencia en el lugar de trabajo.

Del mismo modo, cuando el colega *borderline* ocupa un puesto directivo o ejecutivo, los empleados deben reconocer su manera tajantemente escindida de ver las cosas y aprender a lidiar con ella. Los empleados deben aprender a aceptar sus cambios drásticos de humor y a contar con que se producirán, ya que esto mitigará la frustración si tienen lugar. Deben evitar enredarse con él en discusiones lógicas por cuestiones insignificantes, ya que no siempre le será posible razonar con coherencia. Quizá sea conveniente que los empleados busquen a alguien de la organización que les dé la información o valoración que necesitan. Si se trata de inquietudes más sustanciales, pueden dirigirse a su jefe *borderline* con preguntas o propuestas unificadas que hayan acordado previamente.

El TLP y la diversión

En los juegos, el individuo con TLP es habitualmente imprevisible y muy desconcertante a veces. Participar en los juegos y pasatiempos puede resultarle tan difícil que manifieste una seriedad totalmente incongruente con la naturaleza relajada de la actividad. Podría ser el compañero que te han asignado en un partido de dobles de tenis, que al principio parece bastante simpático, pero que a medida que avanza el partido va mostrándose cada vez más frustrado y enfadado. Aunque tú continuamente le recuerdas que es solo un juego, lo ves dar pisotones lleno de rabia, maldecirse a sí mismo, tirar la raqueta y jurar, finalmente, que nunca volverá a jugar. O podría ser el entrenador de tu hijo en las Ligas Menores de béisbol, que con tu hijo trabaja muy bien, pero que de repente empieza a insultar al adolescente que hace de árbitro o se ensaña con su propio hijo –al que considera una extensión de sí mismo– cuando queda eliminado con las bases llenas. Aunque los rasgos que vemos en estos ejemplos, similares a los de la personalidad *borderline*, puedan manifestarse en individuos que no tienen TLP, si son extremos, o continuados y característicos de ese sujeto, pueden ser indicios de una verdadera personalidad *borderline*.

Esa intensidad del carácter interfiere en su capacidad para relajarse y divertirse. Si los demás intentan bromear sobre ello, puede sentirse frustrado y enfadarse. Es prácticamente imposible sacarlo de su postura, menos aún con bromas. Por eso, si decides seguir jugando al tenis con tu compañero *borderline*, utilizar juiciosamente los principios del SET-UP puede hacer que la experiencia sea más tolerable (véase el capítulo cinco).

Comprender tus propias emociones

Cuando acompañas a una persona con TLP en su montaña rusa, debes contar con que experimentarás tú también una diversidad de emociones, sobre todo culpa, miedo e ira. Cuando tiene accesos autodestructivos, puede mostrarse como un ser desvalido y hacer responsables de su comportamiento a los demás, que tal vez acepten esa responsabilidad demasiado fácilmente. La culpa es un fuerte inhibidor de una confrontación honesta. También el miedo a los daños físicos –ya sea a sí misma, a los demás o a ti– puede ser un poderoso elemento disuasorio de una interacción seria. Y la ira es una reacción común cuando, como ocurre con frecuencia, te sientes manipulado, o simplemente no te gusta o no entiendes un determinado comportamiento suyo.

La *comprensión* y la *perseverancia* (la UP en el paradigma de comunicación SET-UP presentado en el capítulo cinco) son componentes importantes para mantener cualquier relación. Y son particularmente importantes para poder mantener el compromiso con alguien que sufre de TLP. Utilizar el SET y otras técnicas de comunicación que se han descrito en el libro puede ayudar a suavizar las turbulencias. Al mismo tiempo, debes evaluar continuamente lo que sientes tú. Cuida de que, en el combinado, la proporción de frustración sea siempre más baja que la de cariño, y es posible que la tintura del tiempo os permita mantener una relación sana.

Cómo afrontar cada síntoma individual del TLP

En el capítulo dos y en nuestro otro libro,[7] hemos examinado los nueve criterios que definen el TLP. Pero lo que reconocemos como trastorno límite de la personalidad tiene muchas caras. El diagnóstico formal requiere la validación de cinco de los nueve criterios designados, cuya permutación da lugar a doscientas cincuenta y seis posibles combinaciones diferentes de síntomas y posiblemente a doscientas cincuenta y seis presentaciones diferentes del TLP. Una paciente *borderline* con rabia prominente, cambios de humor radicales e impulsividad autodestructiva puede mostrarse como una persona muy diferente a la paciente cuyos síntomas principales son el miedo al abandono, el sentimiento de vacío y una imagen inestable de sí misma. Aunque las técnicas del SET-UP pueden ser muy útiles de manera general para comunicarse con los individuos afectados por el TLP, formular una única estrategia eficaz para hacer frente a las múltiples expresiones del trastorno límite de la personalidad es casi imposible. A continuación presentamos las técnicas más apropiadas para tratar cada síntoma específico, algunas de las cuales están descritas en el libro anterior del autor principal.[8]

Cómo afrontar el miedo al abandono (criterio 1)

El reflejo de la ira *borderline* que hace a los demás alejarse es el miedo *borderline* al abandono y al aislamiento. (De hecho, ¡estas dos características están implícitas en el título del libro!). El terror de la persona con TLP a quedarse sola se refleja en otros de sus síntomas, como las relaciones disfuncionales, la alteración de la identidad y el sentimiento de vacío. Para rehuir el sentimiento de abandono, es posible que la persona querida afectada por el TLP exija confirmaciones de afecto constantes y precise mostrarse necesitada y dependiente.

- **Haz uso de objetos transicionales.** Al igual que la princesa Diana (véase el capítulo tres) acostumbraba a llevar en su equipaje un animal de peluche, pueden ser útiles, cuando se produce una separación temporal, objetos representativos de la conexión afectiva. Una foto o una prenda de vestir pueden transmitirle una sensación tranquilizadora a la persona con TLP en los momentos en que se siente sola. Animarla a escuchar «vuestra canción» o a que se ponga tu jersey mientras estás fuera puede ser también reconfortante.
- **Prepárala.** Para muchos individuos con TLP, el futuro, especialmente un acontecimiento futuro no deseado, como un breve viaje de negocios de su cónyuge, queda relegado de su campo de conciencia. No evites hablar de una situación que sabes que incomodará a tu pareja *borderline*. Por el contrario, recuérdale periódicamente que tienes que irte de viaje y complementa el recordatorio con propuestas que la animen: «¿Qué te parece si salimos a cenar la noche antes de que me vaya?». Anímala también a que, mientras estás fuera, haga cosas que sabes que son de su agrado, como quedar con sus amigas, acudir a las reuniones del club, ir al gimnasio, etc.
- **Establece límites equilibrados y disciplinados.** Es posible que nunca seas capaz de satisfacer del todo las peticiones de ese ser querido que necesita tu atención constante, pero procura establecer

límites que puedas cumplir de forma continuada, es decir, un nivel de conexión que, siendo realista, te sientas capaz de mantener: «Papá, sé que te decepciona que no pueda venir a hacerte una visita todas las tardes, pero estoy organizando las cosas para poder venir todos los jueves por la noche y que cenemos juntos».

Cómo afrontar la inestabilidad en la relación (criterio 2)

La visión del mundo escindida en extremos absolutos característica en el TLP hace que sea difícil mantener relaciones fluidas. En la percepción de la persona *borderline*, puedes pasar de ángel a demonio por un simple comentario trivial. Esta visión errática del mundo y de los demás es un reflejo de su inestable sentido de quién es (criterio 3).

- **No seas ni un héroe ni un chivo expiatorio.** Cuando se te perciba como un «ángel», acepta sin debates esa idealización positiva. Contestar humildemente «no creas, no soy tan maravilloso» solo le causará frustración a la víctima del TLP. Ahora bien, no alientes en ella la idea de que eres su salvador ni aceptes tampoco el papel de villano.
  Al principio de la relación, Lindsey le decía constantemente a Nelson lo maravilloso que era y –a diferencia de sus anteriores novios, todos odiosos– lo «comprensivo» que era. Envanecido por la idealización, Nelson prometió «alejarla de todos aquellos sinsabores» y protegerla. Habló seriamente con los padres y el jefe de Lindsey. Se ocupó del desastroso estado de sus finanzas. La instó a cambiar de peinado y de forma de vestir. Como era de esperar, tras un período de continua idolatría, Lindsey se sintió manipulada y se enfureció con Nelson, que estaba desconcertado por haberse transformado de repente en un «controlador» insensible.
- **Asume tu responsabilidad, pero no aceptes el vilipendio infundado.** Intenta comprender los cambios de actitud bruscos de tu pareja *borderline*. Reconoce cuándo está molesta contigo y por qué. Pero

no cedas automáticamente a una demonización sin fundamento. Después de soportar repetidos ataques, podrías decir: «Entiendo que estés frustrada y enfadada conmigo porque no haya ido a recogerte al aeropuerto, pero sabes que te he ido a recoger muchas veces; hoy no he podido escaparme del trabajo».
Una vez que has hecho referencia a las veces que has ido al aeropuerto a lo largo del tiempo, no sigas a la defensiva. Darle más explicaciones podría encolerizarla más. A veces, lo mejor es decir simplemente: «Siento haberte decepcionado», y dejarlo pasar.

- **Prepárate.** Estar preparado para una probable confrontación puede ser una ayuda. Anticipar cómo puede responder tu pareja *borderline* a una situación dada y cómo podrías reaccionar tú te ayudará a mantener tus emociones bajo control. Ensayar posibles interacciones te hará más fácil apelar a las declaraciones SET y a otras tácticas de comunicación.

Cómo afrontar la alteración de la identidad (criterio 3)

«No sé en realidad quién soy» es un mantra común del TLP. Para la persona *borderline* es un auténtico reto desarrollar un sentido de identidad definido y estable. En la interacción con los demás, a menudo siente que está «fingiendo»; por su cualidad camaleónica, puede ser una demócrata si está entre demócratas, una republicana si está entre republicanos. Sin embargo, a solas, en mitad de la noche, no sabe realmente en qué cree. Por eso, puede resultarle difícil ser constante en sus objetivos e intereses, y ser incapaz de comprometerse –con un trabajo, unas metas educativas, las relaciones–, lo cual podría contribuir a su sentimiento de vacío (criterio 7). En el extremo opuesto del espectro, podría compensar su vacío de identidad aferrándose a una organización sectaria cuya cultura dogmática le dicte cómo debe pensar, sentir y actuar.

- **Explícale el «dilema sin salida».** En ocasiones, cuando lo que la persona *borderline* es y lo que quiere varían constantemente, puede que sus únicas emociones consistentes sean la frustración y el antagonismo. En esos momentos, da igual lo que digas o lo que hagas: sea lo que sea estará mal. No hay posibilidad de salir airoso del aprieto.

Explicarle a tu pareja *borderline* la dinámica de la situación utilizando SET como herramienta puede ser de ayuda: «Mira, cuando antes te he dicho que esta noche iba a salir con mis amigos, te has enfadado. Y cuando he decidido quedarme en casa contigo, te has vuelto a enfadar porque según tú te estaba "culpando" por no haber salido con ellos. Escucha, sabes que eres la parte más importante de mi vida (*apoyo*), y sé que la situación con tu padre últimamente ha sido muy difícil (*empatía*). Como es posible que estés enfadada conmigo haga lo que haga, voy a quedarme en casa; y no es porque me sienta culpable, a pesar de lo que pienses (*verdad*). Es porque eres importante para mí, y acabas de pasar por una temporada muy difícil (*apoyo*, *empatía*)».

- **Desvíate.** Cuando intuyas que puedes estar entrando en un callejón sin salida, averigua primero cuál es la perspectiva de tu pareja: «No estoy seguro de esto. ¿Tú qué opinas?».
- **Apela a su espíritu de contradicción.** Nora, de veintidós años, había dejado los estudios universitarios tres veces seguidas. Llevaba un buen semestre, luego se desanimaba, empezaba a faltar a clase y pedía que le prorrogaran los exámenes. Sus padres entonces la presionaban para que volviera a matricularse. Pero llegó un momento en que su padre cambió de actitud: «Quizá la universidad no sea lo tuyo. Tal vez seas más feliz si encuentras un buen trabajo», le dijo. Al principio, Nora se sintió ofendida y enfadada. Sabía que era lo bastante inteligente como para terminar la carrera, y también que, sin terminar los estudios, no iba a conseguir un trabajo que de verdad le gustara. Los comentarios de su padre estimularon a la vez en Nora un «¡ya vas a ver tú!». Unas semanas más tarde le anunció en tono desafiante que iba a volver a la universidad y que había solicitado un préstamo estudiantil

para ayudar a financiar los estudios. También le dijo que esta vez iba a terminar. Que era justo lo que su padre llevaba tiempo queriendo oír.

- **Únete a un grupo organizado.** Participa en una actividad de grupo con tu pareja *borderline*: un equipo deportivo, una actividad de la iglesia, una campaña benéfica o un proyecto comunitario. Cualquiera de ellos favorece la interacción social y estimula unos intereses que ayudan a definir la identidad.
- **Sé consecuente, positivo y estate presente.** El origen de una identidad inestable está en experiencias pasadas de inconsecuencia e inconstancia. A causa de ellas, tu pareja *borderline* puede dudar de que vayas a hacer lo que dices que harás. Que seas un individuo digno de confianza y capaz de potenciar sus cualidades positivas, sin ignorar los rasgos negativos con los que deberéis trabajar, es muy importante para ella.

Cómo afrontar la impulsividad autodestructiva (criterio 4)

El TLP es el único diagnóstico médico que está definido en parte por la impulsividad autodestructiva. Los actos impulsivos pueden ser extremadamente frustrantes para los amigos y familiares del individuo *borderline*, en especial si tienen un componente autodestructivo. La impulsividad resulta particularmente desconcertante cuando surge (como suele ocurrir) en un momento relativamente estable de la vida de la persona con TLP. De hecho, los comportamientos autodestructivos pueden ser precisamente una reacción a que su vida se esté asentando y se sienta incómoda en un estado exento de crisis.

Larry, por ejemplo, tenía un matrimonio cómodamente aburrido. Su esposa Phyllis y él llevaban más de veinte años casados, y apenas hablaban. Ella se ocupaba de los hijos mientras Larry trabajaba horas sin fin para una gran empresa. Su vida en común era una cárcel que ellos mismos se habían creado, hecha de comportamientos compulsivos y rutinas que se repetían día tras día. Larry tardaba horas en vestirse cada mañana porque la ropa tenía que combinar meticulosamente. Por la noche, antes de acostarse, ejecutaba una serie de rituales, que le daban una sensación de control: abrir de cierta manera las puertas del armario, asegurarse de que el lavabo estaba impecable y comprobar que el jabón y los artículos de aseo estaban colocados en determinado orden.

Pero en medio de aquella rutina tan estricta, Larry de repente, cediendo al impulso, se emborrachaba, provocaba una pelea o salía de la ciudad y se pasaba fuera el día entero sin previo aviso. En una ocasión, en uno de esos impulsos, se tomó una sobredosis de las pastillas que tomaba regularmente para el corazón porque «quería saber qué se sentía». Por lo general, ante la ira de Phyllis se quedaba callado, con expresión sombría, pero a veces la culpaba a ella de «tener que alejarse» o de acabar discutiendo por cualquier trivialidad.

Se pasaba meses sin beber, y luego, justo cuando se lo felicitaba por ello, se emborrachaba y se volvía abusivo y escandaloso. Su esposa, sus amigos y su consejero le suplicaban y amenazaban, inútilmente.

- **Predicción.** Después de un período de sobriedad, Phyllis podría recordarle a Larry, en tono neutral, que en el pasado, cada vez que las cosas iban bien, acumulaba presiones que lo hacían explotar un día y emborracharse hasta perder el control. Haciéndole ver patrones de conducta que se han repetido anteriormente, un familiar o amigo íntimo puede ayudarlo a ser más consciente de los sentimientos previos a la aparición de la impulsividad destructiva. Esto puede ir acompañado de declaraciones de *apoyo*, para que no reciba el comentario como una crítica y se ponga a la defensiva: «¡Ya estamos otra vez!». De este modo, puede darse cuenta de que los comportamientos que a él le parecían caóticos e imprevisibles pueden en realidad anticiparse, comprenderse y, por tanto, controlarse. E incluso en caso de que se sienta criticado, ser capaz de predecir sus comportamientos puede estimular en él una desafiante obstinación por no repetir patrones destructivos: «¡Para que veáis!».

Mostrar al individuo *borderline* cuáles podrían ser los resultados de su comportamiento lo puede a veces mitigar. Cuando la hija adolescente de Terry lo amenazó airadamente con volver a escaparse con su novio, al que tenía prohibido seguir viendo, Terry le respondió con la mayor naturalidad: «Escucha, cariño. Preferiría de verdad que no lo hicieras. Porque sabes que entonces tendremos que llamar a la policía, que os encontrará a ti y a Jordan. A él lo arrestarán de nuevo, y tú tendrás que volver a ese hospital que tanto detestas, y es probable que esta vez te hagan quedarte más tiempo. Preferiría que habláramos un poco más y que no tengas que volver a pasar por todo eso».

- **Haced cosas juntos.** En los momentos de riesgo inminente, organiza actividades saludables que podáis hacer juntos: clases de yoga, clases formativas o religiosas, reuniones de alcohólicos anónimos, etc.
- **Enfoca la atención en la ira y el odio contra sí mismo.** Suplicarle a tu pareja *borderline* que no salga a emborracharse probablemente no servirá de nada. Pero preguntarle por qué está tan enfadado y por qué se enfrenta a ello de una forma tan autodestructiva puede causarle más impacto. Conseguir que hable en lugar de actuar es un gran avance.

  En las sesiones de terapia, Larry empezó a comprender que sus comportamientos aparentemente imprevisibles expresaban ira hacia los demás, pero sobre todo hacia sí mismo. Se dio cuenta de que se volvía abusivo con su mujer o empezaba a beber cuando se sentía frustrado consigo mismo. Ese comportamiento impulsivo le producía un sentimiento de culpa y la necesidad de autocastigarse, lo que a su vez le servía para expiar sus pecados. Cuando Larry empezó a valorarse más y a respetar sus propios ideales y creencias, sus actividades destructivas disminuyeron.

Cómo afrontar la conducta suicida y autolesiva (criterio 5)

Las amenazas y tentativas de suicidio deben tomarse siempre en serio y consultarse con un profesional para obtener asesoramiento. El riesgo de suicidio en el TLP es casi del diez por ciento, una tasa casi mil veces más alta que en la población general.[9] Aunque muchos síntomas del trastorno límite de la personalidad disminuyen con la edad (véase el apartado «La personalidad del TLP en la madurez», en este mismo capítulo), el riesgo de suicidio persiste a lo largo de toda la vida del individuo, y algunos estudios indican que incluso aumenta con la edad.[10] Un historial previo de autolesiones es el factor de riesgo más fuerte para el suicidio posterior.

Aunque tanto los hombres como las mujeres con TLP intentan suicidarse en proporción similar, el número de casos en que ellos consuman el suicidio es varias veces más alto que el de ellas, y suelen estar en peores condiciones en el momento de hacerlo.[11,12] Los individuos suicidas de edad avanzada que tienen un historial de tentativas de suicidio previas suelen presentar rasgos persistentes de tipo *borderline* o asociados con este trastorno. En el caso de aquellos que intentan suicidarse por primera vez a edad avanzada, parece tratarse menos de una patología del carácter que de un deseo obsesivo por controlar su entorno. Tendencias que en etapas anteriores de su vida fueron capaces de controlar, cuando llega una edad en la que se combinan con la depresión y la sensación de pérdida de control, pueden acrecentar la desesperanza y los consiguientes pensamientos suicidas.[13]

La autolesión no suicida (ANS) es el acto de hacerse daño deliberadamente, cortándose, provocándose quemaduras o dándose golpes en la cabeza, por ejemplo. En el TLP, estas conductas pueden servir para aliviar la tensión, autocastigarse, superar sentimientos de desapego o disociación, establecer una sensación de control o sentir excitación ante el peligro. Para los amigos y familiares de la persona con TLP, las conductas autolesivas son particularmente difíciles de afrontar. Se ha establecido relación entre las fantasías autolesivas durante el embarazo y un aumento de la depresión posparto, así como una peor relación madre-hijo.[14] Las autolesiones no suicidas suelen comenzar durante la adolescencia, y la prevalencia mundial es del dieciocho por ciento.[15] Aunque este síntoma es un criterio definitorio del TLP, algunos profesionales sostienen que las autolesiones deberían tratarse como un trastorno independiente. La sección III del DSM-5, dedicada a «trastornos que requieren más estudio», propone criterios separados para un diagnóstico de las ANS. (Para más información sobre el DSM-5 y los modelos de diagnóstico alternativos, véase el Apéndice A). Qué hacer en esta situación:

- **Buscar ayuda.** Las amenazas o acciones suicidas deben tomarse siempre en serio. Obtén asesoramiento llamando a un profesional de la salud, a los servicios de emergencias, a una línea telefónica de ayuda o a alguien que pueda darte apoyo.
- **Toma medidas de seguridad.** Retira los objetos que podrían ser destructivos o redúcelos al mínimo. Deshazte de los envases con medicamentos que ya no se estén utilizando. Elimina los instrumentos afilados que no sean imprescindibles. Retira o guarda en un sitio seguro las pistolas y otras armas.
- **Piensa en actividades que puedan distraer a la persona del deseo de autolesionarse o sustituirlo.** Salid juntos a hacer ejercicio intenso o a practicar otras actividades físicas. Moldear arcilla o tocar un piano u otro instrumento musical puede reducir la tensión. Un baño de agua caliente o de agua helada puede resultar estimulante y ser una ayuda; a veces, sostener cubitos de hielo en la mano le proporciona a la persona las sensaciones de escozor que necesita sentir, y de un modo mucho menos dañino. Para muchos individuos con TLP, el objetivo al autolesionarse es ver sangre, que hasta cierto punto puede simularse marcando con fuerza (para provocar cierto malestar) algunas partes del cuerpo con un rotulador rojo.

Cómo afrontar la inestabilidad del estado de ánimo (criterio 6)

Los individuos con TLP son muy sensibles a las personas, los objetos y las circunstancias que los rodean. Los cambios emocionales suelen ser una reacción a las circunstancias del entorno, y con frecuencia se traducen en un salto súbito de una emoción a otra. Las respuestas negativas pueden ser particularmente intensas. Un estudio en el que se utilizó una modalidad particular de IRM, la resonancia magnética funcional (IRMf), examinó las reacciones cerebrales de diferentes sujetos a los estímulos negativos. Los resultados mostraron una mayor sensibilidad a ellos en los pacientes con TLP. Otros sujetos tenían más facilidad para habituarse (acostumbrarse) a los mismos estímulos angustiosos a medida que se iban repitiendo, mientras que quienes padecían TLP eran cada vez más reactivos a ellos y mostraban patrones cerebrales de una continua reacción estresante.[16]

Los cambios de humor súbitos pueden ser tan desconcertantes para la persona con TLP como para quienes están a su lado. Desde pequeña, Meredith había sido consciente de sus repentinos episodios de mal humor. Cuando las cosas iban bien, se sentía entusiasmada, exultante, en la cima del mundo. Un instante después caía en picado, sin previo aviso, hasta lo más hondo de la desesperación. Sus padres lo consentían, andaban a su alrededor de puntillas y nunca plantaron cara a aquella irritabilidad suya. En el colegio, cambiaba continuamente de amigos, cuando los que tenía la dejaban de lado cansados de su carácter impredecible. Algunos la llamaban «la maníaco-depresiva» y le hacían bromas para intentar sacarla de su hosquedad.

Su actual marido, Ben, decía que le habían atraído de ella su «generosidad» y su «capacidad de disfrute». Pero Meredith podía cambiar drásticamente, de divertida y animada a suicida. Del mismo modo, sus interrelaciones con Ben pasaban de la interacción alegre a un sombrío aislamiento. Era imposible predecir cuándo se produciría el cambio, y Ben nunca estaba seguro de cómo la encontraría al volver a casa del trabajo. A veces habría querido poder poner su sombrero en lo alto de un palo largo y asomarlo por la puerta antes de entrar, para saber a qué atenerse a la vista de si su esposa se acercaba a abrazarlo, lo ignoraba o le disparaba.

Para Meredith, aquellos cambios de humor, que no mejoraban con ningún tratamiento farmacológico, eran angustiosos. Cuando empezó las sesiones de terapia, sin embargo, su terapeuta le asignó la tarea de darse cuenta de esos cambios y de las circunstancias que podían desencadenarlos, de asumir responsabilidad por ellos y de aprender a adaptarse, compensando su presencia. Cuando se encontrara en estado de depresión, podía aprender a identificarlo y a explicarles a los demás que se encontraba baja de ánimo y que haría lo posible por amoldarse a las circunstancias. Y si estaba con personas a las que no les podía explicar en confianza la situación, debía ser lo más discreta posible y hacerse el propósito de no analizar en esos momentos si era apropiado o no lo que se le pedía o se esperaba de ella. Uno de los principales objetivos de esto era establecer constancia –unas actitudes y comportamientos consistentes que poder adoptar con confianza– en su relación consigo misma y con los demás.

Ben estaba atrapado en la típica situación *borderline* del dilema sin salida –«malo si haces, malo si no haces»–: decirle algo a Meredith sobre sus repentinos estados depresivos provocaba en ella más rabia y retraimiento, pero ignorarlos la hacía sentir que no se preocupaba de ella. El terapeuta de la pareja, viéndolo en este atolladero del que aparentemente era imposible salir, le dio los siguientes consejos, que tuvieron en la práctica muy buenos resultados:

- **Hablarle a tu pareja sobre el dilema sin solución** (véase el apartado «Cómo afrontar la alteración de la identidad (criterio 3)», en este mismo capítulo).
- **Procrastinar de forma productiva.** En general se insiste en que es importante aprender a vivir en el presente. Pero en el caso de la persona con TLP, la experiencia de las percepciones y los sentimientos existe solo y por entero en el *ahora mismo*, y el *ahora mismo* actual puede cambiar dentro de un instante, sin que sea

posible disponer nunca de un contexto ni establecer comparaciones. Lo que hubo antes o lo que puede ocurrir después no influyen en lo que la persona siente en este momento.

Meredith puede exigir insistentemente, con impaciencia, que se le dé una respuesta *ahora mismo*, aunque dentro de un momento quizá ya no le interese lo que se le ha respondido o su propia petición ya no sea relevante. En algunas situaciones, puede ser útil darle largas, en lugar de responder y comprometerse con la respuesta, en momentos de gran emocionalidad. Se le podría contestar: «Sé que este asunto te preocupa, pero déjame consultar la agenda para ver cuándo te puedo acompañar»; «Entiendo que quieras hacer esto cuanto antes, pero tengo que asegurarme de que puedo organizar las cosas para ir contigo», o «Ahora mismo estoy muy ocupado, déjame ver cuándo puedo hacer un hueco, y te llamo».

- **Establecer más coherencia.** A menudo la persona *borderline* no es consciente de cómo le complica la vida su repetida incoherencia. Puede ser una ayuda hacerle ver con delicadeza sus contradicciones y trabajar con ella para tratar de dar más cohesión a sus pensamientos y actos. «Cuando al final contratamos a ese instructor que tú querías que nos diera clases de tenis, estabas entusiasmada, pero ahora unos días estás entusiasmada y otros dices que te resulta de lo más desagradable y no quieres volver. Me parece bien tanto que sigamos yendo como que no, pero tenemos que hablar y tomar una decisión».

Cómo afrontar el sentimiento crónico de vacío (criterio 7)

El sentimiento de vacío es extremadamente doloroso para el individuo *borderline*. Siente que su vida carece de propósito o valor alguno, que no tiene nada que dar y que no es digno de recibir amor ni atención. Como en el caso de otros criterios definitorios del TLP, el sentimiento de vacío y marginación puede estar relacionado con otros síntomas, como un sentido difuso del yo (criterio 3), accesos súbitos de mal humor (criterio 6) y miedo al abandono (criterio 1). El sentimiento de vacío puede apoderarse por completo del individuo y obligarlo a retraerse. Evitar esa desconexión y aislamiento es un objetivo importante.

- **Proponle actividades físicas.** Sácalo de casa. Caminad, corred o inscribíos juntos en algunas clases. El ejercicio físico y las actividades al aire libre lo sacan del agujero negro en el que puede entrar con facilidad.
- **Proponle entretenimientos.** Los pasatiempos, la música o la lectura son un estímulo intelectual que puede llenar parte del vacío
- **Proponle actividades sociales.** Participar en actividades de grupo comunitarias –por ejemplo, de la iglesia–, colaborar como voluntarios con alguna organización, asistir a algún club o inscribiros en alguna clase puede mitigar su sensación de aislamiento.

Cómo afrontar la ira (criterio 8)

Los arrebatos de ira pueden surgir sin previo aviso y parecer totalmente desproporcionados a la situación. Previsiblemente, no se puede prever su frecuencia. Es posible que no veas cómo la frustración de la persona querida va aumentando gradualmente. Lo más probable es que no oigas el pitido del tren ni veas las luces acercarse por la vía hasta que lo tienes encima, estruendoso y demoledor. Esa persona puede pasar en un instante de la calma a la furia por algo que a tu entender ha sido un comentario o incidente trivial. La repentina explosión puede ser tan chocante para ella como para ti. Tal vez te cueste mantener la calma y no entrar en un intercambio de palabras airadas, pero si permites que te saque de tus casillas, ella acto seguido puede negar que te haya provocado y proyectarlo todo en ti: «Yo no estoy enfadada. El que está enfadado eres tú». En la relación con una persona *borderline*, soportar la parte del «¡te odio!» quizá sea lo más difícil.

- **Deja que las aguas vuelvan a su cauce.** Espera a que termine la diatriba antes de responder. Luego, espera un poco más a que el silencio contraste con la intensidad del arrebato.
- **Reduce la intensidad.** A medida que ella va elevando el tono de voz, procura bajar el tuyo. A medida que sus gestos y movimientos se van animando, procura controlar tus expresiones físicas.
- **Redirecciona la atención.** Querer ignorar el motivo del arrebato de ira encenderá la situación todavía más, pero desviar la confrontación a un terreno relacionado con el motivo original puede ayudar a calmar las cosas.

  Allison le estaba gritando a Michael, enfadada porque estuviera siempre ocupado y pasara cada vez menos tiempo con ella y con el bebé, que se había despertado con los gritos y había empezado a llorar. Cuando Allison terminó su perorata, Michael, con voz suave, apelando a los principios del SET, expresó la intención de ajustar su horario de trabajo y, acto seguido, llevó la conversación hacia la admiración que sentía por la entrega de Allison como madre y por su deseo de mantener un entorno familiar tranquilo y sano. De este modo, Michael desvió la atención hacia las prioridades de Allison como madre y las alejó de la tensión conyugal.
- **Juega limpio.** No utilices contra ella tu conocimiento confidencial de algunas cosas delicadas: «¿Qué, ahora vas a pegarme, como haría tu padre?». Ni desprecies tampoco su frustración y su enfado como si fueran fruto de una enfermedad o de los cambios hormonales: «¿Te has tomado hoy la medicación?» o «¿Tienes la regla?».
- **Cuida de tu seguridad.** Si crees que hay riesgo de violencia física, márchate. Pon a salvo a los menores y cuida de que se mantengan lejos las otras personas no implicadas. A menudo, con la ira *borderline* no se puede razonar, así que ninguna discusión ni debate aclararán nada, solo conseguirán encender aún más la situación. Intenta quitarle hierro al conflicto reconociendo que tenéis diferente opinión sobre el tema en cuestión y que eso no tendría

por qué ser motivo de disputa. Podréis seguir hablando de ello más tarde, cuando el ambiente esté más calmado.

Cómo afrontar los síntomas paranoides o disociativos (criterio 9)

A diferencia de los elementos psicóticos que se observan en otros trastornos psiquiátricos, como la esquizofrenia, las distorsiones de la realidad en el TLP suelen surgir repentinamente en momentos de estrés, como los arrebatos de ira o los cambios de humor. La persona afectada por la psicosis del TLP suele mostrarse desorientada y distante. Se siente separada de la realidad, y puede sentir que los demás no son reales. Tal vez exprese temores paranoicos. A pesar de que algunos opinen lo contrario, los pacientes con TLP rara vez son un peligro para los demás.

- **Cuida de que el entorno sea lo más seguro y relajado posible.** Mantén un ambiente de calma, lo más familiar posible para esa persona, y ten cerca a gente que sea de toda confianza para ti y para ella. Si se produce una situación de agresividad, apártate de cualquier objeto que pudiera utilizarse como arma y sitúate en un lugar de la habitación que te permita salir fácilmente si te sientes amenazado.
- **Trata de calmar a esa persona.** Evita decir o hacer nada que pueda interpretar como una provocación. Usa un tono de voz bajo y tranquilizador. Sabiendo que estos episodios suelen surgir a raíz de acontecimientos estresantes, procura que tus palabras suenen lo más reconfortantes posible.
- **Evita el enfrentamiento.** No discutas con ella ni trates de convencerla de que lo que experimenta no es real. No se trata de que confirmes la validez de su delirio, pero puedes reconocer que aceptas lo que está percibiendo.
- **Busca ayuda profesional.** Incluso aunque consigas calmar la situación, ponte en contacto con un terapeuta.

Qué no se debe decir

Los individuos *borderline* pueden ser muy sensibles a las palabras. Hasta ahora hemos explicado cómo utilizar el sistema SET y otras tácticas para decir lo que más puede ayudar en una situación conflictiva. Pero también es importante saber qué *no se debe decir*, qué palabras o actos pueden exacerbar la situación.

- **Evita las frases despectivas.** Un comentario sin importancia, como «¡no seas tonto!» o «eso es una locura», puede hacer que el individuo *borderline* enfoque toda su atención en esa palabra y responda explosivamente con un «¡así que ahora piensas que estoy loco!».
- **Evita desautorizar su opinión o contradecirla directamente.** Rebatir su percepción de las cosas solo exacerbará la situación. «No fue así como sucedió» o «estás exagerando» son frases que invalidarán cualquier expresión anterior de *empatía* y crearán posiblemente mayor conflicto.
- **No eludas tu responsabilidad.** Si tratas de explicar el verdadero significado de tus palabras con frases como «¡estás malinterpretando lo que he dicho!», «¡no lo decía en serio!» o «¿no puedes aceptar una broma?», sonará a que estás intentando echarle la culpa a él, y se pondrá aún más a la defensiva. Responsabilízate de tu comportamiento.
- **No mientas.** Sé delicado al expresar la *verdad*, pero no mientas. Las incoherencias y las mentiras son aspectos frecuentes de la experiencia *borderline*. Una sola falsedad tuya que descubra esa persona impedirá que te crea y confíe en ti, lo cual es tan necesario para la relación.
- **A partir de un momento dado, pasa a otro tema.** No des más vueltas de lo necesario a un asunto. Como el niño que pregunta quejumbroso una y otra vez «pero ¿por qué...?», el individuo con TLP puede querer discutir obsesivamente cualquier detalle. Si te oyes repetir constantemente las mismas palabras, trata de pasar

a otra cosa: «Sé que no estás satisfecho con la explicación, pero hablar una y otra vez de esto no nos está llevando a ninguna parte. Dejémoslo estar por ahora. Necesito que me ayudes a decidir sobre otra cuestión».

- **Ten cuidado con el humor.** Generalmente, es mejor evitar el humor. La sensibilidad *borderline* puede interpretar una broma desenfadada como una trivialización o ridiculización humillante. Solo en una relación consolidada, en la que han ido encontrando su sitio cierto tipo de ocurrencias juguetonas cuyo carácter inofensivo está totalmente claro, puede ser de ayuda quitarle hierro a una situación. El humor permite entonces dar un paso atrás y contemplar las cosas desde una nueva perspectiva. En esos casos, resaltar el lado macabro y humorístico de la situación conflictiva puede quitarle intensidad: «Las ridiculeces que Lucy te está echando en cara desde que empezaron los trámites de divorcio deben de ser para ti terriblemente frustrantes, pero de verdad que a veces parece una mala comedia, en la que Lucy ha perdido los papeles. Si no fuera tan triste, ¡resultaría casi divertido!».

Hasta aquí, hemos examinado a lo largo del libro el *qué* y el *porqué* del TLP. Hemos presentado el sistema SET-UP y otras estrategias para establecer interacciones personales lo más fructíferas posible. Los siguientes capítulos examinan con más detalle el *cómo* del TLP: las distintas modalidades de tratamiento profesional y cómo funcionan.

Capítulo siete

Buscar, encontrar y comenzar la terapia

Le concederé un año más, y luego me iré a Lourdes.

—*Annie Hall*, de Woody Allen, sobre su psicoanalista

El doctor Smith, un psiquiatra de renombre en Estados Unidos, me llamó para hablarme de su sobrina. Estaba deprimida y necesitaba un buen psicoterapeuta. Quería decirme que me había recomendado.

Concertar una cita fue difícil. Ella no podía reorganizar sus compromisos para ajustarse a las fechas que le propuse, así que tuve que hacer malabarismos para reorganizar los míos y ajustarme a las que me propuso ella. Me sentía presionado a ser cooperativo y a demostrar mi excelencia para justificar la fe que el doctor Smith había depositado en mí. Además, acababa de abrir una consulta privada y me venía bien que se ratificara mi competencia profesional. Sin embargo, sabía que las sensaciones que tenía eran una mala señal: estaba nervioso.

Julie era impresionantemente atractiva. Alta, rubia, parecía una modelo. Estudiaba Derecho, tenía veinticinco años, era inteligente y hablaba con elocuencia. Llegó con diez minutos de retraso, y ni se disculpó ni pareció dar ninguna importancia a su falta de detalle. Cuando la miré de cerca, me fijé en que llevaba los ojos maquillados quizá un poco de más, como si tratara de ocultar cierta tristeza y agotamiento bajo el maquillaje.

Julie era hija única y tenía una gran dependencia de sus padres, personas emprendedoras, los dos, que siempre estaban de viaje. Como no soportaba estar sola, tuvo una serie de aventuras sentimentales. Cada vez que un hombre ponía fin a la relación, ella se deprimía terriblemente, hasta que se embarcaba en la aventura siguiente. Ahora estaba en un período «entre relaciones». El último hombre la había dejado, y «no había nadie con quien reemplazarlo».

Muy pronto, se instaló en la terapia una determinada rutina. Cuando la sesión estaba a punto de terminar, ella sacaba a relucir algo importante, por lo que las sesiones terminaban siempre un poco más tarde de lo previsto. Las llamadas telefónicas entre sesión y sesión se hicieron más frecuentes y eran cada vez más largas.

Durante las seis semanas siguientes vino a la consulta una vez a la semana, pero luego acordamos aumentar la frecuencia a dos veces por semana. Me hablaba de su soledad y de lo dura que le resultaba cada separación, y seguía sintiéndose desesperanzada y sola. Me contó que a menudo tenía accesos de ira contra sus amigos, aunque a mí me costaba imaginar sus arrebatos por lo recatada que era en la consulta. Tenía problemas para dormir, estaba perdiendo el apetito y había empezado a adelgazar. Comenzó a hablar sobre el suicidio. Le receté un medicamento antidepresivo, pero la hacía sentirse aún más deprimida y no era capaz de concentrarse en la facultad. Finalmente, después de tres meses de tratamiento, dijo que tenía cada vez más pensamientos suicidas y que había empezado a visualizar que se ahorcaba. Le recomendé que ingresara en el hospital, y aceptó a regañadientes. Estaba claro que hacía falta un trabajo más intensivo para tratar aquella depresión pertinaz.

La primera vez que vi la ira de Julie fue el día de su ingreso, mientras explicaba su decisión de ir al hospital. Llorando suavemente, hablaba del miedo que había sentido al contarle a su padre que la iban a hospitalizar.

Entonces, de repente, se le endureció el rostro y dijo: «¿Sabe lo que ha hecho esa zorra?». Tardé unos instantes en comprender que ahora se refería a Irene, la enfermera que la había ingresado en la unidad. Furiosa, Julie hablaba sobre la falta de atención de la enfermera, su torpeza al ponerle el manguito de presión arterial y una confusión con la bandeja del almuerzo. Su etérea belleza se transmutó en una expresión de cólera y terror. Me sobresalté cuando dio un golpe en la mesa.

En solo unos días, Julie había sacudido como un vendaval la unidad hospitalaria con sus exigencias e improperios. Algunas enfermeras –y pacientes– trataban de calmarla; a otras se les ponían los pelos de punta cuando tenía un arrebato de ira y empezaba a tirar cosas o se levantaba y se marchaba en mitad de las sesiones de grupo.

–¿Sabe lo que ha hecho esta mañana *su* paciente, doctor? –me preguntó una enfermera según llegué un día a la unidad. El énfasis estaba claramente en el *su*, como si yo fuera el responsable del comportamiento de Julie y mereciera las reprimendas del personal por no controlarla–. Es usted sobreprotector. Lo está manipulando. Necesita que le planten cara.

Salí de inmediato en mi defensa, y en la de Julie:

–Necesita apoyo y cariño –respondí–. Necesita reeducarse. Necesita aprender a confiar. –¡Cómo se atrevían a cuestionar mi juicio! Y yo, ¿me atrevía a cuestionarlo?

Durante los primeros días, Julie se quejaba de las enfermeras, de los demás pacientes, de los demás médicos. Me decía que yo era comprensivo y afectuoso y tenía mucha más perspicacia y conocimientos que el resto de los terapeutas con los que había hablado.

Al cabo de tres días, insistió en que le dieran el alta. Las enfermeras se mostraron escépticas, aunque tampoco la conocían demasiado. Julie no había hablado mucho de sus problemas ni con ellas ni en la terapia de grupo. Ella solo hablaba con su médico. Pero repetía que los pensamientos suicidas habían desaparecido y que necesitaba «seguir con su vida». Al final autoricé el alta.

Al día siguiente llegó al servicio de urgencias tambaleándose, borracha y con cortes en la muñeca. No tuve más remedio que reingresarla en la unidad. Aunque las enfermeras nunca llegaron a pronunciar «se lo dije, doctor», lo que me decían con sus miradas altivas era inequívoco y difícil de soportar. Empecé a evitarlas todavía más que hasta ese momento. Reanudé la terapia individual con Julie y aprobé que no participara más en las sesiones de grupo.

Dos días más tarde pidió de nuevo el alta. Cuando rechacé la petición, explotó. «¡Pensé que confiaba en mí! –dijo–. Pensé que me entendía. Ya veo que solo le importa el poder. ¡Lo que le gusta es controlar a la gente!».

«Quizá tenga razón –pensé–. Quizá soy demasiado controlador, demasiado inseguro». ¿O era posible que estuviera atacando mi parte más vulnerable, mi necesidad de dar la imagen de hombre atento y de confianza? ¿Era posible que estuviera avivando en mí el sentimiento de culpa y el masoquismo? ¿Era ella la víctima, o lo era yo?

«Pensé que era usted diferente –dijo–. Pensé que era especial. Creía que de verdad le importaba». El problema era que yo también lo creía.

Transcurrida una semana, la compañía de seguros empezó a llamarme a diario para preguntar por su prolongada hospitalización. Los registros de enfermería mostraban la insistencia de Julie en que ya no era autodestructiva y necesitaba que le dieran el alta. Acordamos dársela, a condición de que asistiera al programa del hospital de día, en el que podría participar en las terapias de grupo durante la mañana e irse a casa por la tarde. El segundo día de programa ambulatorio, llegó tarde, desaliñada y con resaca. Contó entre lágrimas el sórdido encuentro de la noche anterior con un desconocido en un bar. La situación empezaba a hacérseme cada vez más clara. Julie necesitaba desesperadamente que se le impusieran límites, controles, estructura, pero no era capaz de reconocerlo. Así que tenía aquella conducta inmoderada para que no quedara más remedio que imponérselos, y entonces se enfadaba y negaba que tuviera necesidad de ellos.

Yo lo veía, pero ella no. Poco a poco, se me fueron quitando las ganas de trabajar con ella. En cada sesión, se hacía manifiesto mi fracaso, y me descubría deseando que o se pusiera bien o desapareciera. Cuando me dijo que tal vez el terapeuta de su antigua compañera de piso fuera más adecuado para su caso, lo interpreté como un deseo de huir de sí misma y de sus verdaderos problemas. Yo sabía que un cambio en aquel momento sería contraproducente para ella, pero en silencio esperaba que cambiara de médico por *mi* bien. Seguía hablando de suicidarse, y yo fantaseaba con la idea de que habría sido un vergonzoso alivio para mí que lo hiciera. Sus cambios me habían cambiado: de masoquista a sádico.

Durante su tercera semana en el hospital de día, uno de los pacientes de la terapia de grupo se ahorcó mientras pasaba en casa el fin de semana. Asustada, Julie montó en cólera. «¿Por qué ni usted ni las enfermeras sabían que iba a suicidarse? –gritó–. ¿Cómo le han dejado hacerlo? ¿Por qué no lo protegieron?».

Estaba destrozada. ¿Quién la iba a proteger a *ella*? ¿Quién haría que desapareciera el dolor? Finalmente comprendí que tendría que ser Julie. Nadie salvo ella vivía dentro de su piel. Nadie salvo ella podía comprenderla y protegerla totalmente. Sentí que algo empezaba a cobrar sentido, y al cabo de un tiempo, Julie también lo sintió.

Se dio cuenta de que por mucho que intentara huir de sus sentimientos, no podía escapar de ser ella misma. Aunque quisiera huir de la mala persona que creía ser, tenía que aprender a aceptarse como era, con todos sus defectos. Finalmente vería que ser Julie estaba bien.

Su enfado inicial con las enfermeras y conmigo fue cambiando gradualmente de dirección hacia el paciente suicida, que «no se dio la oportunidad». Responsabilizarlo la hizo empezar a responsabilizarse. Descubrió que las personas que realmente se preocupaban por ella no la dejaban hacer lo que quería, como habían hecho sus padres. Que, a veces, sentir afecto por alguien significaba ponerle límites. A veces significaba decirle lo que no quería oír. Y a veces significaba recordarle su responsabilidad ante sí mismo.

No pasó mucho tiempo antes de que todos –Julie, el personal y yo– empezáramos a trabajar juntos. Dejé de esforzarme tanto por ser simpático, docto e infalible; era más importante ser constante e inspirar confianza: que Julie supiera que podía contar conmigo.

Al cabo de unas semanas, dejó el programa ambulatorio del hospital y retomamos la terapia en mi consulta. Seguía sintiéndose sola y asustada, pero ya no tenía la necesidad de hacerse daño. Y lo que es más importante, empezaba a aceptar que, aunque la soledad y el miedo estaban presentes en su vida, no eran un impedimento para quererse y tratarse bien.

Al cabo de un tiempo, Julie conoció a un hombre que parecía interesarse de verdad por ella. En cuanto a mí, aprendí cosas muy parecidas a las que aprendió Julie: que las emociones desagradables determinan en gran medida quién soy y que aceptar esas partes desagradables de mí me ayuda a comprender mejor a mis pacientes.

Inicio del tratamiento

Con frecuencia, los terapeutas que tratan el trastorno límite de la personalidad descubren que los rigores del tratamiento ponen a prueba sus aptitudes profesionales y su paciencia. Las sesiones de tratamiento son a veces tempestuosas, frustrantes e imprevisibles. El tratamiento avanza a paso de tortuga y se pueden tardar años en conseguir un verdadero cambio. Muchos pacientes abandonan la terapia en los primeros meses.

El tratamiento es difícil, además, porque el paciente *borderline* responde a él de forma muy parecida a como lo hace en otras relaciones personales. El terapeuta le parecerá afectuoso y amable en un momento, e intimidante y falso en el siguiente.

En la terapia, el paciente con TLP puede ser extremadamente exigente, dependiente y manipulador. No es raro que llame por teléfono o envíe mensajes de texto incesantemente entre una y otra sesión, y que luego aparezca de improviso en la consulta amenazando con autolesionarse a menos que el terapeuta le atienda de inmediato.

Son frecuentes las diatribas contra él y el proceso terapéutico. A menudo este paciente capta con gran perspicacia los puntos sensibles del terapeuta, y acaba sabiendo cómo provocarle ira, frustración, dudas y desesperanza, al igual que hace con otras personas que haya en su vida.

Dada la gran diversidad de posibles causas que contribuyen al desarrollo del TLP, así como de comportamientos extremos que se manifiestan, hay naturalmente muy diversos métodos de tratamiento. Según la «Guía de práctica clínica para el tratamiento del trastorno límite de la personalidad», de la Asociación Estadounidense de Psiquiatría, «el principal tratamiento para el trastorno límite de la personalidad es la psicoterapia, complementada con farmacoterapia en función de los síntomas».[1] La psicoterapia puede ser individual o hacerse en un contexto grupal o familiar, dentro o fuera del hospital. Pueden combinarse métodos terapéuticos, por ejemplo, individual y de grupo. Algunos son prioritariamente psicodinámicos, es decir, se centran en la conexión entre las experiencias pasadas, los sentimientos inconscientes y los comportamientos actuales. Otros son de carácter prioritariamente cognitivo y directivo, y se ocupan más de cambiar los comportamientos actuales que de explorar las motivaciones inconscientes. Algunas terapias son de duración establecida, pero la mayoría no tienen fijada una fecha de terminación.

Hay ciertos tratamientos que suelen evitarse. Rara vez se utilizan estrictamente las técnicas de modificación de conducta. El psicoanálisis clásico, en el diván y haciendo uso de la asociación libre en un entorno no estructurado, puede ser devastador para los pacientes *borderline*, cuyo rudimentario sistema de defensa podría verse desbordado. En cuanto a la hipnosis, dado que puede producir un desconcertante estado de trance que provoque pánico o incluso psicosis, suele evitarse también como técnica terapéutica.

Objetivos de la terapia

Todos los métodos de tratamiento tienen un objetivo común: conseguir que el paciente pueda funcionar con más eficacia en un mundo que le resulte menos desconcertante, menos dañino y más placentero. Una parte del proceso suele ser ayudarlo a comprender la improductividad de sus comportamientos actuales. Esta es la parte fácil. La difícil es aplicar gradualmente eso que ha comprendido, a fin de reelaborar los acostumbrados comportamientos reflejos y desarrollar nuevas formas de afrontar las situaciones de estrés que se presenten en su vida.

El elemento más importante de cualquier terapia es la relación entre paciente y terapeuta. En esa interacción se sustentan la confianza, la constancia del objeto y la intimidad emocional. El terapeuta debe convertirse en una figura de confianza, un espejo que refleje la identidad del paciente a medida que va adquiriendo consistencia. A partir de esta relación, el individuo *borderline* aprende a tener unas expectativas adecuadas de los demás y a depositar en ellos su confianza.

Para el terapeuta, el objetivo final de su trabajo es perder (no conservar) a su paciente. Esto se logra indicándole al paciente determinadas áreas que le convendría examinar, no controlándolo. Aunque el terapeuta actúa como vigía de la nave, que señala los paisajes de interés e indica cuándo es necesario cambiar de rumbo para sortear la tormenta, es el paciente quien debe permanecer firmemente sentado en el puente de mando. También la familia y las personas queridas viajan a veces a bordo de la nave. Un objetivo importante es que el paciente regrese a casa y mejore sus relaciones, no que las abandone.

Mucha gente tiene miedo de la psiquiatría y la psicoterapia, que conciben como un proceso de «control mental», o de modificación de la conducta, perpetrado a pacientes sometidos e indefensos por hipnotizadores barbudos, del tipo de Svengali,* que los convierten en robots. La cultura popular, especialmente el cine, suele presentar al «psiquiatra» o como un inepto un poco ido, más necesitado de tratamiento que sus pacientes, o como un perspicaz e inicuo criminal.

---

* N. de la T.: *Svengali* es una película de 1931, basada en la novela *Trilby*, de George du Maurier, sobre un maestro de música que tiene la habilidad de hipnotizar y que logra dominar la voluntad de Trilby, una modelo de la que está enamorado.

Por desgracia, lo mismo que hay quienes creen, equivocadamente, que se puede hipnotizar a alguien por mucho que se resista, también hay quienes creen que se puede «terapizar» a alguien en contra de su voluntad. Quizá el ejemplo más notorio de los intentos fallidos de «lavado de cerebro» es la llamada terapia de conversión o reparativa. Esta desacreditada práctica pseudocientífica utiliza sobre todo técnicas espirituales o dolorosos procedimientos conductuales para intentar convertir a alguien de orientación homosexual o bisexual a la heterosexualidad. La terapia de conversión ha sido rechazada por la mayoría de las organizaciones psicológicas formales y está prohibida en varios estados de Estados Unidos. El objetivo de la psicoterapia es ayudar al paciente a definir su individualidad y a tener más libertad y dignidad. Los temores irracionales sobre el proceso pueden privar a muchos individuos de la oportunidad de escapar de un cautiverio autoimpuesto y aceptar plenamente quienes son.

Duración de la terapia

Por el relieve que el psicoanálisis tuvo en el pasado, y por saberse que por lo general este método requiere varios años de tratamiento frecuente e intensivo, se suele dar por hecho que cualquier forma de psicoterapia ha de ser prolongada, y por tanto muy cara. La adición de medicamentos y tratamientos especializados al arsenal terapéutico responde precisamente a la necesidad de poder ofrecer métodos de tratamiento prácticos y asequibles. Los huesos rotos se sueldan y las infecciones desaparecen, pero algunas cicatrices de la psique pueden requerir un tratamiento más largo.

Si la terapia termina en muy poco tiempo, cabe preguntarse si no habrá sido demasiado superficial. Si se prolonga durante años, existe la duda de si no será un mero juego intelectual que hace ricos a los psicoterapeutas y esclaviza económicamente a los ingenuos pacientes que dependen de ellos.

En la actualidad, nada demuestra que los programas de terapia para el TLP más largos sean superiores a los tratamientos más cortos.[2]

Por tanto, ¿cuánto tiempo debe durar la terapia? La respuesta depende de los objetivos. Hay síntomas específicos, como la depresión, la ansiedad aguda o los arrebatos de ira, que pueden resolverse en un plazo de tiempo relativamente breve, tal vez semanas o meses. Si el objetivo es lograr una reestructuración a nivel más profundo, la duración será mayor. Con el tiempo, el TLP suele «curarse». Esto significa que el paciente, por definición estricta, ya no presenta cinco de los nueve criterios definitorios del DSM-5 (véase el capítulo dos). Sin embargo, quizá algunos individuos sigan sufriendo síntomas incapacitantes, lo cual requerirá un tratamiento continuado.

La terapia se puede interrumpir. No es inusual que los pacientes *borderline* pasen por diversos ciclos de terapia, con diferentes terapeutas y técnicas. Las interrupciones de la terapia pueden atender a la necesidad del paciente de consolidar sus ideas, probar nuevas perspectivas o simplemente ponerse al día con la vida y darse tiempo para evolucionar y madurar. Las dificultades económicas, algún cambio de vida importante o un mero deseo de tomarse un respiro, dependiendo de la intensidad del tratamiento, pueden obligar al paciente a hacer una pausa. A veces hacen falta años de terapia para lograr cambios de funcionamiento sustanciales. Cuando los cambios se producen muy lentamente, en ocasiones cuesta saber si conviene seguir trabajando o si lo que se ha conseguido es lo máximo que se puede conseguir. El terapeuta debe tener en cuenta tanto la propensión del paciente *borderline* a huir de la confrontación con sus comportamientos disfuncionales como su tendencia a aferrarse y a depender de él (y de los demás).

Hay pacientes para quienes la terapia formal quizá no termine nunca. Es posible que obtengan un gran beneficio del contacto intermitente pero continuado con un terapeuta de confianza. Esos contactos podrían considerarse «paradas para repostar», en el viaje hacia una independencia mayor, siempre que el paciente no dependa de estos contactos para conducir su vida.

Cómo funciona la psicoterapia

Como veremos más adelante en este capítulo y en el siguiente, hay diversos métodos terapéuticos establecidos para el tratamiento del TLP. El contexto de las sesiones puede ser individual, grupal o familiar. La mayoría de los métodos se derivan de dos orientaciones principales: la *terapia psicodinámica* y la *terapia cognitivo-conductual* (TCC). En la primera, se busca la conexión del pasado con el presente para descubrir patrones emocionales que puedan forjar un futuro más productivo. Esta forma de terapia es más intensiva, la frecuencia de las sesiones es de una o más veces por semana y su duración normalmente mayor. Una terapia eficaz debe emplear un formato estructurado y coherente, con objetivos claros. Sin embargo, a la vez debe ser flexible para poder adaptarse a las necesidades de cada momento. Las técnicas cognitivo-conductuales están enfocadas en cambiar los procesos de pensamiento y comportamientos repetitivos actuales que sean incapacitantes; este tipo de terapia se ocupa menos del pasado. El tratamiento se centra principalmente en los problemas del presente y suele tener una duración limitada. Algunos programas terapéuticos combinan ambas orientaciones.

Sea cual sea la estructura elegida, el terapeuta trata de orientar a los pacientes para que examinen su experiencia, y es la piedra de toque para experimentar con nuevos comportamientos. Poco a poco, el paciente empieza a aceptar que él toma decisiones en la vida y a cambiar su imagen de pobre títere manejado por fuerzas que escapan a su control. Gran parte de este proceso surge de la relación esencial entre terapeuta y paciente. A menudo, en cualquier terapia, ambos desarrollan sentimientos intensos el uno por el otro, llamados *transferencia* y *contratransferencia*.

La transferencia

La transferencia consiste en proyecciones que inconscientemente hace el paciente en el terapeuta de sentimientos y actitudes reprimidos que ha experimentado anteriormente en su vida hacia personas que eran importantes para él. Por ejemplo, un paciente puede enfadarse mucho con el médico, basándose no en su comunicación con él, sino en la sensación de que el médico se parece mucho a su madre, que en el pasado le provocó mucha ira. O una paciente puede creer que se ha enamorado de su terapeuta, que representa la fantasía de una figura paterna protectora. La transferencia en sí no es ni negativa ni positiva, pero siempre es una distorsión, una proyección de emociones pasadas en objetos actuales.

Es probable que la transferencia *borderline* sea extremadamente contradictoria, como lo son otros aspectos de la vida del paciente. El terapeuta le parecerá afectuoso, competente y veraz en un momento dado, y falso, astuto e insensible en el siguiente. Estas distorsiones hacen que sea bastante difícil establecer una alianza con el terapeuta, y, sin embargo, establecer y mantener esa alianza es la parte más importante de cualquier tratamiento.

En las primeras etapas de la terapia, el paciente con TLP anhela y teme a la vez la comunicación íntima con el terapeuta. Quiere que se ocupen de él, pero le abruma la posibilidad de que lo controlen. De modo que por un lado intenta seducir al terapeuta para que le dedique atención y por otro se rebela contra sus intentos de «controlarle la vida». Al ver que el terapeuta se mantiene firme e imperturbable ante sus diatribas, en el paciente se desarrolla la constancia del objeto (véase el capítulo tres): el individuo *borderline* empieza a confiar en que el terapeuta no lo abandonará. A partir de esta base de confianza, puede aventurarse a tener luego nuevas relaciones y establecer vínculos más sinceros. Al principio, no obstante, es posible que le cueste mantener nuevas amistades, si en el pasado tuvo la sensación de que crear nuevas alianzas era una forma de deslealtad. Podría incluso temer que su pareja, amigo o terapeuta se sienta celoso e indignado si amplía sus contactos sociales.

A medida que la terapia avanza, el paciente se asienta en una dependencia más cómoda y confiada. Cuando empieza a prepararse para la terminación de la terapia, sin embargo, es posible que haya un resurgir de la agitación inicial en su relación con el terapeuta. Quizá añore sus formas de funcionamiento pasadas y le enfade tener que seguir avanzando; puede sentirse como el nadador que empieza a cansarse y se da cuenta de que ya ha nadado más de la mitad del diámetro del lago, y ahora, en vez de poder regresar a la orilla de la que salió, tiene que continuar hasta la otra orilla si quiere descansar.

Llegado este punto, el paciente con TLP debe afrontar además la separación y reconocer que ha sido él, no el terapeuta, quien ha efectuado el cambio. Como Dumbo, que al principio cree que su «pluma mágica» le da la facultad de volar, pero luego se da cuenta de que vuela gracias a su propio talento, el individuo *borderline* debe empezar a reconocer y aceptar sus capacidades para funcionar con autonomía. Y debe descubrir nuevos modos de enfrentarse a las cosas que reemplacen a los que no funcionaban.

A medida que el paciente mejora, la intensidad de la transferencia disminuye. La ira, las conductas impulsivas y los cambios de humor –a menudo dirigidos contra el terapeuta, o a favor suyo– se suavizan. La inseguridad y la dependencia posiblemente cedan poco a poco, y los reemplace una creciente confianza en sí mismo; los accesos de cólera son cada vez más espaciados, y los sustituye una mayor determinación a hacerse cargo de su propia vida. Disminuyen también la impaciencia y los caprichos, porque el paciente empieza a desarrollar un sentido de identidad propio que puede evolucionar sin necesidad del apego parasitario.

La contratransferencia

La contratransferencia consiste en las reacciones emocionales del propio terapeuta al paciente, que se basan menos en consideraciones realistas que en experiencias y necesidades pasadas del terapeuta. Un ejemplo es el médico que tiene la sensación de que el paciente está más necesitado y desvalido de lo que realmente está, debido a la necesidad del médico de hacer de cuidador, de percibirse a sí mismo como alguien compasivo y de evitar cualquier confrontación.

El paciente y la paciente *borderline* suelen ser muy perceptivos, incluso pueden percibir los niveles más sutiles de los demás, y su terapeuta no es una excepción. Esa sensibilidad a menudo provoca que en el terapeuta afloren sentimientos no resueltos. A veces, su necesidad oculta de aprecio, afecto y control le llevan a tener un comportamiento inadecuado; por ejemplo, a mostrarse demasiado protector respecto a su paciente y a fomentar en él o ella la dependencia. Puede ser demasiado controlador, y exigirle que siga al pie de la letra sus recomendaciones. Puede quejarse de sus propios problemas e inducir al paciente a que cuide de él. Puede sacarle información al paciente y utilizarla luego para obtener un beneficio económico o para encandilarlo. Puede incluso entablar una relación sexual «para enseñarle lo que es la intimidad». El terapeuta puede racionalizarlo todo y convencerse de que son medidas necesarias para tratar a una persona «muy enferma», pero en realidad está satisfaciendo sus propias necesidades. Son estos sentimientos de contratransferencia lo que da lugar a la mayoría de los casos de comportamiento poco ético entre un médico o terapeuta de confianza y su paciente.

Un paciente con TLP puede provocar en el terapeuta sentimientos de ira, frustración, duda y desesperanza que sean reflejo de los suyos. Si esas emociones que surgen en el terapeuta le hacen poner en entredicho su valía profesional, puede experimentar auténtico odio contratransferencial hacia el paciente y considerarlo intratable. El tratamiento del trastorno límite de la personalidad puede llegar a ser tan frustrante y exasperante que algunos profesionales, haciendo un uso arbitrario del término *borderline*, lo aplican despectivamente a cualquier paciente que sea irritante en extremo o que no responda a la terapia. En estos casos, *borderline* es más un reflejo de la frustración contratransferencial del terapeuta que un diagnóstico científico de su paciente.

El «ajuste» paciente-terapeuta

Todos los tratamientos descritos en este libro pueden ser métodos eficaces para el paciente con TLP, aunque ninguna técnica terapéutica ha demostrado ser invariablemente superior a otra ni indefectiblemente curativa en todos los casos. El único factor que parece ser determinante para la mejoría es la relación de entendimiento y respeto mutuos entre paciente y terapeuta.

El hecho de que un médico logre resultados magníficos en el tratamiento de uno o varios pacientes *borderline* no garantiza que ocurrirá lo mismo al tratar a otros. El factor más decisivo para que el tratamiento sea un éxito es generalmente la actitud positiva, optimista, de ambas partes: una especie de ajuste entre paciente y terapeuta.

No es fácil definir qué es un buen ajuste, pero consiste básicamente en que tanto el paciente como el terapeuta sean capaces de tolerar la previsible turbulencia de la terapia y de mantener una sólida alianza a medida que la terapia va avanzando.

El papel del terapeuta

Dado que el tratamiento del TLP puede incluir una combinación de terapias diversas –psicoterapia individual, grupal y familiar, así como farmacoterapia y hospitalización–, el papel del terapeuta en el tratamiento puede ser tan variado como las terapias en sí. Es posible que adopte una actitud de confrontación directa o no directa, que anime espontáneamente al paciente y le haga sugerencias o que este tipo de intercambio verbal con el paciente sea mínimo y espere que este asuma una mayor carga en el proceso terapéutico. Más importante que el médico o el método de tratamiento concretos es que paciente y terapeuta se sientan cómodos y confíen el uno en el otro y en el proceso. Ambos deben percibir compromiso, seriedad y verdadera colaboración en el otro.

Para lograr esa sensación de comodidad compartida, paciente y médico deben comunicarse con claridad sobre el propósito de la terapia y tener objetivos comunes. Deben estar de acuerdo en los métodos y tener estilos compatibles. Y lo más importante, el terapeuta debe reconocer cuándo está tratando con un paciente *borderline*.

Debe sospechar que está tratando con un trastorno límite de la personalidad cuando recibe a un paciente cuya historia psiquiátrica incluye diagnósticos contradictorios, numerosas hospitalizaciones o pruebas con muchos medicamentos; o si el paciente cuenta que anteriormente lo han echado de varias terapias y se ha convertido en *persona non grata* en el servicio de urgencias, al que ha acudido tantas veces que se ha ganado el apodo de «Eddie el de las sobredosis» (por ejemplo) entre el personal médico.

El terapeuta experimentado también será capaz de reconocer sus reacciones de contratransferencia hacia el paciente. Los individuos *borderline* suelen provocar fuertes reacciones emocionales en los demás, incluidos los terapeutas. Si, al poco de empezar la evaluación, el terapeuta tiene un fuerte sentimiento de querer proteger o rescatar al paciente, de responsabilidad o de indignación con el él, debe reconocer en la intensidad de sus emociones una posible reacción a alguien que sufre de TLP. Luego es su tarea ser consciente de sus sentimientos, regularlos y utilizarlos en la terapia para comprender mejor al paciente.

Cómo elegir al terapeuta

Pueden funcionar igual de bien con los pacientes *borderline* muy diversos estilos de terapia y de terapeutas. Sin embargo, que un terapeuta tenga especial experiencia o interés en el TLP y por lo general trabaje magníficamente con pacientes *borderline* no es garantía de que tendrá el mismo éxito con todos y cada uno de los pacientes.

La persona que busca tratamiento puede elegir entre una diversidad de profesionales de la salud mental. Aunque los psiquiatras, por su formación médica, suelen tener años de experiencia en técnicas psicoterapéuticas (y, como médicos, son principalmente los profesionales que pueden tratar enfermedades físicas concurrentes, recetar medicamentos y valorar la conveniencia de hospitalización), otros profesionales cualificados –psicólogos, trabajadores sociales, consejeros o enfermeros psiquiátricos– pueden tener también gran experiencia en la psicoterapia con pacientes *borderline*.

En general, un terapeuta que trabaja bien con el TLP posee ciertas cualidades que el posible paciente suele reconocer. Debe tener experiencia en el tratamiento de este trastorno, ser tolerante y capaz de hacer que el paciente se sienta aceptado para poder ayudarlo a desarrollar constancia del objeto. Debe ser flexible e innovador, para poder adaptarse a las *contorsiones* a las que la terapia con un paciente *borderline* lo puede someter. Debe tener sentido del humor, o al menos un claro sentido de la proporción, para presentarle al paciente un modelo de terapia adecuado y protegerse de la intensidad constante que formará parte de esa terapia.

Al igual que el médico evalúa a un paciente durante la entrevista inicial, también el paciente debe evaluar al médico para decidir si podrán trabajar juntos con eficacia.

En primer lugar, el paciente debe considerar si se siente cómodo con la personalidad y el estilo del terapeuta. ¿Podrá hablar con él de forma abierta y sincera? ¿Le parece demasiado intimidante, demasiado insistente, demasiado débil, demasiado seductor?

En segundo lugar, ¿coinciden la evaluación y los objetivos del terapeuta con los del paciente? El tratamiento debe ser una colaboración en la que se compartan el mismo punto de vista y el mismo lenguaje. ¿Qué espera conseguir el terapeuta con la terapia? ¿Cómo sabrá el paciente cuándo ha alcanzado ese objetivo? ¿Cuánto tiempo debería durar?

Por último, ¿le parecen aceptables al paciente los métodos que el terapeuta recomienda? Debe haber un acuerdo sobre el tipo de psicoterapia con el que se va a trabajar y sobre la frecuencia de las sesiones. ¿Se reunirán el médico y el paciente individualmente, o en compañía de otras personas? ¿Se hará una combinación, por ejemplo, de terapia individual una vez a la semana e, intermitentemente, sesiones conjuntas con el cónyuge? ¿Será una terapia más bien exploratoria o más bien de apoyo? ¿Es probable que incluya medicamentos u hospitalización? ¿Qué tipo de medicamentos, y en qué hospitales?

Esta evaluación inicial suele requerir al menos una entrevista, con frecuencia más. Tanto el paciente como el profesional deben evaluar en todo momento su capacidad y voluntad de trabajar con el otro. Debe entenderse como una evaluación mutua sin culpa; sería absurdo y probablemente imposible culpar al terapeuta o al paciente de que no sean capaces de conectar. Lo importante es determinar si es posible una alianza terapéutica. No obstante, si a un paciente le resultan inaceptables todos los psicoterapeutas con los que se entrevista, se debería cuestionar su compromiso de ponerse en tratamiento. Tal vez esté buscando el médico «perfecto» que lo cuide o al que poder manipular. O debería plantearse si no estará tal vez intentando evitar la terapia, y a continuación elegir un médico, ciertamente imperfecto, y empezar a trabajar en serio para ponerse mejor.

Pedir una segunda opinión

Una vez iniciada la terapia, no es raro que el tratamiento se interrumpa y vuelva a iniciarse, o que la forma de la terapia cambie con el tiempo. Puede ser necesario hacer ajustes porque el paciente *borderline* pida que se lleven a cabo ciertos cambios en el tratamiento a medida que va progresando.

A veces, sin embargo, es difícil distinguir si la terapia se ha estancado o si es lenta porque se está trabajando con temas dolorosos; en ocasiones resulta complicado diferenciar en el paciente la dependencia y el miedo a avanzar de la angustiosa necesidad de seguir explorando determinado asunto que no puede quedar inconcluso. En esos momentos, surgirá la pregunta de si conviene seguir trabajando en la misma línea que hasta entonces o dar un paso atrás y reorganizarse. ¿Debería incluir el tratamiento a ciertos miembros de la familia? ¿Debe plantearse la posibilidad de una terapia de grupo? ¿Deben terapeuta y paciente reconsiderar la medicación? En esta situación puede estar indicado consultar a otro médico. Con frecuencia el propio terapeuta lo sugerirá, pero a veces el paciente debe considerar por su cuenta la posibilidad de hacerlo.

En este último caso, aunque el paciente quizá tema que su deseo de contar con una segunda opinión pueda ofender al médico, un terapeuta competente y con seguridad en su trabajo no se opondrá a la petición ni se pondrá a la defensiva. Este es, no obstante, un tema por explorar en la propia terapia, a fin de evaluar si el deseo del paciente de pedir una segunda evaluación puede ser una huida por el miedo a enfrentarse a un asunto difícil o expresar un reproche inconsciente hacia el terapeuta.

Otra posibilidad es que sea el médico quien recomiende que otro profesional haga una segunda evaluación. En estos casos, el paciente puede sentirse ofendido y rechazado, y el terapeuta debe dejarle claro que podrá volver a su consulta tras esa evaluación, que no es que le esté poniendo sumariamente en manos de un nuevo terapeuta. Una segunda opinión puede ser útil tanto para el paciente como para el médico, ya que ofrece una nueva perspectiva sobre la marcha del tratamiento.

Cómo aprovechar al máximo la terapia

Valorar el tratamiento como una alianza de colaboración es el paso más importante para sacarle el máximo partido a la terapia. El paciente *borderline* suele perder de vista este principio esencial, y a veces aborda el tratamiento como si el propósito fuera complacer al médico o pelearse con él, recibir su atención o convencerlo de que en realidad no tiene ningún problema. Algunos pacientes contemplan la terapia como la oportunidad de alejarse, vengarse o conseguir un aliado, cuando el verdadero objetivo del tratamiento debe ser *mejorar*.

Es posible que la persona con TLP necesite que se le recuerden con frecuencia los parámetros de la terapia. Debe entender las reglas básicas, entre ellas la disponibilidad del terapeuta y sus limitaciones, las restricciones de tiempo y recursos, y los objetivos establecidos de común acuerdo.

El paciente debe tener presente en todo momento que ha asumido el valiente compromiso de dedicar su tiempo y sus recursos a la aterradora tarea de tratar de comprenderse mejor a sí mismo y de efectuar cambios en sus modelos de vida. Por lo tanto, ser franco en la terapia es de suma importancia especialmente *para* él. No debe ocultar aspectos dolorosos ni intentar engañar al terapeuta al que le ha confiado el cuidado de su salud mental; debe abandonar la necesidad de controlarlo o el deseo de agradarle. Llevado por la tendencia *borderline* a asumir el papel más apropiado para cada ocasión, el paciente puede perder de vista que su obligación no es complacer al terapeuta, sino cumplir su pacto de colaboración con él.

Porque eso es lo más importante: que el paciente sienta siempre que está colaborando activamente en su tratamiento. Debe evitar tanto asumir un papel pasivo, y ponerse por completo en manos del terapeuta, como convertirse en un rival competitivo y crítico, muy poco dispuesto a escuchar sus aportaciones. Crear una relación cómoda con el terapeuta es la primera tarea, y en un principio la más importante, que tiene el paciente con TLP cuando se embarca en el viaje hacia la salud mental.

Cómo encontrar el terapeuta adecuado

Decíamos que una diversidad de profesionales de la salud mental, como psiquiatras, psicólogos, trabajadores sociales y enfermeros psiquiátricos, con capaces de ofrecer un buen tratamiento. Haciendo una búsqueda en Internet se puede encontrar información biográfica objetiva sobre los profesionales –su formación, años de experiencia y acreditación– y averiguar fácilmente el lugar de la consulta, la cobertura del seguro y los honorarios. La mayoría de las organizaciones nacionales de profesionales clínicos tienen directorios que permiten ver los que hay en cada localidad. Los consejos personales o las recomendaciones que aparecen en Internet (así como las que se ofrecen en la sección «Recursos» de este libro) pueden servir de orientación, pero dada la relación tan especial que debe establecerse entre paciente y terapeuta, nada vale tanto como el propio juicio del paciente. En todos los casos, como explicábamos antes en este capítulo, pueden ser necesarias varias visitas para decidir si la relación entre el terapeuta y el paciente es la adecuada.

Modelos terapéuticos

Muchos profesionales clínicos dividen las orientaciones terapéuticas en dos tipos de tratamiento: exploratorios y de apoyo. Aunque en parte estos estilos se solapan, los diferencia la intensidad de la terapia y las técnicas que emplea cada uno. Como veremos en el próximo capítulo, se utilizan diversas estrategias terapéuticas para el tratamiento del TLP. Algunas usan bien un estilo o bien el otro; otras combinan elementos de ambos.

La terapia exploratoria

La psicoterapia exploratoria es una modificación del psicoanálisis clásico. Se requieren una o más sesiones por semana. Esta forma de terapia es más intensiva que la terapia de apoyo (véase a continuación) y tiene un objetivo más ambicioso: ajustar la estructura de la personalidad. El terapeuta proporciona poca orientación directa al paciente y utiliza en cambio la confrontación para mostrarle el carácter destructivo de algunos de sus comportamientos e interpretar los precedentes inconscientes, con la esperanza de erradicarlos.

Al igual que en las formas de terapia menos intensivas, la atención se centra principalmente en el aquí y ahora. La reconstrucción genética, enfocada en los problemas de la infancia y del desarrollo (véase el capítulo tres), es importante, pero no se le dedica una atención tan exhaustiva como en el psicoanálisis clásico. Los principales objetivos en las primeras etapas del tratamiento (que se solapan con las del otro estilo de terapia) son reducir las conductas de carácter autodestructivo y que pueden afectar al proceso del tratamiento (entre ellas la terminación prematura de la terapia), consolidar el compromiso del paciente con el cambio y establecer una relación de confianza entre paciente y terapeuta. Los principales procesos de las etapas posteriores son formular una identidad propia basada en la autoaceptación, establecer relaciones fundadas en la constancia y la confianza, y desarrollar una adaptabilidad que le permita al paciente tolerar la soledad y las separaciones (que incluye separarse del terapeuta).[3,4]

La transferencia en la terapia exploratoria es más intensa y manifiesta que en la terapia de apoyo. El paciente experimenta su dependencia del terapeuta, así como la idealización y desvalorización que hace de él, con más apasionamiento, como en el psicoanálisis clásico.

La terapia de apoyo

La psicoterapia de apoyo suele requerir una sesión semanal, o incluso sesiones más espaciadas. Ofrecerle directamente al paciente asesoramiento, educación y estímulo para fortalecer su seguridad en sí mismo sustituye aquí a la confrontación e interpretación del material inconsciente que están presentes en la terapia exploratoria. Muchos terapeutas explican detalladamente el diagnóstico de TLP y animan a los pacientes a aprender sobre sí mismos a partir de lo explicado.

Es un estilo de terapia menos intenso, más dirigido a desarrollar defensas saludables que la terapia exploratoria. Es posible que en la psicoterapia de apoyo el médico disponga que se repriman, en lugar de describirse con detalle, recuerdos dolorosos que no se pueden resolver. En lugar de intentar descubrir el origen de algunas preocupaciones obsesivas menores, quizá el terapeuta sugiera tomarlas como entretenimiento o como excentricidades menores. Por ejemplo, si un paciente tiene la necesidad de ver su casa impecable en todo momento, tal vez el terapeuta, en lugar de tratar de encontrar la causa de su obsesión, lo ayude a ver que puede utilizar esa tendencia obsesiva para tener una sensación de dominio y control cuando se sienta abrumado. Esto contrasta con el psicoanálisis, donde el objetivo es analizar las defensas y luego erradicarlas.

Al centrarse en los problemas actuales de carácter práctico, la terapia de apoyo trata de extinguir los comportamientos suicidas y autodestructivos de cualquier tipo, en lugar de explorarlos a fondo. Se identifican y se miran de frente las acciones impulsivas y la turbulencia de las relaciones, sin tener que averiguar necesariamente los factores subyacentes que las motivan.

La terapia de apoyo puede mantenerse de forma regular durante algún tiempo, y luego ir reduciendo la frecuencia de las sesiones, que se adaptará a las necesidades del momento. Esos contactos intermitentes pueden continuar por tiempo indefinido, y suele ser muy importante para el paciente saber que el terapeuta está a su disposición. La terapia va terminando poco a poco a medida que el paciente establece otras relaciones de confianza e inicia actividades que lo satisfacen, y unas y otras adquieren importancia en su vida.

En la terapia de apoyo, el paciente tiende a ser menos dependiente del terapeuta y la transferencia suele ser menos intensa. Aunque algunos profesionales clínicos sostienen que esta forma de terapia difícilmente producirá un cambio duradero en los pacientes *borderline*, hay profesionales que han inducido significativos cambios de conducta en pacientes *borderline* con este tratamiento.

Terapias de grupo

La terapia de grupo puede presentar diversas formas. Los grupos de diálogo o grupos de autoayuda que trabajan en torno a un objetivo central, como Alcohólicos Anónimos, lo hacen sin un terapeuta. Algunos tienen como principal objetivo desarrollar la capacidad del paciente para afrontar las circunstancias de la vida; otros, fortalecer su confianza trabajando con las interacciones personales. Tratar a alguien con TLP en un grupo tiene mucho sentido. La psicoterapia de grupo permite al paciente *borderline* diluir la intensidad de los sentimientos dirigidos hacia un solo individuo (por ejemplo, el terapeuta) al reconocer las emociones estimuladas por otros. En un grupo, puede controlar más fácilmente su lucha constante entre la cercanía y la distancia emocionales; a diferencia de la terapia individual, en la que el centro de atención es siempre él, en un grupo puede atraer la atención de los demás u ocupar un lugar discreto. Además, es posible que las confrontaciones a las que lo lleven otros miembros del grupo le sean más fáciles de aceptar que las que provoca el terapeuta, al que a veces idealiza y a veces no; posiblemente su percepción de un compañero de grupo sea la de alguien que «entiende de verdad por lo que estoy pasando». Tendrá más efecto que sean los compañeros quienes planten cara a sus exigencias, egocentrismo, retraimiento, hosquedad o desviaciones sociales. Y también es posible que el paciente acepte más fácilmente las expresiones de esperanza, afecto y altruismo que provengan de ellos.[5, 6, 7]

Los progresos de otros miembros del grupo pueden servirle al paciente de modelo para avanzar. Cuando alguien del grupo alcanza un objetivo, sirve de inspiración a los demás, que han observado su crecimiento y han compartido indirectamente sus éxitos. La rivalidad y la competencia tan características de las relaciones *borderline* se manifiestan de un modo muy obvio en la situación de grupo, lo cual permite identificarlas y tratarlas como no sería posible hacer en la terapia individual. En un grupo mixto, de pacientes *borderline* con alto y bajo grados de funcionamiento, y pacientes con otros trastornos diferentes del TLP, todos los participantes se pueden beneficiar. Los pacientes más sanos sirven de modelo de funcionamientos más ventajosos; y para aquellos a los que les cuesta expresar sus emociones, los pacientes *borderline* pueden a su vez ser un ejemplo por su mayor facilidad para acceder a la emoción. Finalmente, un grupo es un laboratorio de experimentación vivo en el que el individuo *borderline* tiene la oportunidad de probar diferentes patrones de comportamiento con otras personas sin riesgo de que el mundo exterior le imponga sus sanciones.

No obstante, las características que hacen de la terapia de grupo un tratamiento interesante para los individuos con TLP son precisamente las razones por las que muchos de estos pacientes se resisten a este tipo de terapia. El deseo de recibir atención individual, la envidia y desconfianza que le despiertan los demás participantes y la contradictoria mezcla de necesidad y miedo de establecer un fuerte contacto emocional contribuyen todos ellos a que en muchos casos el paciente *borderline* sea reacio al tratamiento de grupo. Aquellos que tienen un grado más elevado de funcionamiento pueden tolerar las frustraciones de la terapia de grupo y utilizar las experiencias en vivo para abordar los problemas de interrelación. Sin embargo, los pacientes con TLP de bajo funcionamiento a menudo no participan, y si lo hacen, se acaban marchando.

El paciente *borderline* puede encontrarse con serios obstáculos en la terapia de grupo psicodinámica. Su egocentrismo y su falta de empatía le impiden a menudo interesarse por los problemas de los demás. Si sus motivos de preocupación se apartan demasiado de la norma, o las cuestiones que se tratan son demasiado intensas, tal vez se sienta aislado y desconectado. Por ejemplo, un paciente que hable de sus experiencias de incesto en la infancia, de desviaciones sexuales o de adicción a las drogas quizá tema escandalizar a los demás miembros del grupo. Y, de hecho, posiblemente algunos de ellos tendrán seria dificultad para oír hablar de temas perturbadores. Algunos quizá expresen la sensación de que el terapeuta no está atendiendo sus necesidades. En tales situaciones, tal vez intenten cuidarse unos a otros de la forma en que fantaseaban que se los atendería. Esto puede dar lugar a contactos entre los pacientes fuera del contexto terapéutico y, en su intento de «tratarse» unos a otros, a una perpetuación de su necesidad de dependencia. Los romances o los negocios entre miembros del grupo suelen tener un final desastroso, ya que estos pacientes no podrán utilizar el grupo de forma objetiva para explorar la relación, que suele ser una prolongación del infructuoso afán por recibir atención y cuidados.

Elaine, una mujer de veintinueve años, fue remitida a la terapia de grupo tras dos años de psicoterapia individual. Era la mayor de cuatro hermanas. Cuando tenía alrededor de cinco años, su padre había empezado a abusar sexualmente de ella y continuó haciéndolo durante los diez años siguientes. Sentía que su madre era un ser débil e ineficaz y su padre alguien exigente al que era imposible complacer. En la adolescencia, se convirtió en la cuidadora de toda la familia. Mientras sus hermanas se iban casando y teniendo hijos, Elaine, que seguía soltera, terminó la universidad y luego la escuela de posgrado.

Tenía pocas amigas y rara vez se citaba con hombres. Su única relación romántica había sido con dos supervisores del trabajo, casados y mucho mayores que ella. La mayor parte de su tiempo libre lo dedicaba a organizar reuniones familiares, a cuidar de algún miembro de la familia que estuviera enfermo y a resolver problemas familiares en general.

Debido a que se sentía aislada y deprimida, Elaine empezó a asistir a sesiones de terapia individual. Cuando comprendió que tenía serias dificultades para relacionarse socialmente, pidió que la derivaran a la terapia de grupo. Allí, asumió casi de inmediato una actitud de ayuda a los demás, haciendo ver que ella en realidad no tenía ningún problema. Muchas veces se enfadaba con el terapeuta porque le parecía que no ayudaba lo suficiente a los miembros del grupo.

Los miembros del grupo la animaban a examinar detalles que antes no había tenido ocasión de mirar de frente: su ceño constantemente fruncido, sus expresiones faciales intimidadoras y el sutil enfado que se traslucía siempre en sus palabras. Aunque el proceso duró muchos meses de gran frustración, finalmente fue capaz de reconocer el desprecio que sentía por las mujeres, lo cual se había hecho evidente en el trabajo de grupo. Elaine se dio cuenta de que su enfado con el terapeuta era en realidad una transferencia del enfado que sentía hacia su padre y reconoció que intentaba compulsivamente repetir con los hombres la antigua relación padre-hija. En el grupo, empezó a experimentar con nuevas formas de interactuar tanto con los hombres como con las mujeres. Simultáneamente, logró salir de la asfixiante inmersión en los problemas de su familia.

La mayoría de las terapias normalizadas (véase el capítulo ocho) combinan el tratamiento grupal con el individual. Algunos métodos, como la terapia basada en la mentalización (TBM), son psicodinámicos y exploratorios, y en ellos hay menos dirección por parte del terapeuta. Otros, como la terapia dialéctica conductual (TDC) y el Programa de Entrenamiento para la Regulación Emocional y la Solución de Problemas (STEPPS, por sus siglas en inglés), son más bien tratamientos de apoyo, conductuales y educativos, y su principal objetivo es ayudar al paciente a desarrollar sus capacidades, con charlas, consejos y tareas para hacer entre sesión y sesión, a diferencia de las terapias no directivas.

Terapias familiares

La terapia familiar es una forma de tratamiento lógica para algunos pacientes *borderline*, que a menudo se han alejado de la relación tensa y conflictiva que tenían con sus padres solo para verse envueltos ahora en constantes conflictos, en los que con frecuencia acaban enredados los propios hijos y el cónyuge del paciente *borderline*.

Aunque a veces se establece la terapia familiar como forma de tratamiento para pacientes en régimen ambulatorio, lo más habitual es que se inicie en situaciones de crisis o durante los períodos de hospitalización. En esos momentos, la resistencia de la familia a participar en el tratamiento puede vencerse normalmente con más facilidad.

Las familias de los individuos con TLP suelen resistirse a participar en el tratamiento por varias razones. Es posible que se sientan culpables por los problemas del paciente y teman que se los acuse de haberlos provocado. Además, en los sistemas familiares *borderline* los lazos son a menudo muy rígidos; los miembros de la familia suelen desconfiar de los extraños y tener miedo a los cambios. Aunque en muchos casos contribuyen (consciente o inconscientemente) a perpetuar las conductas del paciente, la actitud de la familia viene a ser: «Haga usted que se ponga mejor, pero no nos culpe a nosotros, no nos involucre y, sobre todo, no intente cambiarnos».

A pesar de esto, es imprescindible que la familia esté dispuesta a apoyar en alguna medida la terapia, ya que, sin su apoyo, es probable que el paciente la intente sabotear. En el caso de los adolescentes y los jóvenes, la terapia familiar incluye al paciente y a sus padres, y a veces a sus hermanos. En el del adulto *borderline* que está casado o tiene una relación seria de pareja, la terapia familiar a menudo incluirá al cónyuge o pareja y a veces a los hijos. (Desgraciadamente, muchas pólizas de seguro médico no cubren el tratamiento denominado *terapia matrimonial* o *familiar*).

La dinámica de la interacción familiar *borderline* suele reflejar dos posibles extremos emocionales: o un fuerte enredo o un gran distanciamiento. En el primer caso, es importante construir una alianza con todos los miembros de la familia, ya que, sin su apoyo, quizá el paciente por sí solo no consiga ser constante con el tratamiento. Cuando la familia está distanciada del paciente, el terapeuta debe evaluar con cuidado qué impacto puede tener la participación familiar. Si intuye que una reconciliación es viable y sería probablemente beneficiosa, quizá este sea un importante objetivo que tener en cuenta; si le parece que la reconciliación puede ser perjudicial o es absolutamente inviable, tal vez el paciente deba renunciar a sus fantasías de reunión. De hecho, llorar la imposibilidad de esa interrelación familiar que había idealizado puede ser un paso clave en el proceso terapéutico.[8] Cabe la posibilidad, no obstante, de que los miembros de una familia que se resisten a asistir a la psicoterapia exploratoria estén en cambio dispuestos a participar en una forma de terapia psicoeducativa, como la del programa STEPPS (véase el capítulo ocho).

Debbie, una mujer de veintiséis años, ingresó en el hospital con un historial de depresión, autolesión, alcoholismo y bulimia. Las reuniones para la evaluación familiar revelaron una relación ambivalente, pero esencialmente de apoyo, entre ella y su marido. El curso de la terapia empezó abordando episodios nunca desvelados hasta ese momento sobre los abusos sexuales que la paciente había empezado a sufrir cuando tenía alrededor de ocho años. El autor de los abusos, un vecino varios años mayor que ella, la obligaba además a consumir con él bebidas alcohólicas y a beberse de una botella su orina, que Debbie vomitaba a continuación. También la agredía cada vez que ella se resistía a hacer lo que le ordenaba.

Estos incidentes del pasado se reproducían en su patología actual. A medida que iba reviviendo los recuerdos, Debbie empezó a darse cuenta de la rabia que tenía dentro desde pequeña contra su padre alcohólico e impasible y su madre débil e indiferente, que no eran capaces de protegerla. Aunque hasta entonces había mantenido con ellos una relación distante y superficial, ahora pidió que se le diera la oportunidad de reunirse con ellos en la terapia familiar para hablarles del dolor que había vivido de niña y de cuánto la habían decepcionado.

Como imaginaba Debbie, sus padres se sintieron muy violentos al oírle aquellas revelaciones. Pero por primera vez, pudo hacer frente al alcoholismo de su padre y a la decepción que le producían él y la indiferencia de su madre. Al mismo tiempo, todos expresaron el amor que sentían unos por otros y reconocieron la dificultad que tenían para expresarlo. Aunque Debbie era consciente de que no habría cambios significativos en la relación, sentía que había conseguido mucho, y le resultó más fácil a partir de entonces aceptar la distancia y los fallos en la interacción familiar.

Los métodos que se emplean en la terapia familiar son similares a los del tratamiento individual. Es importante detallar la historia familiar completa, lo que en algunos casos incluye hacer un árbol genealógico. Ese diagrama puede servir de estímulo para investigar cuál pudo ser la influencia de los abuelos, padrinos u otros familiares importantes en las interacciones familiares a través de las generaciones. Por ejemplo, qué efectos ha tenido el Holocausto en la segunda y tercera generaciones de supervivientes es un tema que ha despertado el interés de la ciencia y se ha tratado con frecuencia en la literatura popular.[9]

Lo mismo que la terapia individual y la de grupo, la terapia familiar puede enfocarse como un proceso primordialmente de apoyo-educativo o exploratorio-reconstructivo. En el primer caso, los objetivos principales del terapeuta son tener a la familia como aliada; minimizar los conflictos, la culpa y las actitudes defensivas, y unir a los miembros en un trabajo conjunto de apoyo mutuo para conseguir unos objetivos que beneficien a todos. La terapia familiar exploratoria-reconstructiva es más ambiciosa; su propósito es llegar a reconocer los roles complementarios que desempeñan unos y otros miembros dentro del sistema familiar, con la firme intención de cambiarlos.

En cierto momento de la terapia, Elaine (de la que hemos hablado en la sección «Terapias de grupo») centró su atención en la relación con sus padres. Después de confrontarlos con la revelación de que su padre abusaba sexualmente de ella, siguió sintiéndose frustrada e indignada con ellos. Ni su padre ni su madre quisieron hablar sobre los abusos, e intentaron disuadirla de que continuara con el tratamiento. Elaine estaba desconcertada por su conducta. A veces se mostraban extremadamente dependientes y necesitados; otras veces Elaine se sentía infantilizada, sobre todo cuando se referían a ella por su apodo de la infancia. Al final pidió que la terapia continuara en sesiones familiares, y ellos accedieron de mala gana.

En una de aquellas reuniones, el padre de Elaine acabó admitiendo que las acusaciones de su hija eran ciertas, aunque siguió negándose a dar ningún detalle de lo sucedido. Su madre se dio cuenta de que, en muchos sentidos, había sido emocionalmente inaccesible tanto para su marido como para sus hijos, y se reconoció indirectamente responsable de los abusos. Elaine se enteró entonces de que también su padre había sufrido abusos sexuales en la infancia. La terapia consiguió sacar los esqueletos del armario familiar y establecer una mejor comunicación dentro de la familia. Elaine y sus padres empezaron a hablarse por primera vez como adultos.

Terapias artísticas y expresivas

Las terapias individual, grupal y familiar requieren que los pacientes expresen verbalmente sus pensamientos y sentimientos, algo para lo que a menudo está un tanto incapacitado el paciente *borderline*, que tiende a manifestar sus inquietudes más con actos que con palabras. Las terapias expresivas utilizan el arte, la música, la literatura, el movimiento físico y el teatro para alentar la comunicación de formas no tradicionales.

En la terapia artística, se anima a los pacientes a hacer dibujos, pinturas, *collages*, autorretratos, esculturas de arcilla, muñecas, etc., que expresen sus sentimientos profundos. Es posible que se les entregue un libro con las páginas en blanco en el que se los invite a dibujar representaciones de una diversidad de experiencias, como secretos íntimos o miedos ocultos. La musicoterapia, por su parte, se sirve de melodías y letras para hacer que afloren sentimientos a los que de otro modo el paciente no podría acceder. La música a menudo desbloquea las emociones y favorece la meditación en un entorno tranquilo. El movimiento corporal y la danza utilizan el movimiento físico para expresar emociones. En otro tipo de terapia expresiva llamada psicodrama, los pacientes y el «terapeuta-director» representan los problemas específicos del paciente. La biblioterapia es otra técnica terapéutica en la que los pacientes leen y comentan novelas, cuentos, obras de teatro, poesía, películas y vídeos. *¿Quién teme a Virginia Woolf?*, de Edward Albee, es una obra que se lee y representa a menudo, ya que la emotividad de sus escenas tiene un efecto catártico, cuando los pacientes recitan frases llenas de cólera y decepción que reflejan problemas que ellos también tienen.

La depresión crónica de Nicole estaba relacionada con los abusos sexuales a los que de niña la había sometido su hermano mayor, y de los que no se había acordado hasta hacía muy poco. A los veinticinco años, viviendo sola, la inundaron de repente recuerdos de aquellas experiencias, y la depresión se agravó hasta el punto de que fue necesario hospitalizarla. El sentimiento de culpa la abrumaba tanto que no era capaz de verbalizar los recuerdos ni se permitía sentir la ira que se ocultaba debajo de ese sentimiento.

Durante un programa de terapia expresiva que combinaba pintura y música, los terapeutas trabajaron con Nicole para ayudarla a tomar conciencia de la rabia que estaba evitando. La animaron a dibujar cómo era esa rabia, mientras sonaba de fondo música *rock* a todo volumen. Sorprendida, dibujaba penes, que luego desfiguraba. Aunque al principio le asustaban y avergonzaban los dibujos, pronto empezó a ser más consciente de la ira que sentía y de un evidente deseo de venganza, y a comprenderlos y aceptarlos.

Mientras explicaba las reacciones emocionales que le provocaban los dibujos, Nicole comenzó a describir los abusos sexuales de la infancia y los sentimientos que los acompañaban. Con el tiempo, fue capaz de hablar más abiertamente, tanto en la terapia individual como de grupo, lo que le dio la oportunidad de contemplar desde la perspectiva adecuada aquellas experiencias, en su día aterradoras, y de situarse por encima de ellas.

Terapias psicoeducativas

Educar al paciente, y a su familia, sobre la enfermedad que padece es algo que se ha hecho tradicionalmente en medicina. Aprender sobre la afección (ya sea diabetes o esquizofrenia) y sobre la mejor manera de tratarla y afrontarla son elementos importantes del tratamiento. La información puede provenir de los centros de tratamiento, de libros o de sitios web. Un ejemplo de programa psicoeducativo de grupo para pacientes *borderline* fue el que se desarrolló en el hospital McLean, de Belmont, Massachusetts, en colaboración con médicos italianos. Este programa de seis semanas de duración presentaba información sobre los criterios definitorios para el diagnóstico del TLP, factores genéticos y ambientales, trastornos asociados (como la depresión), consideraciones sobre el pronóstico y métodos de tratamiento. Los pacientes *borderline* que asistieron a esta terapia psicoeducativa mostraron, en comparación con el grupo de control que asistía a terapia de apoyo, una mejoría significativa y un menor empeoramiento de los síntomas que se evaluaron.[10]

Ingreso hospitalario

Los pacientes *borderline* constituyen hasta el veinte por ciento del total de pacientes psiquiátricos hospitalizados, y el TLP es, con diferencia, el trastorno de la personalidad más común en el ámbito hospitalario.[11] La propensión de los individuos *borderline* a la impulsividad, los comportamientos autodestructivos (suicidio, sobredosis) y los breves episodios psicóticos son los motivos más habituales de ingreso hospitalario urgente.

El hospital facilita un entorno protegido y estructurado que ayuda al paciente a dominar y organizar el mundo a menudo caótico del TLP. El interés y la colaboración de otros pacientes y del personal le aportan una importante retroalimentación que pone en entredicho algunas de sus percepciones y da validez a otras.

Por ser un sitio en el que los conflictos que habitualmente tiene el paciente en el mundo exterior se minimizan, el hospital le ofrece la oportunidad de hacer un autoexamen intensivo. También le permite descansar de las intensas relaciones que mantiene con las personas del mundo exterior (incluido su terapeuta), dado que esa intensidad se reparte ahora entre otros miembros del personal dentro del entorno hospitalario. En ese entorno seguro y más neutral, el paciente puede reevaluar sus objetivos personales y su programa de terapia.

Al principio, suele protestar porque lo hayan ingresado, pero, para cuando se le da el alta, lo más frecuente es que esté totalmente integrado en el entorno hospitalario y lo que tema ahora sea salir de allí. Tiene una necesidad urgente de que lo cuiden, pero al mismo tiempo puede convertirse en el líder de la unidad e intentar controlar y «ayudar» a otros pacientes. Unas veces se lo ve abrumado por sus catastróficos problemas, y otras manifiesta una gran creatividad e iniciativa.

Característicamente, el paciente *borderline* hospitalizado crea un fascinante «paso a dos» de escisión e identificación proyectiva (véase el capítulo dos y el apéndice B) con los miembros del personal. Algunos creen ver en él a un patético pero simpático golfillo; otros, a un astuto y sádico manipulador. Esta disparidad radical de percepciones se produce cuando el paciente divide a los miembros del personal proyectando en unos la imagen de la bondad absoluta (los que lo apoyan y son comprensivos con él) y, en otros, la absoluta maldad (los que son exigentes y le plantan cara), como hace con el resto de las personas que hay en su vida. Cuando los miembros del personal aceptan las proyecciones que él les asigna –ya sean «buenas» («Eres la única que me comprende») o «malas» («Te da igual lo que me pase; solo estás aquí por el sueldo»)–, el círculo de identificación proyectiva se completa: estalla el conflicto entre el personal «bueno» y el «malo».

Al crear esta situación, el paciente *borderline* hospitalizado recapitula los patrones de comportamiento interpersonal de su mundo externo: la seducción para recibir la protección que desea, que acaba por llevarlo al desengaño, luego a un sentimiento de abandono y, finalmente, a comportamientos autodestructivos y al aislamiento emocional. En el entorno hospitalario tiene la oportunidad de examinar de cerca estos conflictos.

Ingreso hospitalario de urgencia

Desde la década de 1990, el aumento en los costes de la atención hospitalaria y las crecientes restricciones impuestas por las compañías de seguros han obligado a reestructurar los programas de tratamiento hospitalario. En la actualidad, la razón de la mayoría de los ingresos son las crisis agudas y potencialmente peligrosas: intentos de suicidio, arrebatos violentos, brotes psicóticos o episodios autodestructivos (sobredosis, anorexia/bulimia descontrolada, etc.). Las compañías de seguros suelen limitar la estancia en el hospital a unos pocos días. La mayoría de ellas cubrirá los gastos de hospitalización solo cuando exista un «peligro para el paciente mismo o para los demás» continuo y documentado.

Durante los ingresos de corta duración, se hace una evaluación física y neurológica completa del paciente. El entorno hospitalario ofrece estructura y ayuda a establecer límites. En todo momento se apoya al paciente y se mantiene con él una comunicación positiva. El tratamiento tiene un objetivo práctico, que es desarrollar maneras más favorables de responder al conflicto. Se evalúan las aptitudes del paciente para hacer su trabajo y funcionar en la vida cotidiana. Se inician reuniones conjuntas con la familia cuando se considera necesario. Un contrato formalizado entre el paciente y el personal puede servir para precisar las expectativas y los límites por ambas partes. En él puede constar el programa terapéutico diario, al que el paciente está obligado a asistir, y los objetivos concretos que espera conseguir mientras está ingresado, a lo cual el personal se compromete a ayudarlo.

Los objetivos principales del ingreso hospitalario breve son encontrar solución a las crisis y poner fin a las conductas destructivas que han motivado la hospitalización. Por ejemplo, al cónyuge de un paciente que tenga pensamientos recurrentes de pegarse un tiro se le pedirá que retire de casa las armas. Además, se identifican y refuerzan las cualidades favorables tanto del paciente como de su entorno. Se revelan o reevalúan aspectos del tratamiento, y es posible que se recomiende una modificación del método psicoterapéutico y de la medicación. En una unidad de hospitalización breve es difícil examinar más a fondo estas cuestiones, sobre las que se puede hacer un trabajo más exhaustivo como paciente ambulatorio o con un programa menos intensivo, como el de la hospitalización parcial (que se explica más adelante en este capítulo). Dado que el objetivo primordial es devolver al paciente al mundo exterior lo antes posible y evitar una regresión o una dependencia del hospital, las pautas para el tratamiento y los cuidados que requerirá cuando se le dé el alta empiezan a planificarse inmediatamente después del ingreso.

Ingreso hospitalario de larga duración

Si la hospitalización por motivos urgentes se mide en días, la atención hospitalaria de larga duración suele prolongarse durante meses. En la actualidad, el ingreso hospitalario prolongado es bastante inusual y está reservado o para gente muy rica o para aquella que tiene una excepcional póliza de seguros que cubra la atención psiquiátrica. En muchos casos en los que está indicada una atención continuada a largo plazo, pero no es necesario el confinamiento en una residencia, la terapia puede continuar en un entorno menos restrictivo, como el que ofrece la hospitalización parcial. Los defensores del ingreso de larga duración reconocen el peligro de regresión del paciente a un papel más indefenso, pero argumentan que el verdadero cambio de personalidad puede requerir un tratamiento extenso e intensivo en un entorno controlado. Algunos casos en los que está indicado el confinamiento prolongado incluyen una falta crónica de motivación, vínculos sociales inadecuados o perjudiciales (como el enredo en un sistema familiar patológico), incapacidad grave que impide mantener un trabajo o ser autosuficiente, y repetidos fracasos en la terapia ambulatoria y en las hospitalizaciones breves. En estos casos, es poco probable que el paciente pueda volver con rapidez al mundo exterior.

Durante las hospitalizaciones prolongadas, posiblemente el ambiente esté menos estructurado. Se anima al paciente a asumir más responsabilidad en el tratamiento. Además de las actuales cuestiones prácticas que requieren atención, el personal y el paciente estudian juntos los pasados patrones de comportamiento arquetípicos y problemas de transferencia. El hospital puede funcionar como un laboratorio, en el que el paciente *borderline* identifique dificultades concretas y experimente con posibles soluciones en su interacción con el personal y otros pacientes.

Al final, Jennifer (véase el capítulo uno) ingresó en una unidad psiquiátrica de larga estancia. Se pasó los primeros meses en el armario, en sentido literal, además de figurado: solía meterse en el armario de su habitación, para esconderse del personal. Con el tiempo fue estrechando los lazos con su terapeuta. Unos días se enfadaba con él e intentaba provocarle una reacción airada; otros, le exigía y suplicaba que se fuera. Viendo que el personal se mantenía imperturbable, empezó a hablar de su padre más abiertamente, de que era igual que su marido, igual que todos los hombres. Le contaba sus sentimientos al personal femenino, algo que siempre le había resultado difícil por la desconfianza y la falta de respeto que sentía hacia las mujeres. Pasado un tiempo, estando todavía ingresada, decidió divorciarse y renunciar a la custodia de su hijo. A pesar del dolor que le causaba hacerlo, consideraba que eran actos de «egoísmo no egoísta»: cuidar de sí misma era lo más sacrificado y generoso que podía hacer por aquellos a quienes quería. Finalmente, volvió a estudiar y obtuvo un título profesional.

Los objetivos del ingreso prolongado amplían los de la hospitalización breve no solo en lo referente a la identificación de aspectos disfuncionales, sino en el propósito de modificarlos. Un mayor control de los impulsos, menos cambios de humor, mayor capacidad para confiar y relacionarse con los demás, un sentido de identidad más definido y una mejor tolerancia a la frustración son los signos más claros de un tratamiento hospitalario exitoso. En el curso de una hospitalización prolongada se pueden alcanzar objetivos educativos tanto a nivel general como profesional. Muchos pacientes inician los trámites para un puesto de trabajo o la matriculación en un centro de estudios antes de haber abandonado definitivamente el hospital u organizan desde allí cambios que les permitirán llevar una vida más saludable, como mudarse de casa o divorciarse.

El mayor peligro que puede tener la hospitalización prolongada es la regresión. Si el personal no confronta y motiva con eficacia al paciente *borderline*, es posible que se vaya sumiendo en una actitud de indefensión aún mayor, y se haga todavía más dependiente de los demás y espere que le dirijan la vida.

El viejo estereotipo del hospital psiquiátrico como una especie de «nido de serpientes», habitado por una población peligrosamente alucinada vestida con camisones largos y que lucha inútilmente contra los estragos provocados por los estupefacientes y el tratamiento de electrochoque (como las instalaciones que aparecen en *Alguien voló sobre el nido del cuco*, la novela de Ken Kesey), debe quedar atrás. Hoy en día, hay organismos gubernamentales (en Estados Unidos, por ejemplo, la Comisión Conjunta de Acreditación de Organizaciones Sanitarias) que inspeccionan con regularidad los hospitales para asegurarse de que cumplen las normas de atención sanitaria establecidas.

En la sección «Recursos», al final del libro, incluimos una lista de varios programas hospitalarios acreditados.

Hospitalización parcial

La atención hospitalaria parcial (o el hospital de día) es un enfoque de tratamiento en el que el paciente asiste a las actividades del hospital durante una parte del día más o menos extensa y vuelve a su casa por la noche. Hay también programas de hospitalización parcial «nocturnos», a los que el paciente asiste después del trabajo o de las clases, y que en algunos casos le permiten dormir en el hospital si no hay otra alternativa. Este estilo de terapia es apropiado para los individuos que no son un peligro para sí mismos ni para los demás y que no requieren supervisión continua.

De este modo, el paciente con TLP puede participar en el programa del hospital, y beneficiarse de la intensidad y la estructura de la atención hospitalaria, al tiempo que mantiene una situación de vida independiente. Esto hace que se produzca menos dependencia del hospital que en el ingreso de larga duración. Dado que la hospitalización parcial suele ser mucho menos costosa que la atención hospitalaria tradicional, suele ser preferible, además, por razones de coste.

Por todo ello, este estilo de tratamiento puede ser beneficioso para los pacientes *borderline* que requieren una atención intensiva pero no una supervisión las veinticuatro horas del día, que tienen riesgo de sufrir una regresión grave si se los hospitaliza, que están en período de transición entre el hospital de larga estancia y el mundo exterior, que deben continuar con sus actividades profesionales o académicas mientras reciben atención hospitalaria o que tienen unos recursos económicos limitados. El entorno hospitalario y los objetivos de la terapia son similares a los del programa de hospitalización a tiempo completo asociado a él.

Las recompensas del tratamiento

Como veremos en los dos próximos capítulos, el tratamiento del TLP suele combinar métodos psicoterapéuticos normalizados y farmacoterapia dirigida a tratar síntomas específicos. Aunque hace años se pensaba que no había esperanza ante un diagnóstico de TLP, y esto era motivo de gran irritación, actualmente sabemos que el pronóstico es por lo general bastante favorable. Sabemos que la mayoría de los pacientes *borderline* dejan atrás el caos de su pasado y llevan una vida productiva.

El proceso de tratamiento puede ser arduo. Pero al final del viaje se abren nuevos horizontes. «Usted hablaba siempre de aceptación incondicional –le dijo una paciente *borderline* a su terapeuta–, y hace poco empecé a sentirla. Es maravilloso. Me ha dado usted un lugar seguro en el que desenredarme, en el que revelarme. Estaba perdida en los recovecos de mi mente, y usted me dio la aceptación y la libertad suficientes como para que saliera al fin mi verdadero yo».

Capítulo ocho

Métodos psicoterapéuticos

Tengo un monstruo dentro... Me da miedo. Me arrastra arriba y abajo, adelante y atrás, y lo odio. Voy a morirme si no me deja en paz.

—Del diario de una paciente *borderline*

La verdadera vida se vive cuando se producen pequeños cambios.

—León Tolstói

El trastorno límite de la personalidad es la única afección psiquiátrica importante para la que, según numerosos estudios basados en la evidencia, son más efectivas las terapias psicosociales que los tratamientos farmacológicos. Por esta razón, a diferencia de lo que ocurre mayoritariamente en el tratamiento de los restantes trastornos, los medicamentos se consideran un suplemento a la psicoterapia. No solo hay varios métodos psicoterapéuticos que han demostrado su eficacia para tratar los trastornos de la personalidad, sino que el arduo y a veces extenso trabajo psicoterapéutico ha demostrado, además, una buena relación coste-efectividad.[1]

La psicoterapia como tratamiento para el TLP ha avanzado mucho desde que se publicaron las dos primeras ediciones de este libro. De las rigurosas investigaciones y la constante búsqueda de precisión por parte de los profesionales clínicos, han surgido dos escuelas principales de terapia con diversas variantes: los métodos cognitivo-conductual y psicodinámico. En ambas categorías se han desarrollado distintas estrategias, cada una de ellas sustentada en su correspondiente conjunto de principios teóricos y técnicas. Varias estrategias de psicoterapia combinan las sesiones grupales y las individuales. Aunque algunas son de carácter más psicodinámico y otras más conductual, la mayoría combinan elementos de ambos métodos. Todas utilizan una forma de comunicación que refleja los principios del sistema SET-UP que desarrolló el autor principal de este libro y que explicábamos con detalle en el capítulo cinco: *apoyo* al paciente, *empatía* con su lucha, confrontación con la *verdad* o los problemas de la realidad, así como *comprensión* de los problemas e intención de *perseverar* en el tratamiento.

Los partidarios de los distintos modelos terapéuticos han intentado normalizar sus técnicas terapéuticas compilando, por ejemplo, manuales de instrucciones que los profesionales clínicos puedan utilizar como guía al aplicar ese determinado tratamiento. De este modo, se confía en que la terapia se conducirá siguiendo un mismo procedimiento y tendrá la misma eficacia sea quien sea el practicante. (Se puede establecer una analogía obvia, aunque quizá un tanto burda, con una empresa franquiciadora de alimentación, como Starbucks o McDonald's, que estandariza sus ingredientes para que su café o sus hamburguesas sepan siempre igual, independientemente de dónde se compren o de quién esté detrás del mostrador). La normalización facilita además la obtención de pruebas en estudios controlados, que pueden corroborar, o refutar, la eficacia de un determinado modelo psicoterapéutico.

La teoría en que se fundamenta esta tipificación es que, al igual que no cambiaría nada porque un paciente eligiera una u otra cápsula del bote de Prozac (siempre que la ingiera), da lo mismo quién administre la psicoterapia, siempre que el paciente asista a las sesiones. Sin embargo, no hay duda de que interactuar con una persona es muy diferente de elegir y digerir una pastilla, por lo que probablemente sea una ingenuidad suponer que todos los psicoterapeutas que se atengan a las mismas pautas conseguirán los mismos resultados con los pacientes. De hecho, el doctor John G. Gunderson, pionero en el estudio del TLP, comentaba que quienes originariamente desarrollaron estas técnicas tan eficaces tienen un carisma y una seguridad en su trabajo que sus seguidores no necesariamente poseen.[2] Además, a muchos terapeutas podría parecerles demasiado inflexible un enfoque tan sistematizado.[3]

Pese a que cada estrategia de psicoterapia subraya sus diferencias con las demás, todas tienen muchos puntos en común. Para todas es fundamental establecer unos objetivos claros conjuntamente con el paciente, y uno de los objetivos prioritarios es interrumpir lo antes posible las conductas autodestructivas y aquellas que puedan hacer peligrar el tratamiento. Todas las terapias formales sistematizadas son intensivas y requieren contacto continuado con el paciente, generalmente una o más veces por semana. Todas coinciden en que el terapeuta debe tener una formación rigurosa y especializada, y muchas exigen la supervisión por parte de otros miembros del equipo terapéutico y la colaboración con ellos. Los terapeutas interactúan más intensamente con los pacientes que en el psicoanálisis tradicional. Dado que estas terapias requieren mucho tiempo y trabajo, lo que significa que suelen ser caras, y a menudo las pólizas de seguros no las cubren por entero (por ejemplo, los seguros no cubren las reuniones de equipo entre los terapeutas, como se requiere en la terapia dialéctica conductual formal; véase la siguiente sección), la mayoría de los estudios que examinan su eficacia se han realizado en entornos universitarios o subvencionados. Casi todos los protocolos de tratamiento comunitarios y privados que intentan reproducir un tipo concreto de terapia son modificaciones abreviadas de los programas formales.

Ya no se trata simplemente de «encontrar a cualquier psiquiatra que me cure» (aunque es posible, por supuesto, tener la suerte de dar con el indicado). En nuestra compleja sociedad, el paciente debe tener en cuenta todo tipo de factores: el tiempo y el gasto que supondrá, la experiencia y especialización del terapeuta, etc. Lo más importante es que el paciente se sienta cómodo con el terapeuta y con su método de tratamiento. Por lo tanto, es recomendable que el lector o lectora esté atento durante el resto del capítulo a fin de familiarizarse, al menos, con los sistemas de tratamiento específicos, ya que es probable que vuelva a encontrarse con ellos (y con sus siglas) en algún momento del proceso terapéutico. Para conseguir el mejor «ajuste» posible entre paciente y terapeuta (véase el capítulo siete), el posible paciente puede estudiar más a fondo algunos de los modelos que se han descrito y ponerse en contacto luego con un profesional que ofrezca el tratamiento de su elección.

Tratamientos cognitivos y conductuales

Los modelos cognitivo-conductuales se centran en cambiar los actuales procesos de pensamiento y patrones de conducta que incapacitan al paciente; este tipo de terapia se preocupa menos por el pasado que los modelos psicodinámicos (véase «Tratamientos psicodinámicos» más adelante). El tratamiento está más enfocado en los problemas concretos y a menudo tiene una duración limitada.

Terapia cognitivo-conductual (TCC)

Este sistema de tratamiento desarrollado por Aaron Beck tiene como objetivo identificar los pensamientos y comportamientos perturbadores y sustituirlos por convicciones y reacciones más favorables.[4] El trabajo de señalar los pensamientos distorsionados («Soy una mala persona»; «Todo el mundo me odia») y los comportamientos frustrantes («Tal vez pueda tomarme solo una copa») se combina con tareas que el paciente hará entre una sesión y la siguiente para cambiar estos sentimientos y actos. Esto se puede complementar con sesiones de entrenamiento asertivo, clases de control de la ira, ejercicios de relajación y prácticas de desensibilización sistemática. Habitualmente, la TCC tiene un tiempo de duración limitado, es menos intensiva que otros protocolos y, por consiguiente, suele ser menos costosa. Los siguientes programas de tratamiento se derivan de ella.

Terapia dialéctica conductual (TDC)

Esta técnica desarrollada por la doctora Marsha M. Linehan en la Universidad de Washinton, y que es una derivación de la terapia cognitivo-conductual estándar, ha demostrado su eficacia en estudios excepcionalmente controlados. La *dialéctica* del tratamiento hace referencia a su objetivo, que es resolver los «opuestos» inherentes a la personalidad del TLP; es decir, encontrar un equilibrio entre los estados emocionales contradictorios que le hacen al paciente, por ejemplo, amar y luego odiar a la misma persona o la misma situación. Una dialéctica más esencial que se ha de resolver en este sistema es la paradoja de que, por un lado, el paciente se esfuerza todo lo que puede y se lo insta a que esté satisfecho con sus esfuerzos y su actual grado de funcionamiento y, por otro, sigue esforzándose por cambiar todavía más y ser capaz de funcionar todavía mejor.[5,6]

La terapia dialéctica conductual sostiene que los pacientes *borderline* poseen una vulnerabilidad genética/biológica a la hiperreactividad emocional. Esto plantea la hipótesis de que el sistema límbico, la parte del cerebro más estrechamente asociada con las respuestas emocionales, está hiperactivado en el TLP. El segundo factor que contribuye a la formación del trastorno, según los profesionales de la TDC, es un entorno invalidante; es decir, los demás desestiman, contradicen o rechazan las emociones del individuo en una etapa temprana de su desarrollo. Tras experimentar esas interacciones repetidamente, el individuo es incapaz de confiar ni en los demás ni en sus propias reacciones. Tiene un sistema emocional descontrolado y voluble, y, para calmar esas emociones erráticas, la TDC utiliza la práctica de la atención plena o *mindfulness*, que consiste en prestar atención a lo que está sucediendo en el momento, sin juzgarlo ni invalidarlo y con una mínima reactividad emocional.

En las fases iniciales del tratamiento, la terapia dialéctica conductual establece un sistema jerárquico de objetivos, y afronta primero las conductas más serias y luego las más fáciles de cambiar. Las que tienen máxima prioridad y se abordan de inmediato son la amenaza de suicidio y las conductas autolesivas. En segundo orden de importancia está eliminar cualquier comportamiento que interfiera en la terapia, como la tendencia a faltar a las citas o a no completar las tareas que el paciente debe hacer por su cuenta. En tercer lugar, se abordan las conductas que interfieren en una calidad de vida saludable, como las compulsiones disruptivas, la promiscuidad o la conducta delictiva; en este caso, se trabajará primero con aquellas conductas que sean más fáciles de cambiar. La cuarta prioridad es procurar aumentar las habilidades conductuales.

El programa estructurado consta de cuatro componentes principales:

1. Psicoterapia individual semanal, para reforzar las nuevas habilidades que se han aprendido y minimizar las conductas autodestructivas.
2. Terapia semanal de grupo para la práctica de esas habilidades, que utiliza material educativo sobre el TLP y la TDC, tareas para hacer entre sesiones y diálogo para enseñar a incorporar las técnicas de control de las emociones, mejorar el contacto interpersonal y alentar la atención plena. Cada semana, los pacientes reciben una «tarjeta de diario» de TDC que deben rellenar diariamente. La finalidad del diario es documentar los comportamientos autodestructivos, el consumo de drogas, las emociones perturbadoras y los esfuerzos del paciente para hacer frente a esas tensiones diarias.
3. *Coaching* telefónico (una característica particular de la TDC) para ayudar a los pacientes a trabajar con las tensiones que puedan estar creándose en ellos, antes de que se conviertan en situaciones de emergencia; se pueden hacer llamadas a los

coaches de guardia en cualquier momento, pero se considera una falta de respeto que el paciente las haga *después* de haber actuado de manera destructiva.

4. Reuniones semanales entre todos los miembros del equipo terapéutico para perfeccionar las aptitudes y avivar la motivación de los terapeutas y para combatir el desaliento.

Programa de Entrenamiento para la Regulación Emocional y la Solución de Problemas (STEPPS)*

Otra variante sistematizada de la terapia cognitivo-conductual es STEPPS, un programa creado en la Universidad de Iowa. Al igual que la TDC, STEPPS trata prioritariamente la incapacidad del paciente *borderline* para modular sus emociones e impulsos. Las singulares modificaciones que presenta este programa son debidas en parte al deseo de crear un programa menos costoso. STEPPS es un paradigma de terapia de grupo, sin sesiones individuales. También está ideado para que dure menos tiempo: consta de veinte sesiones de grupo, una a la semana, de dos horas de duración (en comparación con el año, aproximadamente, que por lo general dura la terapia dialéctica conductual). Este programa da gran importancia, además, a que participen en el tratamiento las personas que constituyen el sistema social del individuo con TLP. Las sesiones de formación educativa «pueden incluir a los miembros de la familia, la pareja, profesionales de la salud o cualquier otra persona con la que el paciente interactúe con regularidad y con la que esté dispuesto a compartir información sobre su trastorno».[7,8] STEPPS incorpora tres componentes principales:

1. Las sesiones proporcionan educación sobre el TLP y los esquemas disfuncionales (distorsiones cognitivas sobre uno mismo y sobre los demás en relación con él, como sentirse

* N. de la T.: Systems Training for Emotional Predictability and Problem Solving.

indigno de recibir amor, desconfianza, culpa, falta de identidad, miedo a perder el control, etc.).

2. Se enseñan modos de controlar más las emociones, como habilidad para afrontar situaciones problemáticas, técnicas de distracción voluntaria y formas de mejorar la comunicación.
3. En tercer lugar se enseñan nociones conductuales básicas, como a tener una alimentación sana, un régimen de sueño saludable, hacer ejercicio y ser capaz de fijarse objetivos.

La segunda fase de STEPPS es STAIRWAYS (por sus siglas en inglés),* que consiste en establecer objetivos, confianza, control de la ira, control de la impulsividad, comportamiento en las relaciones, redacción de un guión, entrenamiento en asertividad, el viaje y esquemas revisados. Se trata de una extensión de «seminarios», que tienen lugar dos veces al mes durante un año, en los que se practican las habilidades aprendidas y que sirven de refuerzo al modelo STEPPS. A diferencia de la terapia dialéctica conductual, que está pensada como método autónomo y descarta la contribución de otros sistemas de terapia, STEPPS está ideado para complementar otros modelos terapéuticos.

Terapia centrada en esquemas (TCE)

La terapia centrada en esquemas combina elementos de las teorías cognitiva, gestáltica y psicodinámica. El modelo fue creado por el doctor Jeffrey Young, alumno de Aaron Beck, y conceptualiza el comportamiento inadaptado como la consecuencia de una serie de esquemas, entendiendo por esquema la visión del mundo que desarrolla a lo largo del tiempo un niño biológicamente vulnerable que crece en un ambiente de inseguridad, exceso de indulgencia, negligencia, maltrato o abusos. Los esquemas son las estrategias que emplea el niño

* N. de la T.: STAIRWAYS ('escaleras'). Acrónimo cuyas siglas corresponden a *setting goals; trusting; anger management; impulsivity control; relationship behavior; writing a script; assertiveness training; your journey; schemas revisited.*

para hacer frente a esas irregularidades de la crianza. Sin embargo, lo que en origen fueron mecanismos de adaptación al medio se torna en conductas de inadaptación en la edad adulta. El concepto de esquemas se deriva de las teorías psicodinámicas. La TCE intenta desarmar esas respuestas distorsionadas y enseñar nuevas maneras de afrontar las situaciones a través de un proceso denominado «recrianza».[9]

Los múltiples esquemas pueden agruparse en cinco modos principales de esquemas, con los que el paciente *borderline* se identifica y que tienen correlación con los síntomas del TLP:

1. Niño abandonado y maltratado (miedo al abandono).
2. Niño enfadado (rabia, impulsividad, inestabilidad del estado de ánimo, relaciones inestables).
3. Padre punitivo (autolesiones, impulsividad).
4. Protector desapegado (disociación, falta de identidad, sentimiento de vacío).
5. Adulto sano (papel del terapeuta como modelo para el paciente: calma y protege los otros modos.

Hay estrategias de tratamiento específicas para cada modo. Por ejemplo, el terapeuta enfatiza los cuidados y el afecto en el modo del «niño abandonado y maltratado». La expresión de emociones tendrá especial importancia para el modo del «protector desapegado». La recrianza intenta satisfacer las necesidades no satisfechas en la infancia. Los terapeutas son más abiertos que en las terapias tradicionales, y es frecuente que hagan regalos a los pacientes, les den su número de teléfono y otra información personal, y se proyecten ante ellos como individuos reales, sinceros y afectuosos. Transmitir calidez, elogios y empatía es una parte esencial del trabajo del terapeuta en la terapia centrada en esquemas. Se anima a los pacientes a leer sobre los esquemas disfuncionales tempranos y el TLP. Se emplean técnicas de Gestalt, como el juego de roles, la representación de diálogos entre unos modos y otros, y técnicas de visualización (visualizar y representar escenarios estresantes). Se utiliza el entrenamiento en asertividad y otros métodos cognitivo-conductuales. Un posible peligro en la TCE es la confrontación con los límites en el proceso de recrianza. Los terapeutas deben estar muy atentos al riesgo de regresión transferencial y contratransferencial (véase el capítulo siete).

Tratamientos psicodinámicos

Los enfoques psicodinámicos examinan el pasado y el presente, con el objetivo de descubrir patrones que puedan forjar un futuro más productivo. Esta forma de terapia suele ser más intensiva –con sesiones una o más veces por semana– que el enfoque cognitivo-conductual. El terapeuta debe aplicar un formato estructurado y coherente con objetivos claros, pero con la suficiente flexibilidad para adaptarse a las necesidades cambiantes.

Psicoterapia centrada en la transferencia (PCT)

Se trata de un programa normalizado que el doctor Otto Kernberg y sus colegas de la Universidad de Cornell, en Nueva York, han desarrollado a partir del método psicoanalítico tradicional.[10, 11] El terapeuta empieza por formular un contrato en el que se expresan claramente los roles y los límites en la terapia. Al igual que en el caso de la terapia dialéctica conductual, lo principal para la PCT al comienzo del tratamiento es atender al peligro de suicidio, la posible interrupción de la terapia, la insinceridad, etc. Como otros métodos de tratamiento, la PCT reconoce el papel que desempeña en el desarrollo del TLP la vulnerabilidad biológica y genética, que interactúa con las frustraciones psicológicas tempranas.

Un mecanismo de defensa primario que se observa en el paciente con TLP es, como hemos visto, la *alteración de la identidad*, es decir, una sensación distorsionada e inestable de sí mismo y, en consecuencia, de los demás. La imagen de sí mismo y de los demás que este individuo percibe es como esas distorsiones borrosas y fantasmales de los espejos de feria, indeterminadas e insustanciales al tacto. Otra característica del TLP es la continua escisión, la división radical de las percepciones en díadas extremas y opuestas –o blanco o negro, o correcto o incorrecto–, lo que lo lleva a creer que él, otro o una situación es absolutamente bueno o absolutamente malo. Además, si la persona absolutamente buena decepciona al individuo *borderline*, su imagen de ella puede transmutarse casi de la noche a la mañana en la de una persona absolutamente mala.

La PCT entiende que la alteración de la identidad y la escisión son elementos normales en una fase temprana del desarrollo infantil. El problema es que, en el caso del individuo con TLP, la etapa siguiente, de integración de los sentimientos y percepciones opuestos, sufrió una brusca interrupción al verse frustrada su necesidad de cuidados y afecto; en otras palabras, el individuo *borderline* se quedó atascado en un nivel de funcionamiento inmaduro (véase el capítulo tres). Su sentimiento de vacío, las fuertes oscilaciones emocionales, la ira y las relaciones caóticas son consecuencia de su percepción radicalmente escindida en extremos antagónicos. En la psicoterapia centrada en la transferencia se hacen generalmente dos sesiones individuales a la semana, en las que se examina la relación del paciente con el terapeuta. La transferencia que se produce en el momento presente (véase el capítulo siete) le permite al paciente experimentar «en vivo» la escisión que con tanta frecuencia se produce en su interior. La consulta del terapeuta se convierte en una especie de laboratorio donde el paciente puede examinar sus sentimientos en un entorno seguro, protegido, para luego extender su comprensión al mundo exterior. La combinación de la comprensión intelectual y la experiencia emocional en el trabajo con el terapeuta puede conducir a la integración saludable de la identidad y de las percepciones de los demás.

Terapia basada en la mentalización (TBM)

El término *mentalización*, acuñado por el doctor Peter Fonagy, se refiere a lo que las personas entienden de sí mismas, de los demás y de su entorno. Mediante la mentalización, el individuo comprende por qué los demás y él interactúan de la forma en que lo hacen, lo que a su vez le da la capacidad para empatizar con los sentimientos de los demás.[12, 13] El significado práctico de este término se solapa con el concepto de *conciencia psicológica* (*psychological mindedness*), que consiste en comprender la conexión entre los sentimientos y los comportamientos, y con el de *atención plena* (*mindfulness*), uno de los objetivos de la terapia dialéctica conductual, explicado antes en este capítulo. Fonagy teoriza que cuando se interrumpe el desarrollo normal de la mentalización que comienza en la primera infancia, se desarrolla una patología en la edad adulta, sobre todo el trastorno límite de la personalidad. Esta conceptualización se basa en las teorías psicodinámicas de un apego sano a una figura parental (véase el capítulo tres). Cuando el niño es incapaz de establecer un vínculo afectivo adecuado con un progenitor, tiene dificultades para comprender los sentimientos del progenitor y los suyos propios. No dispone de un contexto saludable en el que basar sus emociones o comportamientos. No puede mantener la constancia del objeto. El niño desarrolla entonces miedo al abandono o se aparta de los demás. Esta interferencia en el proceso normal de desarrollo puede provenir del temperamento del niño (limitaciones biológicas o genéticas) o de una disfunción de los progenitores, que puede consistir en malos tratos, abusos o abandono físicos o emocionales, en un exceso de protección que imposibilite su independencia, o en ambas cosas.

La TBM parte de la suposición de que las creencias, motivos, emociones, deseos, razones y necesidades deben entenderse primero, para que sea posible funcionar de forma óptima con los demás. Su objetivo es ayudar al paciente a pensar en sus sentimientos antes de reaccionar a ellos. También se lo anima a que considere con más atención las ideas, palabras y actos de los demás para evitar las percepciones erróneas.

Bateman y Fonagy han documentado con datos precisos la eficacia de este método, concretamente en un contexto de hospitalización parcial en Inglaterra.[14, 15] En este modelo de terapia, los pacientes acuden al hospital durante el día, cinco días a la semana durante dieciocho meses. El tratamiento incluye terapia de grupo de orientación psicoanalítica tres veces por semana, psicoterapia individual, terapia expresiva consistente en programas de arte, música y psicodrama, y medicación si es necesaria. Se celebran reuniones diarias con el personal, y el paciente puede hacer consultas. Los terapeutas, ateniéndose a las instrucciones tipificadas, se centran en el actual estado mental del paciente, identifican las distorsiones de la percepción e intentan, de forma colaborativa, ayudarlo a desarrollar perspectivas alternativas de sí mismo y de los demás. Aunque muchas de las técnicas conductuales son similares a la terapia dialéctica conductual (TDC), una parte de la estructura psicodinámica de la TBM se solapa con la psicoterapia centrada en la transferencia (PCT). (El lector o lectora profesional observará que entre las distorsiones de mentalización que trata la TBM están los mismos conceptos de alteración de la identidad y de escisión que en la PCT, mientras que la dificultad que representan los extremos diádicos evoca las paradojas dialécticas teorizadas en la TDC).

Un estudio holandés que comparó el tratamiento intenso con la TBM, llevado a cabo en el hospital de día inglés que antes se ha mencionado, y un tratamiento con la TBM menos intensivo, en régimen ambulatorio, reveló una significativa mejoría de los síntomas muy similar en ambos sistemas. Sin embargo, el sistema intensivo del hospital de día obtuvo mejores resultados en cuanto a funcionamiento interpersonal, calidad de vida y disminución de las autolesiones.[16]

Gestión psiquiátrica efectiva (GPM)*

Hace algunos años, el doctor John G. Gunderson se dio cuenta de que la mayoría de los pacientes con trastornos mentales no tenían la opción de acceder a muchos de los programas especializados. Además, la mayoría de los psiquiatras y profesionales de la salud mental no

* N. de la T.: Good Psychiatric Management.

podían participar en planes de formación regularizados que les permitieran trabajar con esos programas. De modo que Gunderson creó lo que le pareció que era un programa terapéutico más práctico, que combinaba elementos cognitivos, conductuales y psicodinámicos, y que calificó de «suficientemente completo y eficaz» para que la mayoría de los terapeutas pudieran ofrecerlo y la mayoría de los pacientes *borderline* pudieran obtener sus beneficios. Tuvo especialmente en cuenta la hipersensibilidad del paciente *borderline* en las relaciones.[17]

Gunderson estableció ocho principios básicos a los que debían atender quienes pusieran en práctica la GPM (muchos de ellos tienen sus homólogos en el sistema SET-UP; véase el capítulo cinco):

1. **Ofrecer psicoeducación.** Dependiendo de las condiciones del paciente, puede ser apropiado hablar con él sobre el diagnóstico de TLP y las influencias genéticas y ambientales, así como darle otra información clínica (mostrando *comprensión* como en SET-UP).
2. **Ser activo, no reactivo.** Ser receptivo, cercano, y demostrar interés sincero (lo cual reflejaría *apoyo* y *empatía*).
3. **Ser reflexivo.** Adoptar el propósito de pensar siempre antes de actuar.
4. **Ser realista y demostrar profesionalidad.** Reconocer los errores. Se puede compartir información personal en cierta medida.
5. **Confiar en lograr un cambio.** Proponerse en todo momento objetivos realistas y no aceptar la renuncia (*perseverancia*).
6. **Responsabilizar al paciente de su conducta.** Establecer que el paciente es responsable de sus actos (como en la parte de *verdad* del SET-UP).
7. **Centrarse en el contacto con el exterior.** Subrayar la importancia de las relaciones sociales, interpersonales y laborales.
8. **Ser flexible y pragmático.** Improvisar. Ajustarse a las necesidades del paciente.

Los cambios que principalmente se propone conseguir el GPM tienen tres ejes centrales:

1. **Mentalización.** Aprender a «pensar primero». Pensar antes de actuar. Ser consciente de los propios sentimientos e identificar los sentimientos y motivaciones de los demás (como en la TBM).
2. **Rehabilitación social.** Establecer rutinas sociales y laborales. Desarrollar mejores relaciones. Mejorar las actividades de la vida diaria (como en la TDC).
3. **Experiencias correctivas.** Una conexión seria y de confianza con el terapeuta es algo que el paciente puede interiorizar como modelo para las relaciones externas (como en la PCT).

Comparación de tratamientos

Un caso práctico puede mostrar cómo utilizarían distintos terapeutas sus sistemas de tratamiento respectivos frente a una misma situación:

Judy, una contable soltera de veintinueve años, llegó a la consulta de su terapeuta bastante alterada después de haber tenido una fuerte discusión con su padre, durante la que él la había llamado zorra. Cuando su médico le preguntó qué había ocurrido para que la insultara así, Judy se alteró todavía más, acusó al terapeuta de estar poniéndose de parte de su padre y lanzó una caja de pañuelos de papel hasta la otra punta de la consulta.

Un practicante de la terapia dialéctica conductual (TDC) probablemente dirija su atención al enfado y la explosión colérica de Judy. Es posible que empatice con su frustración, acepte su gesto impulsivo y trabaje con ella para que aprenda a descargar la frustración sin recurrir a la violencia. También es probable que le indique maneras de resolver la frustración que le provoca su padre.

El practicante de la terapia centrada en esquemas (TCE) quizá empiece por intentar corregir la percepción errónea que Judy tiene de él y le asegure que no está enfadado con ella y que está totalmente de su parte.

Con la terapia basada en la mentalización (TBM), puede que el practicante le pida a Judy que cuente lo que siente y piensa en este momento. También es posible que dirija la atención de Judy a pensar (mentalizar) qué cree ella que le ha hecho a su padre reaccionar así mientras hablaban.

El terapeuta de la psicoterapia centrada en la transferencia (PCT) puede empezar por señalar que Judy lo está comparando con su padre y centrarse a continuación en el drástico cambio que han experimentado los sentimientos de Judy hacia él en ese momento de la terapia.

El médico de gestión psiquiátrica efectiva (GPM) tal vez exprese primero su alarma por la violencia de Judy y lo mucho que lamenta haberla molestado. Luego es posible que aluda a la reacción extrema que ha tenido Judy a su pregunta y explore con ella otras formas de descargar su ira.

Otras terapias

Existen además otros enfoques terapéuticos, menos estudiados. La mayoría de estas escuelas han elaborado manuales con instrucciones precisas para los terapeutas. Robert Gregory y su grupo de la Universidad Estatal de Nueva York en Siracusa han creado un protocolo, a partir de tratamientos más conocidos, al que han dado el nombre de psicoterapia dinámica deconstructiva (PDD), dirigido específicamente a casos de pacientes *borderline* particularmente difíciles o en los que otros trastornos, como la dependencia de sustancias, complican la situación.[18] El tratamiento consiste en sesiones individuales de orientación psicodinámica, una vez por semana, dirigidas a activar las percepciones cognitivas inhibidas y a ayudar al paciente a desarrollar un sentido más coherente y consistente de sí mismo y de los demás.

La terapia basada en la alianza (TBA), desarrollada en el Centro Austen Riggs de Stockbridge, Massachusetts, es un enfoque psicodinámico que se centra específicamente en las conductas suicidas y autodestructivas.[19] Al igual que la psicoterapia centrada en la transferencia (PCT), utiliza la relación terapéutica como laboratorio en el que descubrir cómo influyen distintos aspectos de la interacción en los actos autodestructivos.

La psicoterapia dinámica intensiva breve (TDIB) ha sido creada por un grupo de investigadores canadiense para el tratamiento de pacientes con trastornos de la personalidad.[20] Las sesiones individuales, una vez por semana, se concentran en las emociones inconscientes de las que nacen las actitudes defensivas y en las conexiones entre esos sentimientos y los traumas del pasado. Por lo general, el tratamiento dura unos seis meses.

Varios profesionales de Chile, conscientes de la dificultad para proporcionar una atención individual intensiva a los pacientes con TLP, desarrollaron un sistema de terapia grupal llamada Intermitente-Continua-Ecléctica (ICE).[21] Las sesiones semanales son de noventa minutos y se realizan en ciclos de diez sesiones. Los pacientes pueden hacer sucesivas rondas, a elección suya y de sus terapeutas. El trabajo de comprensión por parte del paciente está guiado por una perspectiva psicodinámica, pero se minimizan las interpretaciones. La primera parte de cada sesión es un período abierto y de apoyo en el que se alienta el diálogo no estructurado; la segunda mitad adopta la estructura de un aula en la que se enseñan modos de lidiar con emociones difíciles (como en la TDC y el sistema STEPPS).

¿Qué terapia es la mejor?

Todos los modelos de tratamiento de esta «sopa de letras» hacen lo posible por tipificar la terapia, la mayoría utilizando programas basados en un manual de instrucciones precisas, y han intentado realizar estudios controlados para determinar la eficacia del modelo en cuestión, que demuestran la superioridad de la terapia formalizada sobre los «tratamientos al uso» de apoyo no específico con los que se la ha comparado. Algunas investigaciones han estudiado los resultados comparativos entre los diferentes tratamientos.

Un estudio comparó los resultados de tratamientos ambulatorios de un año de duración para pacientes *borderline* con tres modelos diferentes: terapia dialéctica conductual (TDC), psicoterapia centrada en la transferencia (PCT) y una terapia psicodinámica de apoyo.[22] Los pacientes de los tres grupos demostraron una mejoría de la depresión, la ansiedad, las interacciones sociales y el funcionamiento general. Tanto la TDC como la PCT mostraron una reducción significativa de los pensamientos suicidas. La PCT y la terapia de apoyo fueron más eficaces para reducir la ira y la impulsividad. La PCT fue la más eficaz en la reducción de la irritabilidad y de la agresividad verbal y física.

Un estudio holandés de tres años de duración comparó los resultados del tratamiento de pacientes *borderline* con la terapia centrada en esquemas (TCE) frente a los de tratados con la psicoterapia centrada en la transferencia (PCT).[23] Al finalizar el primer año, ambos grupos de tratamiento habían experimentado una significativa disminución de los síntomas de TLP y una mejora de la calidad de vida muy similares. Sin embargo, para el tercer año, los pacientes de la PCT mostraban una mejoría significativamente mayor y menos casos de abandono del tratamiento. Un estudio posterior realizado también en los Países Bajos comparó la relación coste-efectividad de estos dos modelos de psicoterapia,[24] es decir, relacionó los costes del tratamiento con la mejora de la calidad de vida al cabo del tiempo mediante un cuestionario autoadministrado. Aunque la calidad de vida después de la PCT era ligeramente más alta que después de la TCE, el coste global de una mejoría comparable era significativamente menor con la TCE.

Un estudio de dos años de duración en el que se comparó a pacientes *borderline* que habían completado el tratamiento con la TDC y a pacientes a los que se había tratado con la gestión psiquiátrica eficiente (GPM) mostró resultados muy similares.[25] Ambos grupos reflejaron una mejoría significativa y semejante en la mayoría de las áreas evaluadas. Más del sesenta por ciento de los pacientes de ambos grupos habían dejado de cumplir los criterios requeridos para el diagnóstico formal de TLP. Las mediciones de la calidad de vida mejoraron por igual y de forma significativa en ambos grupos. Sin embargo, esto se atenuó debido a los persistentes déficits en independencia de vida. En ambos grupos, más de la mitad de los pacientes continuaban sin empleo y más de una tercera parte seguían recibiendo ayudas por discapacidad.

Un estudio de seguimiento de un año con pacientes *borderline* que comparó la psicoterapia dinámica deconstructiva (PDD) y la terapia dialéctica conductual (TDC) encontró una significativa reducción de los síntomas en ambos grupos. Sin embargo, con el tratamiento de la PDD hubo menos casos de abandono de la terapia y se obtuvieron mejores resultados en general.[26]

Aunque todos estos estudios son admirables intentos por comparar las distintas técnicas terapéuticas, todos tienen aspectos que se pueden criticar. La selección de pacientes y terapeutas, la validez de las medidas utilizadas y la infinidad de variables no controladas que afectan a cualquier estudio científico hacen que tratar de comparar las respuestas conductuales humanas sea muy difícil. Los continuos estudios que se están llevando a cabo con un mayor número de sujetos pueden revelar otros modelos terapéuticos que serán beneficiosos para muchos pacientes en conjunto. Pero dada la complejidad de variantes enraizadas en nuestro ADN, que hacen que una persona sea tan diferente de otra, descubrir el «mejor» tratamiento, que sea ideal para todos, sin duda es imposible.

Todas las intervenciones terapéuticas eficaces tienen características comunes; principalmente, una relación sólida y de confianza con el terapeuta. Y no se ha demostrado que ningún método sea sistemáticamente mejor que los demás. El tratamiento que ha demostrado su superioridad en la mayoría de los sujetos de un estudio puede no ser el ideal para *ti*. Y otro tanto ocurre en el terreno de los medicamentos, donde está claro que lo que le sirve a un paciente *no* les sirve a todos. Por lo tanto, la idea principal que podemos extraer de estos estudios no es qué tratamiento funciona mejor, ¡sino que el tratamiento psicoterapéutico *funciona*! De hecho, como dice el Dodo en *Alicia en el país de las maravillas* al finalizar la carrera: «¡Todos han ganado, y todos deben recibir un premio!».

Desgraciadamente, la psicoterapia ha estado figurativa y literalmente devaluada durante muchos años. Los servicios psicológicos, en general, se pagan a un precio notablemente inferior al de los servicios médicos. El pago del seguro a un profesional clínico por una hora de interacción con un paciente sin mediar intervención formal (por ejemplo, ajustar la dieta y la conducta adecuadas en un caso de diabetes, dar instrucciones sobre el cuidado de una herida que está en proceso de curación u ofrecer atención psicoterapéutica) es solo una fracción del pago que se hace por un procedimiento médico rutinario (intervención quirúrgica menor, inyección de esteroides, etc.). Por una hora de psicoterapia, Medicare y la mayoría de las compañías de seguros privadas pagan menos de una décima parte de la tasa de compensación establecida para muchos procedimientos quirúrgicos menores en régimen ambulatorio.

Los continuos esfuerzos de Estados Unidos por proporcionar asistencia sanitaria más asequible a un mayor número de personas propiciará, quizá, la imposición de tratamientos que hayan demostrado ser aproximadamente equivalentes a los normalizados pero menos costosos. Será importante que en dicho sistema siga habiendo flexibilidad, para no denigrar el *arte* de la medicina, que permite la individualidad en la sagrada relación entre médico y paciente.

Futuras investigaciones y terapias especializadas para el TLP

En el futuro, es posible que los avances en la investigación genética y biológica indiquen cómo se pueden individualizar las terapias para cada paciente. Al igual que ningún medicamento ha demostrado ser mejor que los demás para tratar a todos los pacientes con TLP, tampoco se ha demostrado que haya un único modelo terapéutico que sea el más eficaz en todos los casos, a pesar de todo el trabajo invertido en compararlos. Los terapeutas deben aplicar los enfoques terapéuticos más indicados para las necesidades particulares de cada paciente, en lugar de tratar de aplicar el quimérico *mejor* enfoque a todos ellos. Por ejemplo, los pacientes *borderline* que tienen significativas tendencias suicidas, o comportamientos autolesivos graves, podrían responder mejor inicialmente a los métodos cognitivos/conductuales, como la terapia dialéctica conductual (TDC). Los pacientes más funcionales quizá respondan mejor a los protocolos psicodinámicos. Si el paciente tiene limitaciones económicas o de horarios, puede ser más conveniente una terapia breve, mientras que si un paciente tiene patrones de conducta reiteradamente destructivos será necesario un protocolo más intensivo y de mayor duración. Algunos terapeutas siguen paso a paso un proceso concreto tal como lo describe el manual; otros emplean un enfoque terapéutico ecléctico que combina varios métodos. Para conseguir «el mejor ajuste» (véase el capítulo siete), el paciente debe entender el enfoque terapéutico que el profesional le propone y sentirse cómodo con él en la práctica.

Al igual que la mayoría de las especialidades médicas (por ejemplo, la oftalmología) han desarrollado subespecialidades para situaciones complejas o para cada parte específica del órgano que tratan (por ejemplo, retina, córnea), puede ser que el tratamiento óptimo del TLP siga esa misma dirección. Por ejemplo, se han diseñado programas expresamente para pacientes que se autolesionan. En el futuro, es posible que los centros de atención dedicados específicamente al TLP, que cuentan con profesionales experimentados y especializados y se centran en síntomas concretos, puedan ofrecer regímenes de tratamiento más efectivos.

Capítulo nueve

Medicamentos: la ciencia y la promesa

Una píldora te hace más grande, y otra te hace pequeña...

—De la canción *White Rabbit*,
por Grace Slick, de Jefferson Airplane

Los médicos son hombres que recetan medicamentos, de los que saben muy poco, para curar enfermedades de las que saben aún menos en cuerpos de los que no saben nada.

—Voltaire

Aunque la psicoterapia es el tratamiento que ha demostrado ser más eficaz para el TLP, la mayoría de los planes de tratamiento incluyen recomendaciones de complementarla con una terapia farmacológica. Sin embargo, los medicamentos suelen crearles serios dilemas a los pacientes *borderline*: algunos se quedan hechizados por la seductora promesa de que la medicación les van a «curar el trastorno»; otros tienen miedo de que los transforme en zombis, y se niegan a tomarla. Como los científicos no han aislado todavía una bacteria *borderlinus*, no disponemos de ningún «antibiótico» capaz de curar el TLP. Esto no quita para que los medicamentos puedan tratar los síntomas asociados (la depresión, por ejemplo, con antidepresivos) y aplacar conductas autodestructivas, como la impulsividad.

A pesar de la denuncia de Voltaire, los médicos saben cada día más cómo y por qué actúan los medicamentos sobre las enfermedades, y los últimos descubrimientos relacionados con la genética y la neurobiología del TLP nos ayudan a entender cómo y por qué ciertos medicamentos pueden ser eficaces para tratarlo.

Genética

Hace décadas que se discute acaloradamente sobre si es la naturaleza o la crianza la causante de las afecciones mentales y físicas, pero los avances del último cuarto de siglo en el estudio de la herencia, los mapas cromosómicos y la genética molecular nos han dado una comprensión mucho más detallada del papel que desempeña la naturaleza. Una manera de abordar esta controversia son los estudios de gemelos. En ellos se examina a gemelos idénticos (con una misma estructura genética) que fueron adoptados por familias diferentes, para detectar la presencia del trastorno. Si uno de los gemelos presenta TLP, la probabilidad de que el otro, criado en un entorno diferente, también reciba el diagnóstico de TLP es de entre el treinta y cinco y el setenta por ciento en algunos estudios, lo que da mayor peso al argumento de que naturaleza es la mayor responsable.[1] También ciertas características del TLP, como ansiedad, labilidad emocional, tendencias suicidas, impulsividad, ira, deseo de nuevas sensaciones, agresividad, distorsiones cognitivas, confusión de la identidad y problemas de relación, pueden ser en buena medida de naturaleza genética.

Debido a ese componente hereditario, algunos rasgos están presentes también en los miembros de la familia. Los familiares de los pacientes *borderline* presentan índices significativamente más elevados de trastornos del estado de ánimo y de los impulsos, abuso de sustancias y trastornos de la personalidad, en particular de TLP y de trastorno de personalidad antisocial (TPAS).[2]

Nuestra condición humana proviene de la elaborada y singular cadena de cromosomas que determinan al individuo. Aunque un solo gen específico no determina nuestro destino físico y psíquico, cierta combinación de códigos de ADN de diferentes cromosomas contribuye a que seamos más vulnerables a un trastorno en particular. Hay genes individuales que se han asociado con el alzhéimer, el cáncer de mama u otras afecciones; ahora bien, el que esas afecciones se manifiesten depende también de otros loci cromosómicos y factores ambientales. La genética molecular ha identificado alteraciones genéticas específicas (polimorfismos) asociadas con el TLP. Curiosamente, los genes afectados tienen relación con la producción y el metabolismo de varios neurotransmisores: serotonina, norepinefrina y dopamina, que facilitan la comunicación entre las células cerebrales e influyen en qué genes se activan o desactivan. Y las alteraciones de estos neurotransmisores se han asociado a su vez con trastornos del estado de ánimo, desregulación de los impulsos, disociación y sensibilidad al dolor.

Neuroendocrinología

Intervienen también en la patología *borderline* otros neurotransmisores endocrinos (hormonas). Se ha observado una desregulación del NMDA (N-metil-D-aspartato) en el TLP (así como en algunas afecciones más), que se ha relacionado con la disociación, los episodios psicóticos y la discapacidad cognitiva.[3] En el TLP se han descubierto, además, alteraciones del sistema opioide (endorfinas) del organismo, que se asocian con experiencias disociativas, insensibilidad al dolor (especialmente en individuos que se autolesionan) y abuso de opiáceos.[4] La acetilcolina es otro neurotransmisor que afecta a la memoria, la atención, el aprendizaje, el estado de ánimo, la agresividad y el comportamiento sexual, y cuya desregulación se ha relacionado con el TLP.[5]

El estrés crónico o recurrente puede alterar también el equilibrio neuroendocrino. El estrés activa el eje hipotalámico-hipofisario-suprarrenal (HHS), que segrega cortisol y activa el sistema inmunitario del organismo. En una situación súbita de estrés agudo, este sistema activa de un modo productivo los mecanismos corporales de lucha o huida, y luego un mecanismo interno de retroalimentación actúa como termostato para desactivar el eje y devolver el cuerpo al equilibrio. Sin embargo, el estrés continuo desorganiza el circuito regenerativo, y las alarmas de estrés continúan sin cesar, lo cual tiene un efecto perjudicial en el cuerpo que se traduce, entre otras cosas, en la contracción de zonas características del cerebro. Este patrón se ha observado en varios trastornos, como el TLP, el TEPT, la depresión mayor y ciertos trastornos de ansiedad.

La oxitocina se produce asimismo en el hipotálamo, y la glándula pituitaria la segrega en la corriente sanguínea. Esta hormona se asocia con una mayor sensibilidad social, sentimientos de intimidad, confianza y disminución de la ansiedad (y a veces se la denomina «hormona del amor» o «sustancia química del abrazo»). Algunos estudios indican que los niveles de oxitocina son más bajos en las mujeres *borderline*.[6]

Disfunción neurológica

Las disfunciones cerebrales se han asociado frecuentemente con el TLP. Un significativo subgrupo de pacientes *borderline* tiene una historia clínica de traumatismo craneal, encefalitis, epilepsia, problemas de aprendizaje, anomalías electroencefalográficas (de las ondas cerebrales), disfunción del patrón de sueño y anomalía de otras señales neurológicas «sutiles».[7, 8]

Las imágenes cerebrales obtenidas por medios sofisticados –imagen por resonancia magnética funcional (IRMf), tomografía computarizada (TC), tomografía por emisión de positrones (TEP) y tomografía computarizada por emisión de fotón único (SPECT, por sus siglas en inglés)– han puesto de manifiesto algunas irregularidades anatómicas y fisiológicas asociadas con el TLP. Como ya se ha señalado (véase el capítulo tres), estos estudios muestran una aparente hiperactividad de las partes del cerebro relacionadas con la respuesta emocional (el sistema límbico), estructuras cerebrales situadas a nivel profundo, como la amígdala, el hipocampo y el giro cingulado, y muestran en cambio una hipoactivación de las partes externas del cerebro relacionadas con el pensamiento ejecutivo y el control, como la corteza prefrontal.[9] Un estudio en el que se emplearon actígrafos (sofisticados monitores de muñeca que miden los patrones de actividad en reposo y los ritmos circadianos de sueño y vigilia) determinó que las alteraciones de estas secuencias se correlacionaban con una mayor impulsividad e inestabilidad de los estados de ánimo en el TLP, en comparación con pacientes bipolares y con los individuos sanos del grupo de control.[10]

Consideraciones futuras

Gracias a estos avances en el estudio de la genética y la neurobiología, los científicos podrán clasificar en subtipos precisos los distintos modos en que se presenta la patología y, basándose en ese conocimiento, los médicos podrán a su vez «personalizar» con detalle el medicamento que administran a cada paciente. Por emplear una analogía: la comprensión que tenemos actualmente de las afecciones psiquiátricas es aproximadamente la misma que se tenía de las infecciones a principios y mediados del siglo XX, antes de que se pudiera cultivar adecuadamente el agente infeccioso. Hace cien años, los médicos podían diagnosticar la neumonía, pero no determinar si el agente infeccioso era bacteriano, viral o fúngico. Hace setenta años, eran capaces de reconocer las bacterias, pero no de establecer qué antibiótico sería más eficaz. Sin embargo, a partir de que los científicos descubrieron cómo cultivar cepas individuales de bacterias y establecer su sensibilidad a determinados antibióticos, los médicos pudieron recetar un medicamento específico con unas considerables probabilidades de éxito. En otras palabras, los médicos no se limitaban ya a tratar una infección o una neumonía; estaban tratando una cepa en concreto, como el *Staphylococcus aureus*. Del mismo modo, es de esperar que en el futuro podamos «cultivar» la afección psiquiátrica y determinar el mejor tratamiento. Trataremos la particular biología de cada individuo, no simplemente el diagnóstico. Al igual que en el tratamiento del cáncer la medicina de precisión determina una forma específica de quimioterapia basándose en biomarcadores genéticos, la psiquiatría de precisión podrá especificar el tratamiento para cada síndrome individual. Como consecuencia, el concepto de «*off-label*» o «fuera de prospecto» (recetar un medicamento para tratar una afección para la que no está formalmente aprobado) caerá en desuso, ya que el medicamento que se utilice estará expresamente dirigido a tratar un proceso biológico específico, y no un diagnóstico en particular. En ese momento, el diagnóstico se basará en determinantes biofisiológicos, no en una descripción de síntomas. Este es el objetivo último de los Criterios de Dominio de Investigación (RDoC) del NIMH para el diagnóstico.* (Véase el apéndice A).

Medicamentos

Los descubrimientos en los campos de la genética y la fisiología del cerebro, campos que están en constante proceso de expansión, han dado lugar a nuevos medicamentos para muchas afecciones físicas y mentales. Se han conseguido importantes avances en farmacología, especialmente en el área de la biotecnología; en pocas palabras, se han creado numerosos fármacos psicoterapéuticos en los últimos veinte años, y hay evidencia de que algunos han resultado eficaces para tratar diversos síntomas del TLP. Aunque no hay ningún medicamento específicamente diseñado para tratar este trastorno, los estudios han demostrado que tres clases principales de medicamentos –antidepresivos, estabilizadores del estado de ánimo y neurolépticos (antipsicóticos)– mejoran muchos de los comportamientos de inadaptación asociados con el TLP.[11]

* N. de la T.: Los Criterios de Dominio de Investigación (RDoC, por sus siglas en inglés: Research Domain Criteria) son una propuesta del Instituto Nacional de Salud Mental de Estados Unidos (NIMH) a fin de fomentar la organización sistemática de la investigación en salud mental en torno a una serie de criterios que van más allá de los cuadros diagnósticos del *Manual de trastornos mentales* (DSM) de la Asociación Estadounidense de Psiquiatría (APA).

Antidepresivos

La mayoría de las investigaciones han examinado el uso de medicamentos antidepresivos, en particular los inhibidores selectivos de la recaptación de serotonina (ISRS o IRS). Entre ellos se encuentran: Prozac (fluoxetina), Zoloft (sertralina), Paxil o Pexeva (paroxetina), Luvox (fluvoxamina), Celexa (citalopram) y Lexapro (escitalopram, relacionado con el citalopram). Algunos medicamentos más recientes que se consideran inhibidores de la recaptación de serotonina son: Viibryd (vilazodona) y Brintellix (vortioxetina). Como es de suponer, estos fármacos han demostrado su eficacia para tratar la inestabilidad del estado de ánimo y síntomas relacionados con la depresión, como el sentimiento de vacío, la ansiedad o la sensibilidad al rechazo. Pero, además, se ha visto que los IRS reducen los arrebatos intempestivos de ira, el comportamiento agresivo, la impulsividad destructiva y los actos de autolesión incluso sin la presencia de síntomas depresivos. En muchos estudios, fueron necesarias dosis más altas de las habituales (por ejemplo, más de 80 miligramos de Prozac o más de 200 miligramos de Zoloft al día) para conseguir un efecto positivo sobre los síntomas del TLP. Otro grupo de fármacos relacionados, los inhibidores de la recaptación de serotonina-norepinefrina (IRSN), aunque todavía no se han estudiado tan extensamente, podrían tener similares efectos positivos. Entre ellos se encuentran Effexor (venlafaxina), Pristiq (desvenlafaxina, relacionado con la venlafaxina) y Cymbalta (duloxetina). Los IRSN de creación más reciente son Fetzima (levomilnacipran), indicado para la depresión, y Savella (milnacipran), indicado médicamente solo para la fibromialgia.

También se han estudiado los efectos de antidepresivos más antiguos, como los antidepresivos tricíclicos (ATC) y los inhibidores de la monoaminooxidasa (IMAO). Entre los ATC están: Elavil (amitriptilina), Tofranil (imipramina), Pamelor o Aventyl (nortriptilina), Vivactil (protriptilina), Sinequan (doxepina), Norpramin (desipramina), Asendin (amoxapina) y Surmontil (trimipramina). En general han resultado menos eficaces que los mencionados anteriormente, y en algunos casos han reducido el control emocional. Esto significa que el paciente con diagnóstico de TLP debe estar muy atento a si le han recetado fármacos de la clase ATC.

Los IMAO –Nardil (fenelzina), Parnate (tranilcipromina), Emsam (selegilina) y Marplan (isocarboxazida) entre otros– han demostrado tener una eficacia en el TLP comparable a la de los IRS. Sin embargo, los IMAO suelen tener más efectos secundarios, son más peligrosos en caso de sobredosis y requieren restricciones dietéticas y de otra medicación simultánea, por lo cual se utilizan con mucha menos frecuencia.

Estabilizadores del estado de ánimo

Este grupo de medicamentos incluye el litio, un elemento que está presente en muchos productos de origen natural, y los anticonvulsivos: Depakote (valproato), Tegretol (carbamazepina), Trileptal (oxcarbazepina, relacionada con la carbamazepina), Lamictal (lamotrigina) y Topamax (topiramato). Las directrices de la Asociación Estadounidense de Psiquiatría recomiendan este grupo de fármacos como tratamiento complementario cuando los IRS u otras intervenciones son ineficaces o solo parcialmente eficaces. Estos medicamentos, en dosis adecuadas, ayudan a estabilizar el estado de ánimo, reducir la ansiedad y tener más control de la impulsividad, la agresividad, la irritabilidad y la ira. Neurontin (gabapentina), Dilantin (fenitoína), Gabatril (tiagabina), Keppra (levetiracetam) y Zonegran (zonisamida) pertenecen también a esta clase de fármacos, pero son pocos los estudios que han demostrado su eficacia en pacientes con TLP.

Neurolépticos (antipsicóticos)

Estos fármacos se recomiendan para el tratamiento inicial de las distorsiones cognitivo-perceptuales en los pacientes *borderline*. La paranoia, los síntomas disociativos y las sensaciones de irrealidad (criterio 9 en el DSM-5, véase el capítulo dos) son los objetivos principales. En combinación con los IRS, estos medicamentos, por lo general en dosis más bajas que las comunes, alivian los sentimientos de ira y la agresividad, estabilizan el estado de ánimo y reducen la ansiedad, el pensamiento obsesivo, la impulsividad y la hipersensibilidad en las interacciones personales.

Los primeros estudios se hicieron con neurolépticos antiguos, como Thorazine (clorpromazina), Stelazine (trifluoperazina), Trilafon (perfenazina), Haldol (haloperidol), Navane (tiotixeno) y Loxitane (loxapina), pero otros medicamentos de formulación más reciente, llamados antipsicóticos atípicos, también han demostrado su eficacia y en general tienen menos efectos secundarios. Algunos de ellos son: Zyprexa (olanzapina), Seroquel (quetiapina), Risperdal (risperidona), Abilify (aripiprazol) y Clozaril (clozapina). Hay además otros medicamentos de esta clase –Invega (paliperidona, relacionada con la risperidona), Fanapt (iloperidona), Saphris (asenapina), Geodon (ziprasidona), Vraylar (cariprazina), Latuda (lurasidona) y Rexulti (brexpiprazol)– que o no se han estudiado o no han dado resultados concluyentes.

Ansiolíticos

Los ansiolíticos, aunque muy útiles para la ansiedad, han demostrado aumentar la impulsividad, se prestan a un consumo abusivo y pueden crear adicción. Algunos de estos tranquilizantes, principalmente de la clase conocida como benzodiacepinas, son: Xanax (alprazolam), Ativan (lorazepam), Tranxene (clorazepato), Valium (diazepam) y Librium (clordiazepóxido), entre otros. Klonopin (clonazepam), una benzodiacepina de acción más prolongada, que puede tener un mayor efecto sobre la serotonina, ha demostrado cierta eficacia en el tratamiento de síntomas de agresividad y ansiedad, por lo que quizá sea la única benzodiacepina que puede ser útil para el TLP.

Antagonistas de los opioides

ReVia o Vivitrol (naltrexona) inhibe en el organismo la producción natural de endorfinas, que inducen analgesia y sensación de euforia.

Algunos informes indican que este medicamento puede evitar las conductas autolesivas.

Otros tratamientos farmacológicos

Los tratamientos homeopáticos o a base de hierbas han resultado generalmente infructuosos, con la excepción de los preparados de ácidos grasos omega-3. Un estudio realizado con una muestra pequeña de sujetos descubrió que esta sustancia reducía efectivamente la agresividad y la depresión en las mujeres.[12]

Se han investigado sustancias que modulan el neurotransmisor glutamato en el TLP. Dos de ellas, el aminoácido N-acetilcisteína y el Rilutek (riluzol) –un fármaco utilizado para el tratamiento de la esclerosis lateral amiotrófica (enfermedad de Lou Gehrig)– demostraron reducir significativamente el comportamiento autolesivo en dos pacientes *borderline*.[13] Se han investigado otros moduladores del glutamato (incluido el dextrometorfano, de uso común para aliviar la tos) como posibles remedios para la depresión. El más estudiado es la ketamina.[14] La ketamina, elaborada en un principio como anestésico de uso veterinario, se explotó también como droga de diseño con el nombre de Special K. Más recientemente se ha aprobado su uso para tratar la depresión resistente al tratamiento. No se ha estudiado para los síntomas del TLP.

La Guía Práctica de la Asociación Estadounidense de Psiquiatría (APA) recomienda que los medicamentos se administren para tratar un grupo específico de síntomas. Las directrices dividen los síntomas del TLP en tres grupos principales: inestabilidad del estado de ánimo, descontrol de los impulsos y distorsiones cognitivo-perceptuales. En la tabla 9.1 se resume un algoritmo de enfoques de tratamiento recomendados, con tácticas alternativas si la opción anterior resulta ineficaz.

Tabla 9.1. Farmacoterapia para el tratamiento de los síntomas del TLP.

SÍNTOMA	1.ª OPCIÓN	2.ª OPCIÓN	3.ª OPCIÓN	4.ª OPCIÓN
Inestabilidad del estado de ánimo.	IRS	Un IRS o ISRS diferente.	Acompañar de NL, clonazepam, o cambiar a IMAO.	Acompañar de EEA.
Descontrol de los impulsos.	IRS	Acompañar de NL.	Acompañar de EEA o cambiar a IMAO.	
Distorsiones cognitivo-perceptuales.	NL	Acompañar de IRS o IMAO o un NL diferente.		

IRS = inhibidor de la recaptación de serotonina; puede requerir dosis más altas de lo habitual.
NL = neuroléptico; normalmente en dosis bajas.
IMAO = inhibidor de la monoaminooxidasa.
EEA = estabilizador del estado de ánimo.

Unas palabras sobre el uso de medicamentos «fuera de prospecto»

La Administración de Alimentos y Medicamentos de Estados Unidos (FDA) no ha aprobado formalmente ningún fármaco para el tratamiento del TLP, por lo que si se utilizan medicamentos para tratarlo es siempre «fuera de prospecto». Aunque la expresión pueda ponernos en guardia, y sonarles a los no iniciados como una práctica de mucho riesgo, recetar fármacos «fuera de prospecto» es una práctica común para toda una diversidad de afecciones médicas. Dado que a una empresa farmacéutica le cuesta una media de mil millones de dólares sacar un medicamento al mercado, muchas empresas no solicitan la aprobación del medicamento para una amplia gama de afecciones o fuera de unos rangos de dosis muy delimitados, ya que solicitarlo podría reducir las probabilidades de que la FDA lo apruebe y aumentar en gran medida los costes. Por ejemplo, aunque se sabe que los IRS son beneficiosos para varias afecciones y trastornos, como la depresión, el trastorno por estrés postraumático, trastornos de ansiedad y algunos trastornos por dolor, el fabricante del fármaco puede no querer asumir el gasto adicional que supone obtener la aprobación de la FDA –o arriesgarse a que esta lo rechace– solicitando que el prospecto incluya todas esas indicaciones y/o amplios rangos de dosis. Cada vez que un médico receta un medicamento para una dolencia para la que no ha sido aprobado, o en una dosis que excede las recomendaciones, se considera «fuera de prospecto». Desgraciadamente, los igualatorios o compañías de seguros médicos pueden negarse a costear el uso de esos tratamientos con fármacos «fuera de prospecto» debido a su precio elevado.

Medicamentos genéricos

En esencia, un medicamento genérico contiene el mismo principio activo que la fórmula original; por lo general, casi siempre es más barato. Ahora bien, esto no significa que un medicamento genérico sea *idéntico* a su homólogo de marca. La FDA considera que un medicamento genérico es «equivalente» a uno de marca si el nivel de variación en sangre en voluntarios sanos no supera el veinte por ciento, una diferencia significativa en algunos pacientes. Un medicamento genérico también puede diferir del original en sus excipientes (componentes no activos) y en su sistema de administración (por ejemplo, pastilla o cápsula). Además, dos medicamentos genéricos pueden variar mucho uno de otro (en teoría, puede haber una variación en sangre hasta del cuarenta por ciento). Lo que todo esto significa es que si cambiar a un medicamento genérico supone un ahorro significativo, puede merecer la pena intentarlo. Sin embargo, si los síntomas vuelven a aparecer, es mejor volver al de marca. Además, si se está tomando un medicamento genérico que funciona, no se debe cambiar a otro medicamento genérico distinto. Ten presente que algunas farmacias y médicos reciben primas por cambiar a los pacientes a medicamentos genéricos, que, aunque son menos costosos para el paciente, a la farmacia le permiten obtener mayores ganancias. Los pacientes deben saber también que utilizar el seguro para comprar un medicamento genérico barato puede salir más caro que comprar el medicamento directamente, sin la cobertura del seguro.

Otros tratamientos físicos

Aunque la terapia electroconvulsiva (TEC) ha demostrado ser eficaz para tratar la depresión, no lo ha sido para el TLP.[15] Se han hecho algunos estudios de casos de TLP con depresión tratados con estimulación magnética transcraneal repetitiva (EMTr), una técnica que utiliza la estimulación electromagnética de ciertas partes del cerebro. Estos estudios, realizados con una muestra de sujetos reducida, indican una mejoría de varios síntomas del TLP: ira, inestabilidad del estado de ánimo, impulsividad e hipersensibilidad interpersonal.[16]

Tratamiento dividido

Muchos pacientes reciben atención psiquiátrica de más de un profesional. En la mayoría de los casos, la terapia la puede administrar un profesional sin estudios de medicina (un psicólogo, trabajador social o consejero), mientras que los medicamentos debe administrarlos un médico (psiquiatra o médico de atención primaria). Las ventajas de este protocolo son un menor gasto (lo que explica que los igualatorios médicos lo recomienden), la participación de más profesionales y la separación del aspecto terapéutico y el farmacológico. Pero esta separación puede tener también una desventaja, ya que le da al paciente *borderline* la posibilidad de dividir a los profesionales que lo atienden en «buenos» y «malos», lo cual puede generarle confusión y dudas sobre el tratamiento. Por eso es muy importante que haya una estrecha comunicación entre los profesionales que tratan al mismo paciente para que el proceso sea eficaz. En algunos casos, es preferible un psiquiatra que tenga conocimientos y experiencia tanto en la práctica médica como en las técnicas de psicoterapia.

¿Se puede curar el TLP?

Al igual que el propio trastorno, la opinión de los profesionales sobre el pronóstico de las personas afectadas por el TLP ha pasado de un extremo a otro. En la década de 1980, se pensaba que los llamados trastornos de la personalidad del Eje II eran por lo general permanentes. El DSM-III-R de la época afirmaba que los trastornos de la personalidad «comienzan en la infancia o la adolescencia y persisten de forma estable (sin períodos de remisión o exacerbación) en la vida adulta».[17] Esta concepción del TLP contrastaba con la mayoría de los trastornos del Eje I (como la depresión mayor, el alcoholismo, el trastorno bipolar o la esquizofrenia), que se consideraban de carácter más episódico y respondían, por tanto, al tratamiento farmacológico. Las tasas de suicidio en el TLP se acercaban al diez por ciento.[18] Todas estas consideraciones indicaban que el pronóstico del TLP era muy poco favorable.

Sin embargo, ahora está plenamente aceptado que en general los rasgos de la personalidad pueden cambiar con el tiempo, y que estos cambios pueden producirse en cualquier momento de la vida.[19] Las evaluaciones de individuos con TLP realizadas reiteradamente durante un periodo prolongado han demostrado una mejora significativa del trastorno con el paso del tiempo.[20, 21, 22] En estos estudios, que hicieron un seguimiento de los pacientes *borderline* a lo largo de diez años, hasta dos terceras partes de ellos dejaron de presentar cinco de los nueve criterios definitorios del TLP y, por tanto, podía considerarse que estaban «curados», puesto que ya no se ajustaban a la definición formal establecida por el DSM. La mejoría se produjo con o sin tratamiento, aunque los pacientes tratados consiguieron la remisión antes. La mayoría permanecieron en tratamiento, y las recaídas fueron disminuyendo con el tiempo. A pesar de estos resultados optimistas, también se descubrió que, aunque había pacientes a los que ya no se los podía designar formalmente *borderline*, algunos seguían teniendo dificultades de funcionamiento interpersonal que perjudicaba a sus relaciones sociales y profesionales. Esto parece indicar que los síntomas más agudos y destacados del TLP (los que definen principalmente el trastorno), como las conductas suicidas o autolesivas, la impulsividad destructiva y el pensamiento cuasipsicótico, responden con más rapidez al tratamiento, o al paso del tiempo, que los síntomas temperamentales más persistentes (miedo al abandono, sentimiento de vacío, dependencia, etc.). En resumen, aunque el pronóstico es claramente mucho más esperanzador de lo que se pensaba en un principio, algunos individuos *borderline* siguen teniendo ciertos problemas y limitaciones.

Los que vencen el trastorno muestran una mayor capacidad para confiar y establecer relaciones satisfactorias. Tienen un sentimiento de propósito en la vida y una comprensión más estable de quiénes son. En cierto sentido, aunque sigan experimentando algunas dificultades propias del TLP, tienen una vida productiva, salpicada de fragmentos residuales de la personalidad *borderline*.

Capítulo diez

Comprensión y curación

Es que, *aquí*, hace falta correr lo más rápido que se pueda para quedarse en el mismo sitio. Si quieres ir a alguna otra parte, ¡tienes que correr por lo menos el doble de rápido!

—*Alicia a través del espejo*, de Lewis Carroll

«Siento que tengo un vacío dentro que nunca consigo llenar del todo». Elizabeth, una mujer de veintiocho años atractiva e ingeniosa, fue remitida a terapia por su médico de familia. Llevaba seis años casada con un hombre diez años mayor que ella y que había sido su jefe. Cinco meses antes había dado a luz por primera vez, a una niña, y en la actualidad estaba muy deprimida.

Anhelaba con todas sus fuerzas algo que pudiera considerar suyo, algo que «demostrara que el resto del mundo sabía que existía». En su interior, tenía la sensación de que su «verdadero yo» era un pantano de emociones pueriles, y eso la obligaba a ocultar continuamente sus sentimientos, que eran «feos y malos». Descubrir todo esto se había tornado en odio hacia sí misma; sentía que no podía más.

Según sus cálculos, Elizabeth había tenido nueve relaciones extramatrimoniales en los seis años anteriores, todas con hombres que había conocido por su trabajo. Empezaron poco después de la muerte de su padre. La mayoría habían sido relaciones que controlaba por completo; era ella la que las iniciaba y ella la que les ponía fin.

Le resultaba estimulante y le daba una sensación de poder que aquellos hombres parecieran tan desconcertados por sus insinuaciones iniciales como luego por su repentino rechazo, tras el que se quedaba sola. Al igual que el personaje Buddy de la obra *Follies*, de Stephen Sondheim, experimentaba un continuo: «Qué dolor, ¿por qué no me quieres? Ah, sí me quieres. Entonces adiós». Elizabeth disfrutaba con la intimidad física, pero reconocía que le daba miedo implicarse emocionalmente. Aunque era ella la que controlaba las relaciones, nunca le resultaban sexualmente satisfactorias; tampoco la relación sexual con su marido la apasionaba. Admitió que utilizaba el sexo para «ecualizar» las relaciones, para tener el control; así se sentía más segura. Su intelecto y su personalidad, pensaba, no eran suficiente para retener a un hombre.

Elizabeth había crecido en una familia católica de clase trabajadora, tenía tres hermanos mayores y una hermana menor, que se ahogó en una piscina a los cinco años. Ella tenía ocho en aquel momento y apenas comprendió lo que había ocurrido; solo se dio cuenta de que su madre se volvió más retraída.

Hasta donde Elizabeth podía recordar, su madre había sido extremadamente crítica con ella. La acusaba a cada momento de ser «mala», insistía en que fuera a la iglesia con ella y había obligado a su marido a que hiciera un altar en la habitación de Elizabeth. Ella se sentía más unida a su padre, un hombre callado y pasivo dominado por su esposa. Cuando Elizabeth entró en la pubertad, se volvió menos afectuoso y más distante.

Durante los años de instituto, había sido una chica reservada y tímida. Su madre no quería que se relacionara con chicos, y vigilaba de cerca sus amistades con las chicas para asegurarse de que tenía amigas «aceptables». Sus hermanos habían sido siempre los favoritos de la madre, y Elizabeth les seguía las bromas, intentando ser «uno de ellos». Aunque sacaba buenas notas, le quitaron de la cabeza la idea de ir a la universidad y, justo después de graduarse, empezó a trabajar como secretaria a jornada completa.

A medida que el tiempo pasaba, los conflictos entre Elizabeth y su madre iban en aumento. Desde antes de terminar en el instituto, su madre le decía que parecía una «vagabunda» y la acusaba constantemente de ser una promiscua a pesar de que no había tenido todavía ninguna experiencia sexual. Cuando ya no pudo soportar más las discusiones con ella, ahorró lo suficiente para irse a vivir sola.

Mientras ocurría todo esto en la vida de Elizabeth, su jefe, Lloyd, se separó de su esposa y se vio envuelto en un tormentoso divorcio. Elizabeth le ofreció consuelo y comprensión. Él le correspondió animándola y brindándole apoyo en el trabajo. Empezaron a verse fuera de la oficina y se casaron poco después de que terminara el proceso de divorcio. Naturalmente, la madre de Elizabeth la reprendió por casarse con un hombre divorciado, que además era diez años mayor que ella y había abandonado la fe católica.

Su padre se mantuvo al margen. Murió un año después de que Elizabeth se casara.

Cinco años más tarde, el matrimonio se estaba desintegrando, y Elizabeth culpaba a su marido, un «ladrón» que le había robado la juventud. Cuando se conocieron, ella tenía solo diecinueve años, pero necesitaba tanto que alguien la cuidara que, a cambio de seguridad, había entregado su juventud, los años que hubiera podido dedicar a «experimentar con lo que quería ser, con lo que podía ser, con lo que hubiera debido ser».

En las primeras fases del tratamiento, Elizabeth habló de David, su aventura más reciente e importante. Era doce años mayor que ella, amigo de la familia desde hacía mucho y párroco; un hombre al que la familia de Elizabeth respetaba y apreciaba, su madre en especial. Era el único hombre con el que Elizabeth se había sentido conectada, y aquella la única relación que no intentaba controlar. Durante dos años, la relación se mantuvo, con intermitencias; él decidía terminarla abruptamente y luego la resucitaba. Elizabeth le confesó a su psiquiatra al cabo del tiempo que David era el padre de su hija. Al parecer, su marido no lo sabía.

Después se volvió más retraída. La relación con su marido, que estaba con frecuencia de viaje, se deterioró. Elizabeth se distanció más de su madre y de sus hermanos, y no hizo nada por mantener las pocas amistades que tenía. Se opuso a que su marido participara en la terapia cuando se le propuso, porque estaba convencida de que Lloyd y su psiquiatra estaban confabulados y querían plantear las cosas de manera que le favorecieran «a él». Así que hasta la terapia confirmaba la sensación de Elizabeth de que no podía confiar en nadie, porque se llevaría un desengaño si lo hacía. Todo lo que pensaba y sentía estaba lleno de contradicciones, era como encontrarse en un laberinto de callejones sin salida. Le parecía que lo único que podía sacarla de él era su sexualidad.

Su terapeuta solía ser blanco de sus resentimientos porque era él quien «tenía el control». Elizabeth le gritaba, lo acusaba de ser un incompetente y lo amenazaba con dejar la terapia. Esperaba verlo enfadarse, que él también le gritara y decidiera dejar de tratarla, o que se pusiera a la defensiva y le rogara que se quedase. Pero él no hacía ni lo uno ni lo otro, y ella arremetía contra su impasibilidad, que era la prueba de que no tenía sentimientos.

Aunque estaba acostumbrada a los frecuentes viajes de negocios de su marido, empezó a tener más miedo cuando se quedaba sola. Cuando él estaba fuera, por razones que aún no tenía muy claras dormía en el suelo. A su regreso, se enfurecía continuamente con él. Cada vez estaba más deprimida. El suicidio se le antojaba menos una opción que un destino, parecía que todo condujera a ese fin.

Elizabeth tenía una percepción de la realidad cada día más tenue. Su anhelo era ser «psicótica», vivir en un mundo de fantasía en el que pudiera «ir a cualquier parte» dentro de su mente; un mundo tan alejado de la realidad que nadie –ni siquiera el mejor psiquiatra– pudiera provocarle una reacción y «ver qué había debajo».

En sus ensoñaciones, imaginaba que la protegía un hombre fuerte y apuesto, que apreciaba manifiestamente todas sus admirables cualidades y era infinitamente atento con ella. A veces fantaseaba con la idea de que ese hombre era un antiguo profesor, luego su ginecólogo, después el veterinario al que conocía desde niña y finalmente su psiquiatra. Todos le parecían hombres fuertes, con poder, aunque en el fondo sabía que ninguno de ellos estaba disponible. No obstante, en sus fantasías, desarmados por su encanto se sentían irresistiblemente atraídos hacia ella, como le había ocurrido a David, durante un tiempo. Cuando la realidad no se atenía a su guion –cuando uno de esos hombres no respondía arrebatadamente a sus coqueteos–, se quedaba abatida y se despreciaba por no ser lo atractiva que hubiera deseado.

Dondequiera que mirara, veía mujeres más guapas, más inteligentes, mejores. Se lamentaba de no tener el pelo más bonito, los ojos de otro color, la piel más clara. Al mirarse en el espejo, no veía reflejada la imagen de una mujer joven y hermosa, sino la de una vieja con los pechos caídos, sin cintura, con las pantorrillas gordas. Se detestaba por ser mujer y necesitar ser bella para que se la valorara. Habría querido ser hombre, como sus hermanos, «para que la inteligencia hubiera contado también».

En su segundo año de terapia ambulatoria, Elizabeth perdió a varios seres queridos, entre ellos un tío suyo con el que había mantenido en los últimos tiempos una estrecha relación. Empezó a tener sueños recurrentes, pesadillas que la atormentaban y que cuando se despertaba no era capaz de recordar. Se deprimió aún más y los pensamientos suicidas se hicieron obsesivos, y finalmente ingresó en el hospital.

Con una terapia más intensiva, le fueron viniendo a la mente sucesos traumáticos de su infancia; se abrió la caja de Pandora y emergió un torrente de recuerdos. Se acordaba ahora de las palizas terribles que le daba su madre, y luego empezó a recordar los abusos sexuales: episodios en los que su madre le hacía lavados vaginales y le ponía enemas, y la acariciaba para «limpiarle» la vagina. Los rituales habían empezado cuando Elizabeth tenía unos ocho años, poco después de la muerte de su hermana, y continuaron hasta la pubertad. Se acordaba de mirar la cara de su madre en esos momentos y verle una expresión benigna y pacífica; eran las únicas ocasiones que recordaba en las que su madre no la trataba con dureza.

Se acordaba de estar escondida en el armario durante horas, y de que a menudo dormía en el suelo por miedo a que su madre se acercara a su cama y empezara a tocarla. A veces se dormía sujetando algún premio que hubiera ganado en el colegio. Estas cosas la reconfortaban, y siguió haciéndolas de mayor; a menudo prefería el suelo a la cama y pasaba largo rato a solas en silencio en una habitación o en un armario oscuro.

En el hospital, Elizabeth habló de las diferentes facetas de su personalidad. Describió fantasías de ser distintas personas, incluso les había puesto nombre a esos fragmentos individualizados de su personalidad. Los personajes eran mujeres independientes, con singulares talentos y a las que todos admiraban o que con aire de suficiencia rehuían todo contacto social. Elizabeth sentía que cada vez que conseguía algo o las cosas le iban bien era gracias al talento de uno de esos segmentos de personalidad separados. Le resultaba imposible integrarlos en un concepto unificado y estable de sí misma.

No obstante, reconocía que eran fragmentos de la personalidad, y nunca se apoderaron de ella y le impidieron funcionar en el mundo. No había tenido ningún período de amnesia o disociación evidentes ni sus síntomas se consideraban aspectos del trastorno de identidad disociativo (personalidad múltiple), aunque este muchas veces está asociado con el TLP.

Elizabeth utilizaba a esas «otras mujeres» para expresar los deseos y sentimientos que se sentía obligada a reprimir. Creía que ella no valía nada, pero que esas otras identidades parciales eran independientes de ella y más fuertes. Poco a poco, en el hospital, se fue dando cuenta de que siempre habían formado parte de ella. Reconocer esto fue un gran alivio y le dio esperanza. Empezó a sentir que era más fuerte y estaba menos loca de lo que había imaginado, lo que supuso un punto de inflexión en su vida.

Pero aún era pronto para cantar victoria. Como un oficial de campo, ordenó a las distintas «compañías» de su personalidad que se pusieran delante de ella, y les dijo que no podían entrar en combate si no era con la firme resolución de ser una sola unidad. Elizabeth –la esencia de su ser– seguía teniendo miedo al cambio, al amor y al éxito, seguía buscando en vano seguridad, seguía huyendo de las relaciones. Aceptarse a sí misma iba a ser más difícil de lo que nunca hubiera imaginado.

Después de salir del hospital, continuó recibiendo atención ambulatoria. A medida que ella mejoraba, la relación con su marido seguía deteriorándose. Pero en lugar de culparlo a él o culparse ella, como solía hacer, intentó resolver las diferencias y seguir a su lado. Se distanció de los miembros de la familia con los que tenía una relación poco saludable. Su autoestima creció. Se matriculó en varios cursos preuniversitarios y le fue tan bien que incluso recibió distinciones académicas. Durmió con su primer galardón debajo de la almohada, como cuando era niña. Más adelante entró en la facultad de Derecho, y recibió un premio al mérito académico por ser la mejor estudiante de la clase. Empezó a relacionarse con gente nueva, hombres y mujeres, y descubrió que se sentía cómoda en la relación con ellos sin necesidad de tener el control. Comenzó a sentirse más satisfecha con su feminidad.

Poco a poco, Elizabeth se fue curando. Sentía como si «las cortinas que no dejaban entrar la luz se empezaran a levantar». Comparó la sensación con estar buscando una antigüedad muy valiosa en un desván oscuro lleno de trastos, sabiendo que está ahí en algún sitio, pero sin encontrarla a causa del desorden. Cuando al fin la ve, no puede llegar hasta ella porque está «medio enterrada bajo un montón de basura». Pero decía que, de vez en cuando, conseguía ver un camino despejado hasta el objeto, como si de repente un relámpago iluminara el desván por un instante.

Los destellos de luz eran demasiado breves, y las antiguas dudas surgían como caras grotescas de la casa del terror en un recinto ferial. Muchas veces tenía la sensación de estar intentando subir por una escalera mecánica descendente, haciendo esfuerzos por subir un escalón solo para retroceder dos. Seguía subestimándose, a pesar de los elogios que recibía. Pero el verdadero reto –ser abogada– era ya casi una realidad. Cinco años antes, no se habría atrevido a pensar en la universidad, mucho menos habría tenido el valor para matricularse. La voz que sonaba de fondo en sus depresiones empezó a cambiar: el miedo al fracaso se estaba convirtiendo, según reconoció, en miedo al éxito.

Madurar y cambiar

«¡Cambiar es un trabajo atroz!», solía decir Elizabeth. Significa retirarse conscientemente de las situaciones que uno sabe que en realidad no quiere y tener la voluntad de construir bases más sanas. Significa interrumpir drásticamente un frágil equilibrio que se estableció hace mucho tiempo.

Como en la evolución darwiniana, el cambio individual se produce de una forma casi imperceptible, a base de probar y descartar. El individuo se resiste instintivamente a la mutación. Es posible que viva en una especie de ciénaga, pero es *su* ciénaga; sabe dónde están los caimanes, qué hay en todos los pantanos y marismas. Salir de su ciénaga significa aventurarse en lo desconocido y quizá caer en una ciénaga todavía más fría, más oscura e incluso más peligrosa.

Para el individuo *borderline*, cuyo mundo está demarcado tan claramente por parámetros de blanco y negro, la incertidumbre del cambio es aún más amenazante. Es probable que se aferre a un extremo por miedo a caer incontrolablemente en el abismo del otro. La chica *borderline* anoréxica, por ejemplo, se mata de hambre por el terror a que comer –incluso un pequeño bocado– la lleve a perder por completo el control y a una obesidad irrevocable.

En la persona con TLP, el miedo al cambio emana de una falta absoluta de confianza en sus «frenos». En individuos más sanos, esos frenos psicológicos permiten un descenso gradual desde la cúspide de un estado de ánimo o comportamiento hasta una suave parada en la «zona gris» de la pendiente. Pero por miedo a que su sistema de frenos no funcione, el adulto *borderline* teme ser incapaz de parar, y seguir deslizándose fuera de control ladera abajo.

El cambio, por más gradual que sea, conlleva una alteración de los reflejos automáticos. La persona se encuentra en una situación muy parecida a la del niño que dice: «A que no consigues hacerme parpadear» o «A que no puedes hacerme reír», y en un acto de valentía emplea todas sus fuerzas en reprimir un parpadeo, o una risa, mientras otro niño agita la mano o hace payasadas delante de él. Solo con un esfuerzo consciente y una motivación muy clara se pueden alterar los reflejos establecidos durante muchos años.

A veces, también los adultos tomamos la decisión de no ceder a nuestra respuesta instintiva. El hombre que, en un barrio desconocido, se encuentra de frente con un perro que le ladra furioso se resiste al reflejo automático de salir corriendo para escapar del peligro. Se da cuenta de que, si corre, el perro lo alcanzará y se encontrará en un peligro aún mayor. Así que hace lo contrario (y normalmente lo más prudente): se queda totalmente quieto, deja que el perro lo olfatee y luego sigue caminando despacio.

Efectuar un cambio psicológico requiere resistirse a los reflejos automáticos improductivos y elegir consciente y voluntariamente otras alternativas, opciones diferentes, incluso opuestas, a la respuesta automática. A veces, estas nuevas formas de comportamiento son aterradoras, pero suelen ser maneras más eficaces de afrontar las situaciones. Elizabeth y su psiquiatra se embarcaron en un viaje de cambios reuniéndose en sesiones de psicoterapia individual una vez a la semana. El objetivo de las primeras sesiones fue mantener a Elizabeth a salvo, para lo cual se emplearon técnicas y sugerencias cognitivas. Durante varias semanas, Elizabeth se resistió a la recomendación del médico de empezar a tomar antidepresivos, pero poco después de aceptar la medicación, notó que su estado de ánimo había mejorado notablemente.

Los inicios del cambio: la autoevaluación

El cambio, para un individuo con trastorno límite de la personalidad, requiere más un ajuste progresivo que una reconstrucción total. En los planes de adelgazamiento sensatos, que normalmente se oponen a los deseos del cliente de perder peso con rapidez, los mejores resultados se consiguen lenta y gradualmente a lo largo del tiempo, y es más probable que de este modo la pérdida de peso se mantenga. Del mismo modo, en el TLP es mejor iniciar los cambios gradualmente, haciendo al principio solo ligeras alteraciones, con aceptación y estímulo, lo mismo que al empezar una dieta, para mantener el compromiso a pesar de los inevitables retrocesos y fluctuaciones. El primer paso es hacer una autoevaluación: antes de trazarse un nuevo rumbo, la persona con TLP debe reconocer dónde está actualmente y comprender qué dirección deben seguir las modificaciones.

Imagina que la personalidad es una serie de líneas que se entrecruzan, y que cada una de ellas representa un rasgo específico del carácter (véase la figura 10.1). Los extremos de cada rasgo se corresponden con los extremos de la línea y su punto medio está en el centro. Por ejemplo, en la línea de «diligencia en el trabajo», un extremo podría indicar una dedicación excesiva y obsesiva, o adicción al trabajo, y el otro extremo, irresponsabilidad o apatía; el punto central sería una actitud intermedia entre esos dos extremos: una relajada profesionalidad. Si hubiera una línea de «preocupación por la apariencia», un extremo podría ejemplificar la atención narcisista al aspecto superficial y el otro extremo, una absoluta falta de interés. Lo ideal sería que la composición de la personalidad se pareciera a los radios de una rueda perfectamente redonda, con todas estas líneas cruzándose cerca de sus puntos medios en el «cubo» de la rueda.

Por supuesto, nadie está completamente «centrado» todo el tiempo. Es importante identificar cada línea en la que se desea que haya un cambio y localizar la posición en la que uno se encuentra a lo largo de esa línea en relación con el centro. Cambiar se convierte entonces en un proceso de saber dónde se está y cuánto se quiere avanzar hacia el punto medio. Exceptuando los extremos, ningún lugar en particular es intrínsecamente mejor ni peor que otro. Se trata de conocerse a sí mismo (situarse en la línea) y avanzar en la dirección más favorable.

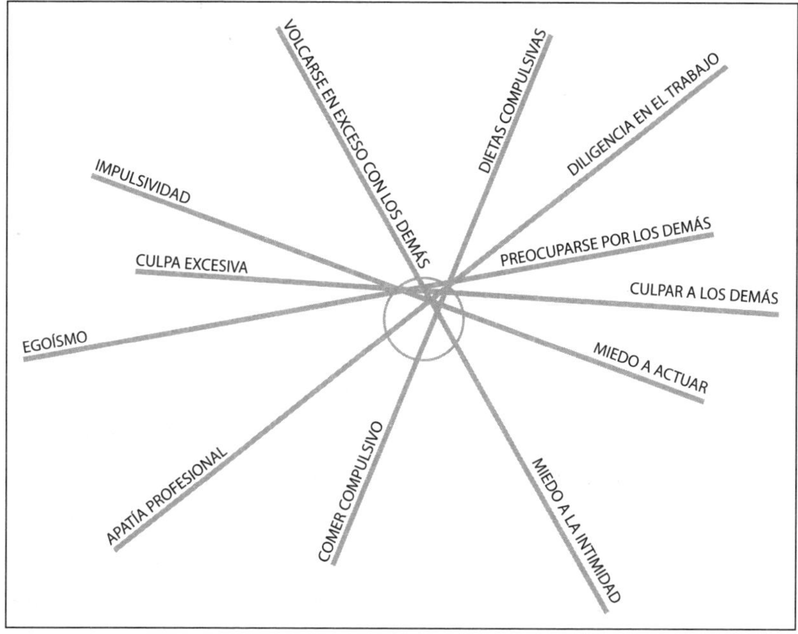

Figura 10.1 La personalidad como una serie de líneas que se entrecruzan.

Por ejemplo, si aislamos la línea de «preocuparse por los demás» (véase la figura 10.2), uno de los extremos («preocupación excesiva por los demás») representa el punto en el que esa preocupación interfiere con cuidar de uno mismo; es posible que una persona así necesite dedicarse por entero a los demás para sentir que vale algo. Por tanto, esa posición puede considerarse una especie de desinterés egoísta, ya que los «cuidados» que brinda esa persona están motivados por su propio interés subconsciente. En el otro extremo («me importa un bledo») está el individuo narcisista que tiene poca consideración por los demás, que solo piensa en sí mismo. En el medio estaría una postura de equilibrio que combine la preocupación por los demás y la obligación de atender también las necesidades propias. Alguien cuya compasión está situada en ese punto medio es consciente de que solo si atiende primero sus necesidades, tiene alguna posibilidad de ayudar a otros, una especie de egoísmo no egoísta similar al que se indica en las instrucciones para casos de emergencia que oímos antes de que el avión despegue, que insisten en que los pasajeros utilicen ellos las máscaras de oxígeno antes de ponérselas a sus hijos.

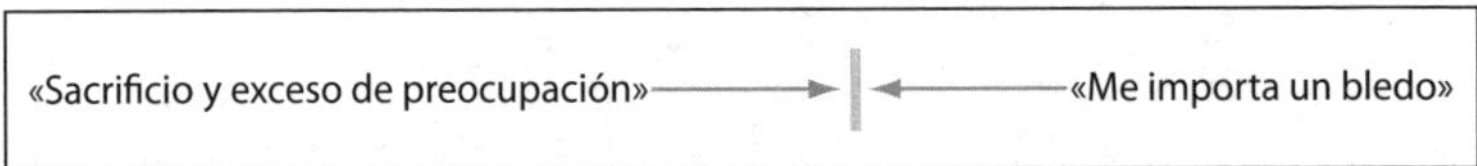

Figura 10.2 Línea del rasgo de la personalidad «preocuparse por los demás».

El cambio se produce cuando uno adquiere suficiente consciencia de sí mismo como para situarse objetivamente en el punto del espectro que le corresponde y va ajustando luego su conducta en dirección al centro. El individuo que, siendo realista, se sitúa actualmente a la izquierda del punto medio procurará a partir de ahora compensarlo diciendo que no más a menudo y mostrándose firme en su postura. El que se sitúa en la actualidad a la derecha del punto medio procurará acercarse al centro eligiendo una vía de acción que sea más sensible a las necesidades de los demás. Es un reflejo de las palabras del sabio maestro judío Hillel el Anciano: «Si no estoy para mí, ¿quién lo estará? Pero si solo estoy para mí, ¿quién soy? Si no es ahora, ¿cuándo?».

Como decíamos, nadie está siempre «en el medio»; uno debe ajustar constantemente su posición en la línea, equilibrar el balancín cuando se inclina demasiado hacia un lado o hacia el otro. Y en la búsqueda de una posición que le resulte tolerable, debe aceptar sus inclinaciones y limitaciones. Si reconoce que elementos como la sensibilidad, la culpa o la compulsión a asumir la responsabilidad por todo lo empujan hacia la izquierda y lo alejan del centro, puede ser razonable que acepte esa posición, siendo consciente a la vez del riesgo que supone apartarse demasiado del punto medio y reconociendo cada oportunidad que se presente de inclinarse hacia la derecha.

Practicar el cambio

El auténtico cambio requiere más que experimentar con tentativas aisladas de modificar ciertas reacciones automáticas; exige sustituir los viejos comportamientos por nuevos hábitos que poco a poco vayan resultando tan naturales y cómodos como los antiguos. Es más que alejarse del perro enfurecido con fingida calma; es aprender a hacerse amigo de ese perro y llevarlo a dar un paseo.

Al principio, cualquier cambio suele resultar una incomodidad. Por establecer una analogía, imaginemos que un jugador de tenis ve la necesidad de perfeccionar su revés porque se siente inseguro en ese golpe. Empieza a asistir a clases de tenis para mejorarlo, y aprende nuevas técnicas, pero no ve de entrada que den resultado. El nuevo estilo no le resulta igual de cómodo que el anterior. Está tentado de volver a la técnica de siempre. Solo después de practicar de continuo, es finalmente capaz de erradicar los malos hábitos anteriores e inculcar en los músculos una memoria más eficaz, y con el tiempo más cómoda. Del mismo modo, para que haya un cambio psicológico, se deben adoptar nuevos comportamientos reflejos que sustituyan a los antiguos. Solo después de una práctica persistente puede esa sustitución surtir el efecto esperado, y ser cómoda y, por tanto, permanente la nueva conducta.

Aprender a cojear

Si un viaje de mil millas empieza con un solo paso, el viaje de curación del individuo *borderline* empieza con un solo paso a la pata coja. Cambiar es una lucha monumental para la persona con TLP, mucho más que para otras, debido a las singulares características de este trastorno. La escisión y la falta de constancia del objeto (véase el capítulo dos) se alían para formar una amenazante barricada que le impide confiar en sí misma, en los demás y en la posibilidad de tener relaciones fluidas.

Antes de iniciar el cambio, debe librarse de una paradoja sin aparente solución: para aceptarse a sí mismo y aceptar a los demás, ha de aprender a confiar; pero confiar en los demás significa en realidad empezar a confiar en sí mismo, es decir, en su propia percepción de los demás. Debe salir de ese nudo y aprender a ver en ellos una consistencia con la que poder contar, algo bastante difícil para alguien que, como un niño pequeño, cree que las personas «desaparecen» en cuanto se van de la habitación. «Cuando no le tengo a usted delante –le dijo Elizabeth a su psiquiatra al principio del tratamiento– es como si no existiera».

Como quien tiene una pierna lesionada, el individuo con TLP debe aprender a cojear. Si después de un traumatismo en la pierna se queda postrado en cama, los músculos de la pierna se atrofiarán y se contraerán; si intenta hacer ejercicios demasiado enérgicos, la pierna sufrirá, y esta vez la lesión será aún más grave. Lo que debe hacer al principio es aprender a cojear con ella, poniendo en esa pierna el peso necesario para que se vaya fortaleciendo poco a poco, pero con cuidado de no sobrecargarla e impedir que se cure (tolerando un dolor de pierna leve, pero no abrumador). Del mismo modo, la curación en el TLP requiere que el individuo ejerza la presión justa al retarse a sí mismo a avanzar. A medida que la terapia de Elizabeth progresaba, las intervenciones cognitivas dieron paso a un enfoque más psicodinámico y a centrar más la atención en la conexión entre las experiencias pasadas y su funcionamiento actual. Durante la transición, las intervenciones del terapeuta fueron disminuyendo, y Elizabeth asumió más responsabilidad en el rumbo que adoptaba la terapia.

Dejar el pasado atrás

La perspectiva *borderline* del mundo, como la de la mayoría, se ha ido formando a partir de las experiencias de infancia, un tiempo en el que la familia servía de microcosmos del universo. Sin embargo, a diferencia de los individuos más sanos, al individuo *borderline* le cuesta mucho concebirse como un ser independiente de los demás miembros de la familia o concebir su familia como una entidad separada del resto del mundo. Por esta razón, siente que todas las relaciones son como las de su familia y continúa aceptando como normales interacciones patológicas que eran habituales en ella.

Incapacitado para ver su mundo con ojos de adulto, sigue experimentando la vida como lo hace el niño, con la misma perspectiva e intensidad emocional. Cuando al niño pequeño lo castigan o reprenden, está convencido de que es malo; no puede concebir la posibilidad de que la madre actúe así porque tiene un mal día. A medida que el niño sano madura, se va dando cuenta de que su mundo, que no deja de expandirse, es en realidad más complejo y menos dogmático. Pero el proceso de maduración se quedó atascado en el caso del individuo con TLP, y hoy es un niño que vive en el cuerpo de un adulto.

«Siempre hay un momento en la infancia en que se abre una puerta y deja entrar el futuro», escribió Graham Greene en *El poder y la gloria*. En la infancia de muchos individuos *borderline*, las responsabilidades propias de la edad adulta llegaron demasiado pronto; la puerta se abre cada vez más, y más precipitadamente, y el niño o la niña no es capaz de enfrentarse a la luz. O tal vez es la cualidad inexorable de esa apertura lo que hace que sea tan difícil enfrentarse a ella.

El cambio en el TLP llega cuando el individuo aprende a ver las experiencias actuales –y a revisar los recuerdos del pasado– a través de una «lente» adulta. Entonces la nueva «visión» es parecida a la que tenemos al encontrarnos en la televisión con una vieja película de terror que vimos hace años: la película que en su día, en la pantalla grande, fue tan aterradora nos parece inocua –incluso tonta– en la pequeña pantalla con las luces encendidas; no comprendemos por qué pasamos tanto miedo cuando la vimos la primera vez.

Cuando Elizabeth había avanzado ya considerablemente en su viaje psicoterapéutico, comenzó a contemplar sus sentimientos de infancia desde una perspectiva distinta. Empezó a aceptarlos, a reconocer el valor de aquella experiencia; de no haber sido por esos sentimientos y experiencias tempranos, se dio cuenta de que no habría sido capaz de infundir el mismo fervor y motivación que infundía a su nuevo trabajo de abogada. «Los sentimientos que nacieron cuando era niña –dijo– todavía me angustian. Pero hasta esos sentimientos los veo bajo una luz diferente. Las formas de ser que tanto he odiado las acepto ahora como una parte de mí».

Jugar las cartas que a uno le tocan

Uno de los mayores obstáculos para cambiar, en el caso del individuo *borderline*, es su tendencia a evaluarlo todo en extremos absolutos. Debe ser o totalmente perfecto o un completo fracaso, para poder asignarse una calificación de sobresaliente o, con más frecuencia, de muy deficiente. En lugar de aprender de su «muy deficiente», lo luce en la pechera como una letra escarlata, y comete así los mismos errores una y otra vez, sin prestar atención a los patrones que rigen su comportamiento, de los que podría aprender y a partir de ello madurar.

Si la situación que se le presenta no es la perfecta, la rechaza. Como no le gustan las cartas que le han tocado, se retira, y pierde así repetidamente su apuesta, esperando a que le lleguen cuatro ases. Si no está seguro de poder ganar, no juega esa mano. El cambio se produce cuando aprende a aceptar las cartas que le tocan y se da cuenta de que, si las juega con habilidad, puede ganar aunque no sean ideales.

Al individuo *borderline*, como a mucha gente, a veces le paraliza la indecisión. Las distintas alternativas le parecen a cuál más aterradora y es incapaz de decidirse. A medida que va madurando, sin embargo, las opciones empiezan a parecerle menos temibles, e incluso pueden llegar a convertirse en una fuente de orgullo y de creciente independencia. Entonces puede reconocer que se enfrenta a decisiones que solo él es capaz de tomar. «Estoy descubriendo –comentó Elizabeth– que las raíces de mi indecisión son el principio del éxito. Me refiero a que lo angustioso de tener que elegir es que de repente veo opciones».

Poner límites: establecer una identidad

Uno de los objetivos principales en el tratamiento del TLP es que el paciente establezca un sentido de identidad independiente y supere la propensión a fundirse con los demás. En términos biológicos, es como pasar de una forma de vida parasitaria a un estado de simbiosis e incluso de independencia. Tanto el parasitismo como la independencia pueden resultar aterradores, y la mayoría de las personas con TLP sienten que depender de sí mismas es como aprender a andar.

En biología, la existencia del parásito depende totalmente del organismo anfitrión. Si la garrapata parasitaria succiona demasiada sangre del perro que es su anfitrión, el perro muere y la garrapata lo hace también, poco después. Las relaciones humanas funcionan mejor cuando son menos parasitarias y más simbióticas. En la simbiosis, dos organismos se desarrollan mejor juntos, pero pueden subsistir independientes uno de otro. Por ejemplo, el musgo que crece en un árbol puede ayudar al árbol, protegiéndolo de la luz directa del sol, y ayudarse a sí mismo, ya que le es posible beneficiarse de la gran cantidad de agua subterránea a la que tiene acceso el árbol. Pero si uno de los dos muere, el otro puede seguir viviendo, aunque no tan bien como antes. El individuo con TLP funciona a veces como un parásito cuya exigente dependencia puede acabar destruyendo la relación con la persona a la que se aferra enérgicamente; cuando esa persona se va, el individuo con TLP puede quedar destruido. Si es capaz de aprender a establecer relaciones más colaborativas con los demás, todos aprenden a vivir más contentos.

La creciente tranquilidad que Elizabeth empezó a sentir estando con la gente tuvo su origen en la relación con su psiquiatra. Tras meses de poner a prueba su lealtad, reprendiéndolo y criticándolo y amenazándolo con terminar la terapia, empezó a confiar en la seriedad de su compromiso con ella. Fue aceptando los defectos y errores de su terapeuta, en lugar de verlos como una prueba del inevitable fracaso que sería su tratamiento. Poco a poco, Elizabeth extendió la misma confianza incipiente a otras personas que llegaban a su vida. Y comenzó a aceptarse a sí misma, imperfecciones incluidas, del mismo modo que aceptaba a los demás.

A medida que mejoraba, confiaba más en que no perdería su esencia al relacionarse. En situaciones de grupo en las que antes se habría encogido y sentido cohibida y fuera de lugar, ahora se sentía cómoda con los demás, dejando que ellos se responsabilizaran de quienes eran y responsabilizándose de quien era ella. En situaciones en las que antes se habría sentido obligada a adoptar un papel para encajar en el grupo, ahora que tenía una sensación más sólida y constante de sí misma en la que apoyarse, podía ser más «ella» en todas las circunstancias. Establecer una identidad constante significa desarrollar la capacidad de ser independiente, sin necesidad de que otra persona nos defina. Significa confiar en el juicio y el instinto propios y luego actuar, en lugar de esperar la opinión de los demás y luego *re*accionar.

Establecer relaciones

A medida que la persona *borderline* va creándose un sentido central de identidad individual, va diferenciándose también de los demás. El cambio conlleva apreciar a los demás como individuos independientes y desarrollar una empatía que le permita comprender sus dificultades. No solo necesita reconocer los defectos e imperfecciones de los demás, sino entenderlos además como algo separado de ella, lo cual forma parte del proceso de mentalización (véase el capítulo ocho). Cuando no consigue hacerlo, las relaciones se tambalean. La princesa Diana soñaba con un matrimonio de cuento, y lloró al ver morir la fantasía de hacerlo realidad con el príncipe Carlos: «De pequeña tenía tantos sueños. Quería, y esperaba... que mi marido cuidara de mí. Sería como un padre, me apoyaría, me animaría... Pero no conseguí ninguna de estas cosas. No me lo podía creer. No tuve nada de eso. Se invirtieron los roles».[1]

En el TLP, se debe aprender a integrar los aspectos positivos y negativos de los demás. Cuando la persona *borderline* quiere tener una relación cercana con alguien, debe aprender a ser lo suficientemente independiente como para poder depender de una forma relajada, no desesperada; aprender a tener una relación simbiótica, no parasitaria. En el proceso de curación, el individuo con TLP desarrolla un sentimiento de constancia, respecto a sí mismo y respecto a los demás; una confianza en los demás, y en su propia percepción de los demás, se va desarrollando. El mundo empieza a estar más equilibrado, es más un término medio.

Al escalar una montaña, la experiencia más plena para el escalador es contemplar el panorama completo: mirar hacia arriba y mantener el objetivo firmemente a la vista, mirar hacia abajo y reconocer el progreso mientras avanza. Y, por último, descansar, mirar alrededor y admirar la vista desde el lugar en el que se encuentra en ese momento. Parte de la experiencia consiste en reconocer que nadie llega nunca a la cima; la vida es continuamente escalar la montaña. Buena parte de la salud mental es ser capaz de apreciar el viaje, ser capaz de captar la Oración de la Serenidad que se invoca en la mayoría de las reuniones del programa de los doce pasos: «Dios, concédeme serenidad para aceptar las cosas que no puedo cambiar, valor para cambiar las que sí puedo y sabiduría para reconocer la diferencia».

Reconocer el efecto del cambio en los demás

Cuando un individuo llega a la terapia por primera vez, a menudo no entiende que es él, y no los demás, quien debe hacer cambios. Ahora bien, en el momento en que se produce en él un cambio, también las personas que hay en su vida deben adaptarse. Las relaciones estables son sistemas dinámicos, fluctuantes, que han alcanzado un estado de equilibrio. Cuando una parte de ese sistema cambia significativamente su forma de relacionarse, las demás deben ajustarse para recuperar la homeostasis y encontrar un equilibrio nuevo. Si no se hacen esos reajustes, es posible que el sistema se tambalee y las relaciones se rompan.

Por ejemplo, Alicia acude a un psicoterapeuta porque sufre una fuerte depresión y ansiedad. En la sesión de terapia arremete contra

Adam, su marido, alcohólico y que depende de ella para todo, y lo culpa de hacerla sentirse una inútil. Con el tiempo, reconoce su propio papel en el desmoronamiento del matrimonio: su propia necesidad de que los demás dependan de ella, su propia necesidad de avergonzarlos y su miedo a tener independencia. Empieza a culpar menos a Adam. Descubre nuevos intereses y comienza a establecer relaciones independientes. Deja de llorar; deja de provocar peleas porque Adam bebe y es un irresponsable; el equilibrio del matrimonio se altera.

En la otra cara de la moneda, tal vez a Adam le parezca que la situación es mucho más incómoda que antes. Es posible que empiece a beber más, en un intento inconsciente por restablecer el antiguo orden y obligar a Alicia a volver a su papel de cuidadora y mártir. Quizá la acuse de salir con otros hombres e intentar destruir así la relación, que para él se ha vuelto intolerable.

O podría empezar a ver también él la necesidad de cambiar las cosas y admitir su parte de responsabilidad en haber mantenido tanto tiempo ese equilibrio patológico. Podría aprovechar la oportunidad para examinar con detalle sus propios comportamientos y reevaluar su vida, tal como ha visto hacer a su esposa.

Participar en la terapia puede ser una experiencia valiosa para todos los afectados. Cuantos más intereses y conocimientos tenía Elizabeth, más ignorante le parecía su marido. Cuanto más abierta se volvía ella –y más tonalidades de gris era capaz de percibir en cada situación–, más se aferraba él a una visión en blanco y negro para restituir el antiguo equilibrio. Ella sentía que «dejaba a alguien atrás». Y esa persona era ella, o más exactamente, una parte de ella que ya no necesitaba ni quería. Estaba, en palabras suyas, «haciéndose mayor».

A medida que el tratamiento de Elizabeth fue siendo menos intensivo, las sesiones con su psiquiatra eran menos frecuentes, pero seguía teniendo que tratar con otras personas importantes de su vida. Se peleó con su hermano, que se negaba a admitir que tuviera un problema con las drogas. La acusó de ser una «arrogante», de «usar sus nuevas estupideces psicológicas como munición». Tuvieron una amarga discusión cuando Elizabeth habló de la falta de comunicación que había en la familia. Él le contestó que, a pesar de todos los «loqueros» que la habían tratado, seguía igual de «majara». Elizabeth discutió con su madre, que continuaba con sus exigencias y sus quejas y era incapaz de mostrarle ningún cariño. Discutió con su marido, que le declaraba su amor pero bebía cada vez más, la criticaba por querer seguir estudiando y se negaba a asumir con seriedad su papel de padre. Al cabo de un tiempo, descubrió que su marido pasaba tanto tiempo fuera de casa porque tenía una aventura con otra mujer.

Finalmente, Elizabeth se dio cuenta de que no tenía el poder de cambiar a los demás. Utilizó las técnicas de comunicación SET-UP para tratar de comprenderlos mejor a todos y establecer unos límites que la protegieran de verse arrastrada a nuevos conflictos. Empezó a aceptar a cada cual por lo que era, a quererlos cuanto le era posible y a seguir con su vida. Se dio cuenta de que necesitaba que entraran en su vida nuevos amigos y nuevas actividades. Elizabeth lo llamó «volver a casa».

Apéndice A

Modelos alternativos para diagnosticar el TLP

A pesar de las críticas de algunos investigadores y profesionales clínicos, la American Psychiatric Association mantuvo intacto en la quinta edición de su *Manual diagnóstico y estadístico* (2013) el modelo diagnóstico del TLP descrito en las ediciones anteriores. La sección II del DSM-5 enumera nueve criterios, de los cuales el paciente debe mostrar al menos cinco para que pueda confirmarse el diagnóstico de TLP. Encontrarás una explicación más detallada en el capítulo dos.

Este enfoque *categórico* presenta en la práctica varios problemas:

1. A todos los criterios se les otorga el mismo peso o importancia, pero no se evalúan el grado cualitativo de gravedad de cada uno de ellos ni su relevancia comparativa. Esto impide elaborar planes de tratamiento más individualizados para las diversas presentaciones del TLP en los distintos pacientes, así como poder hacer predicciones más precisas de los resultados.
2. Muchos de estos criterios se aplican igualmente a otros diagnósticos de trastorno de la personalidad, lo que frecuentemente da lugar a diagnósticos múltiples.

3. El «trastorno de la personalidad» se define en el DSM-5 como un patrón de funcionamiento «perdurable» que es «dominante e inflexible», «invariable con el paso del tiempo» y que causa «angustia o incapacidad».[1] Sin embargo, un individuo que muestre de entrada cinco criterios y que en algún momento deje de manifestar uno de los síntomas (por ejemplo, deje de tener impulsos suicidas) ya no cumple los requisitos para el diagnóstico, a pesar de su malestar y su angustia continuos. De repente, el nivel de funcionamiento «perdurable», «dominante», «inflexible» e «invariable» de su personalidad ha desaparecido.
4. Por último, el sistema categórico agrupa cinco, sean cuales sean, de los nueve criterios definitorios. Por lo tanto, muchos pacientes pueden cumplir la definición categórica de TLP y, sin embargo, ser bastante diferentes entre sí y mostrar comportamientos predominantes muy diversos, lo que exige distintos enfoques de tratamiento.

Las terapias recomendadas actualmente están enfocadas en determinados subtipos de TLP y pueden no ser tan efectivas para otros síntomas fundamentales. Por ejemplo, la terapia dialéctica conductual (TDC) tratará principalmente las conductas autodestructivas, pero quizá no resulte tan eficaz cuando los sentimientos de vacío o el sentido difuso de la identidad sean más prominentes. La psicoterapia centrada en la transferencia (PCT) dará prioridad al funcionamiento interpersonal, pero quizá no sea tan útil para tratar cierta impulsividad autodestructiva. En el capítulo ocho se ha presentado una explicación más detallada de la TDC, la PCT y otras modalidades de tratamiento.

Por estas razones, se han propuesto modelos *dimensionales*. Estos constructos entienden que la patología de la personalidad se encuentra en un *continuum* con la normalidad, no aislada en una realidad radicalmente distinta. Los modelos dimensionales se centran más en los rasgos fundamentales del TLP, que incluyen la desregulación emocional, la impulsividad destructiva, la hostilidad, la confusión de identidad y la disfunción interpersonal.[2] Evalúan los niveles de funcionamiento y el grado de deterioro que determinan cuándo, por ejemplo, la frustración y el mal humor normales se convierten en cólera patológica e inestabilidad emocional. Los conceptos dimensionales reconocen grados de intensidad de los síntomas, lo que da lugar a diferentes niveles de gravedad de la «*borderlinidad*». Por el contrario, el sistema categórico determina que un síntoma, y en última instancia un trastorno de la personalidad, o está presente o no lo está, y eso es algo que determina subjetivamente el profesional clínico.

Modelo alternativo del DSM-5 para los trastornos de la personalidad (AMPD)

En un intento de abordar las limitaciones del enfoque categórico, la Sección III del DSM-5 describe un modelo alternativo, aunque mucho más complejo, para definir los trastornos de la personalidad. Este enfoque (AMPD) hace una consideración dimensional de los trastornos de la personalidad situados en un *continuum* con la normalidad y determinados por el nivel de gravedad. Sin embargo, el modelo conserva algunos determinantes categóricos que describen trastornos específicos.

Este modelo engloba tres componentes principales. El primero es una medición de la gravedad en cuatro áreas específicas: (1) *identidad* (imagen crítica de sí mismo, sentimiento de vacío), (2) *autodirección* (inestabilidad de objetivos y valores), (3) *empatía* (incapacidad para reconocer los sentimientos y necesidades de los demás) y (4) *intimidad* (relaciones inestables y conflictivas). El nivel de afectación en estas áreas determina la presencia de un trastorno de la personalidad.

En segundo lugar, los rasgos patológicos de la personalidad se organizan en cinco extensos dominios descritos por veinticinco ejemplos (facetas de rasgos). Estos cinco dominios recuerdan a la explicación del capítulo diez, figura 10.1, donde describíamos las líneas de rasgos de la personalidad que se entrecruzan y el deseo de encontrar un punto medio saludable.

Los cinco dominios son:

- *Afectos negativos* (ansioso, deprimido, enfadado, etc.) frente a *estabilidad emocional.*
- *Desapego* (evasivo, retraído, etc.) frente a *extraversión.*
- *Antagonismo* (engañoso, manipulador, grandioso, etc.) frente a *afabilidad.*
- *Desinhibición* (impulsivo, temerario, etc.) frente a *escrupulosidad.*
- *Psicoticismo* (comportamiento excéntrico, extraño, etc.) frente a *lucidez.*

(Por supuesto, el extremo opuesto del dominio también podría ser patológico. Así, la *extraversión* podría mutar en manía. La *escrupulosidad*, llevada al extremo, podría acabar siendo obsesivo-compulsiva).

Por último, el AMPD incluye un elemento categórico que describe seis trastornos de la personalidad: límite, antisocial, narcisista, evitativo, obsesivo-compulsivo y esquizotípico, que se corresponden con los de la Sección II del DSM-5, aunque los criterios de definición varían un poco. Curiosamente, cuatro de los trastornos descritos en la Sección II (paranoide, esquizoide, histriónico y dependiente) se han eliminado en el AMPD por falta de estudios que los enmarquen dentro de este modelo.

Después de establecer el nivel de deterioro moderado o grave en el funcionamiento de la personalidad, el modelo enumera siete «rasgos» patológicos que se identifican con el TLP. Al igual que en la Sección II, en la que se establecía que son necesarios al menos cinco de los nueve criterios del TLP para que el diagnóstico sea aceptable, en el AMPD se deben demostrar al menos cuatro de estos siete «rasgos»:[3]

1. **Inestabilidad emocional** (un aspecto de los *afectos negativos*): cambios de humor frecuentes, emociones intensas desproporcionadas a las circunstancias.
2. **Ansiedad** (un aspecto de los *afectos negativos*): sentimientos de pánico, temores a causa de la incertidumbre, miedo a perder el control.
3. **Inseguridad por la separación** (un aspecto de los *afectos negativos*): miedo al rechazo, miedo al exceso de dependencia y a la pérdida de la autonomía.
4. **Tendencia depresiva** (un aspecto de los *afectos negativos*): falta de esperanza, pesimismo, vergüenza, indignidad, pensamientos suicidas.
5. **Impulsividad** (un aspecto de la *desinhibición*): reacciones impulsivas sin objetivo y sin pensar en las consecuencias, dificultad para atenerse a los planes, autolesiones en circunstancias de estrés.
6. **Conducta temeraria** (un aspecto de la *desinhibición*): actividades peligrosas, potencialmente dañinas para uno mismo; negación a ver las limitaciones personales y la realidad del peligro para uno mismo.
7. **Hostilidad** (un aspecto del *antagonismo*): arrebatos de ira en respuesta a pequeños desaires.

Al menos uno de los criterios que manifieste el paciente debe ser impulsividad, conducta temeraria u hostilidad.

Estos criterios para el diagnóstico de TLP descartan algunos de los enumerados en la sección II, en particular el sentimiento crónico de vacío y los pensamientos paranoides transitorios o experiencias disociativas relacionados con el estrés. El patrón de relaciones inestables e intensas con extremos de idealización y devaluación, que a menudo es una característica prominente y distintiva del TLP, solo se insinúa en este paradigma.

Obviamente, el AMPD es mucho más complejo que el modelo de la Sección II del DSM-5. Puede serles útil a los investigadores, pero es poco práctico para los profesionales clínicos, y tendrá que refinarse mucho en el futuro para conseguir aceptación. No obstante, es un primer intento por comprender mejor los trastornos de la personalidad y desarrollar un tratamiento más eficaz para ellos.

Modelo de la CIE-11 de los trastornos de la personalidad

La Clasificación Internacional de las Enfermedades (CIE), publicada por la Organización Mundial de la Salud (OMS), es el modelo más utilizado para describir todas las enfermedades médicas, incluidos los trastornos psiquiátricos, en el mundo entero. La revisión actual, CIE-10,[4] reconoce el diagnóstico de trastorno de la personalidad emocionalmente inestable. Se observan dos variantes de este diagnóstico: el tipo impulsivo (explosivo, rabioso, amenazante) y el tipo *borderline* (alteración de la imagen de sí mismo, sentimiento de vacío, miedo al abandono, relaciones inestables, crisis emocionales y amenazas de suicidio o autolesiones). La undécima iteración, propuesta en abril de 2019, todavía se está modificando. La aprobación formal y la implementación se proyectan para 2022 o una fecha posterior.

Lo prioritario en la CIE-11 es determinar de entrada la existencia de un trastorno de la personalidad con disfunción personal significativa y perturbaciones en la relación con los demás, que son causa de angustia o deterioro sustanciales.

La siguiente prioridad es determinar el nivel de gravedad: leve, moderado o grave.

El sistema CIE-11 hace referencia a continuación a seis patrones de la personalidad, que se encuentran en un continuo con la normalidad. Con algunas variaciones, se corresponden con los cinco dominios descritos en la AMPD. Una sexta designación que introduce la CIE-11 es el *patrón límite (borderline)*. Esta designación se describe principalmente por los criterios enumerados en la Sección II del DSM-5, aunque en este caso no hay un número de criterios requeridos para certificar el diagnóstico.[5] Las perspectivas dimensionales tanto de la Sección III del DSM-5 como de la CIE-11 anticipan que la mejoría del paciente puede manifestarse como una disminución del nivel de gravedad, aun manteniéndose el diagnóstico de trastorno de la personalidad. El modelo del DSM-5 Sección II, en cambio, solo contempla la presencia o la ausencia de un trastorno de la personalidad.

Criterios de Dominio de Investigación (RDoC)

El Instituto Nacional de Salud Mental de Estados Unidos (NIMH) inició los Criterios de Dominio de Investigación (RDoC, por sus siglas en inglés, *Research Domain Criteria*) como un proyecto de investigación. A diferencia del DSM o la CIE, actualmente estos criterios no se consideran prácticos para el diagnóstico clínico, pero sí son una herramienta de investigación que intenta utilizar los crecientes conocimientos de la neurociencia para determinar las causas y el desarrollo de los trastornos mentales.[6]

La iniciativa RDoC propone patrones de comportamiento humano que representan sistemas de emoción, cognición, motivación e interacción social. Estos dominios se asociarán con nuevas investigaciones de genes, moléculas, células, circuitos neuronales, fisiología, tendencias de comportamiento, autoinformes y pruebas formales.[7]

Los dominios identificados que se correlacionarán con estas nuevas áreas de investigación son:

- *Valencia negativa* (miedo, ansiedad, dolor por la pérdida).
- *Valencia positiva* (esfuerzo, respuesta basada en la recompensa).
- *Sistemas cognitivos* (atención, percepción, impulsividad, memoria, lenguaje).
- *Procesos sociales* (comunicación, conocimiento de sí mismo, cultura, familia, trauma).
- *Sistemas de estimulación y reguladores* (ciclos de sueño-vigilia, activación).

- *Sistemas sensoriomotores* (estímulos reflejos motores, iniciación/inhibición).

Futuras investigaciones podrían revelar nuevas particularidades del TLP. Las conexiones genéticas quizá permitan entender con más detalle elementos de la negatividad (vacío, miedo al abandono). Los circuitos neurológicos están relacionados con la impulsividad. La sensibilidad biológica a los estímulos internos y externos puede afectar a los sistemas social, de estimulación y sensoriomotor. Tal vez sea posible cotejar síntomas específicos con los nuevos descubrimientos de la ciencia.

El DSM del futuro adoptará muchas de estas evaluaciones alternativas. Cuanto más conocimiento científico tengamos de los trastornos mentales, más precisos podremos ser en el diagnóstico. Y eso permitirá un tratamiento individualizado que será más efectivo.

Apéndice B

Evolución del trastorno *borderline*

El concepto de personalidad *borderline* ha evolucionado gracias sobre todo a las formulaciones teóricas de autores psicoanalíticos. Los criterios actuales del DSM-5 –principios observables, objetivos y estadísticamente fidedignos para definir el TLP– se fundamentan en los escritos, más abstractos y especulativos, que los teóricos psicoanalíticos han publicado en los últimos cien años.

Freud

En tiempos de Sigmund Freud, a finales del siglo XIX y principios del XX, la psiquiatría era una rama de la medicina estrechamente vinculada con la neurología. Los trastornos psiquiátricos se definían por comportamientos directamente observables, en contraposición a los mecanismos inobservables, mentales o «inconscientes», y la mayoría de las formas de trastorno mental se atribuían a aberraciones neurofisiológicas.

Aunque el propio Freud era un experimentado neurofisiólogo, exploró la mente por vías distintas. Creó el concepto de «el inconsciente» e inició una línea de investigación psicológica, más que fisiológica, del comportamiento humano. Sin embargo, seguía convencido de que tarde o temprano se descubrirían mecanismos fisiológicos que coincidirían con sus teorías psicológicas.

Más de un siglo después del revolucionario trabajo de Freud, estamos casi de vuelta en el punto de partida. Actualmente, las clasificaciones diagnósticas vuelven a estar definidas por fenómenos observables, y las nuevas perspectivas investigativas del trastorno límite de la personalidad y otra clase de afecciones mentales vuelven a explorar los factores neurofisiológicos, al tiempo que reconocen el impacto de los factores psicológicos y ambientales.

La explicación de Freud de la mente inconsciente es la base del psicoanálisis. Sostenía que la psicopatología era el resultado del conflicto entre los impulsos primitivos inconscientes y la necesidad de la mente consciente de evitar que estos pensamientos aborrecibles e inaceptables entraran en la conciencia. Primero utilizó la hipnosis, y más tarde la «asociación libre» y otras técnicas psicoanalíticas, para explorar sus teorías.

Curiosamente, Freud pretendía que el psicoanálisis clásico fuera sobre todo una herramienta de investigación, más que una forma de tratamiento. Sus llamativos análisis de casos –«El hombre de las ratas», «El hombre de los lobos», «El pequeño Hans», «Anna O», etc.– se publicaron tanto para apoyar sus teorías como para promocionar el psicoanálisis como método de tratamiento. Muchos psiquiatras actuales creen que aquellos pacientes, que según Freud manifestaban histeria y otros tipos de neurosis, se considerarían hoy claros exponentes del trastorno límite de la personalidad.

Escritores psicoanalíticos posfreudianos

Los psicoanalistas seguidores de Freud han sido quienes más han contribuido a crear el concepto moderno de trastorno *borderline*.[1] En 1925, Wilhelm Reich describía en su primer libro, *Der triebhafte Charakter* [El carácter impulsivo] sus intentos de aplicar el psicoanálisis a pacientes con ciertos inusuales trastornos del carácter que había en la clínica donde trabajaba. Descubrió que el «carácter impulsivo» estaba por lo común sumido a un mismo tiempo en dos estados de ánimo radicalmente contradictorios, pero era capaz de mantenerlos ambos, sin turbación aparente, por un mecanismo de escisión, concepto que ha sido eje de todas las posteriores teorías sobre el TLP, en particular la de Kernberg (que se describe más adelante).

A finales de la década de 1920 y principios de la de 1930, los seguidores de la psicoanalista británica Melanie Klein investigaron los casos de muchos pacientes que parecían estar fuera del alcance del psicoanálisis, y que hoy en día podrían considerarse pacientes *borderline*. Los kleinianos centraron la atención en la dinámica psicológica, y no en los factores biológico-constitucionales.

El término *borderline* fue acuñado por Adolph Stern en 1938 para describir a un grupo de pacientes que no encajaban en las clasificaciones diagnósticas principales de neurosis y psicosis.[2] Se hallaban, según él, en la «frontera» o el «límite». Estaban obviamente más enfermos que los pacientes neuróticos –de hecho, «demasiado enfermos para el psicoanálisis clásico»–, pero, a diferencia de los pacientes psicóticos, no malinterpretaban de continuo el mundo real. Aunque presentaban toda una diversidad de síntomas de ansiedad, al igual que los pacientes con neurosis, estos últimos solían tener un sentido de identidad más sólido y consistente y utilizaban mecanismos de afrontamiento más maduros.

A lo largo de las décadas de 1940 y 1950, otros psicoanalistas empezaron también a darse cuenta de que había un gran número de pacientes que no se ajustaban a las descripciones patológicas establecidas. Algunos parecían de entrada neuróticos o ligeramente sintomáticos, pero, al someterlos a la psicoterapia tradicional, y en particular al psicoanálisis, se «desbocaban». Igualmente, hospitalizarlos exacerbaba los síntomas e intensificaba el comportamiento infantil de los pacientes y su dependencia del terapeuta y del hospital.

Otros pacientes parecían presentar una psicosis aguda, y a menudo se les diagnosticaba esquizofrenia, pero luego inesperadamente se recuperaban en muy poco tiempo. (Una mejoría así de súbita y radical es incompatible con el curso habitual de la esquizofrenia). Y había además otros pacientes que mostraban síntomas de aparente depresión, pero cuyos cambios drásticos del estado de ánimo no se ajustaban al perfil habitual de los trastornos maníaco-depresivos o depresivos.

También las pruebas psicológicas confirmaron la presencia de una nueva y singular clasificación. Algunos pacientes se desenvolvían con toda normalidad en las pruebas psicológicas estructuradas (de coeficiente intelectual (CI), por ejemplo), pero en las pruebas proyectivas no estructuradas, que emplean estímulos ambiguos a los que se debe responder con una narración personalizada (como la prueba de la mancha de tinta de Rorschach), sus respuestas eran mucho más parecidas a las de los pacientes psicóticos, que mostraban pensamientos y fantasías de un nivel más regresivo, más infantil.

Durante este período de posguerra, los psicoanalistas empezaron a examinar con detalle distintos aspectos del trastorno, en un intento por establecer una delimitación precisa. La situación era en muchos sentidos como la del cuento de los ciegos que rodean al elefante y cada uno palpa una parte distinta de su anatomía para saber cómo es ese animal. Cada uno de ellos describe un animal diferente, por supuesto, dependiendo de la parte que haya tocado. Del mismo modo, los investigadores tenían la posibilidad de «palpar» e identificar diferentes aspectos del trastorno *borderline*, pero ninguno era capaz de intuir el organismo completo. Muchos investigadores (Zilboorg, Hoch y Polatin, Bychowski y otros),[3,4,5] así como el DSM-II (1968),[6] enfocaron su atención en los aspectos del trastorno que eran similares a la esquizofrenia, y utilizaron términos como *esquizofrenia ambulatoria*, *preesquizofrenia*, *esquizofrenia pseudoneurótica* y *esquizofrenia latente* para describirlo. Otros se concentraron en la falta de un sentido constante de identidad central que era común a estos pacientes. En 1942, Helene Deutsch describió a un sector de pacientes que superaban el sentimiento intrínseco de vacío mediante una alteración camaleónica de sus experiencias emocionales internas y externas para adaptarse a las personas y situaciones con las que se relacionaran en cada momento. Llamó a esta tendencia a adoptar las cualidades de los demás como medio para ganarse o retener su amor «personalidad mimética» (*as-if personality*).[7]

En 1953, Robert Knight resucitó el término *borderline* en su consideración de los «estados límite».[8] Se dio cuenta de que, aunque ciertos pacientes presentaran síntomas notablemente distintos y se los categorizara por tanto con diagnósticos diferentes, expresaban todos ellos una misma patología.

Una vez que se publicó el trabajo de Knight, el término *borderline* adquirió mayor reconocimiento, y la posibilidad de utilizar como diagnóstico el concepto general de *borderline* propuesto originariamente por Stern empezó a ser más aceptable. En 1968, Roy Grinker y sus colegas definieron cuatro subtipos de paciente *borderline*: (1) un grupo gravemente afectado que estaba en el *límite* de lo psicótico; (2) un grupo «esencialmente *borderline*» que presentaba relaciones interpersonales turbulentas, estados de ánimo intensos y soledad; (3) un grupo «mimético» fácilmente influenciado por los demás y carente de identidad estable, y (4) un conjunto de individuos levemente impedidos, con escasa seguridad en sí mismos y que estaban en el *límite* del extremo neurótico del espectro.[9]

Sin embargo, a pesar de esta extensa investigación pionera, el diagnóstico de «trastorno límite de la personalidad» seguía resultándoles muy ambiguo a los profesionales clínicos que trataban directamente con los pacientes. Muchos, por su vaguedad, lo consideraban una especie de cajón de sastre, en el que echar a aquellos pacientes que no se sabía bien qué tenían, que mostraban resistencia a la terapia o sencillamente no mejoraban; la situación siguió siendo así hasta bien entrada la década de 1970.

A medida que la personalidad *borderline* se fue definiendo de forma más rigurosa, y distinguiéndose de otros trastornos, hubo tentativas de cambiar este nombre ambiguo y algo estigmatizador. A finales de la década de 1970, durante la preparación del DSM-III, se consideró brevemente la posibilidad de llamarlo trastorno de «personalidad inestable». Sin embargo, la patología del carácter *borderline* era más estable en su inestabilidad que en otros trastornos, luego estaba claro que ese nombre no lo describía con más precisión y, por tanto, no duró. En 2020, el Real Colegio de Psiquiatras de Inglaterra publicó un documento de posición («Services for People Diagnosable with Personality Disorder»), en el que se cuestionaba si incluso la expresión *trastorno de la personalidad* no era despectiva. La realidad es que no se ha propuesto seriamente ningún otro nombre para sustituir al de trastorno límite de la personalidad.

En los años sesenta y setenta del siglo XX, dos importantes escuelas de pensamiento se esforzaron por delimitar un conjunto coherente de criterios para definir el trastorno *borderline*. Al igual que otras disciplinas de las ciencias naturales y sociales, la psiquiatría estaba ideológicamente dividida en dos campos principales: uno más orientado a los conceptos y el otro más influenciado por la conducta descriptiva y observable que permitía repetir y estudiar fácilmente cualquier hallazgo en condiciones de laboratorio.

La escuela empírica, liderada por John G. Gunderson, de la Universidad de Harvard, y que contaba con el apoyo de muchos investigadores, desarrolló una definición estructurada, más conductual, basada en criterios cuantificables y, por tanto, más apropiada para la investigación y el estudio. Esta definición es en general la más aceptada y la que el DSM-III adoptó en 1980 y ha continuado vigente en el DSM-IV y el DSM-5 (véase el capítulo dos).

La otra escuela, más orientada al concepto, liderada por Otto Kernberg, de la Universidad de Cornell, y a la que se han adherido igualmente muchos psicoanalistas, propone un enfoque más psicoestructural, que describe el trastorno basándose en el funcionamiento intrapsíquico y los mecanismos de defensa, en vez de en los comportamientos manifiestos.

Organización de la personalidad límite (OPL), de Kernberg

En 1967, Otto Kernberg introdujo su concepto de organización de la personalidad límite (OPL, o BPO por sus siglas en inglés: *Borderline Personality Disorder*), un concepto más amplio que el del actual trastorno límite de la personalidad (TLP) presentado en el DSM-5. La conceptualización de Kernberg sitúa la OPL a medio camino entre las organizaciones estructurales neurótica y psicótica de la personalidad.[10,11] Un paciente con OPL, según su definición, está menos impedido que un paciente psicótico, cuyas percepciones de la realidad están gravemente distorsionadas e imposibilitan un funcionamiento normal. En cambio, el individuo con OPL está más discapacitado que otro con organización neurótica de la personalidad, que experimenta ansiedad como resultado de conflictos emocionales. La percepción de la identidad y el sistema de mecanismos de defensa del paciente neurótico suelen ser más adaptativos que los de la OPL.

La OPL engloba el TLP y otros trastornos caracterológicos, como los trastornos de personalidad paranoide, esquizoide, antisocial, histriónico y narcisista. Además, incluye los trastornos obsesivo-compulsivos y de ansiedad crónica, la hipocondría, las fobias, las perversiones sexuales y las reacciones disociativas (como el trastorno de identidad disociativo, también conocido como trastorno de personalidad múltiple). En el sistema de Kernberg, los pacientes a los que actualmente se les diagnostica TLP constituirían solo entre el diez y el veinticinco por ciento de los pacientes; un paciente con diagnóstico de TLP se consideraría que tiene un funcionamiento algo más bajo y unos síntomas de mayor gravedad que los correspondientes al diagnóstico general de OPL.

Aunque el sistema de Kernberg no fue adoptado oficialmente por el DSM de la Asociación Americana de Psiquiatría, su trabajo ha tenido (y sigue teniendo) una influencia significativa como modelo teórico tanto para profesionales clínicos como para investigadores. La psicoterapia centrada en la transferencia se basa en las formulaciones de Kernberg (véase el capítulo ocho). En general, su esquema destaca los supuestos mecanismos internos que se describen a continuación.

Sentido variable de la realidad

Al igual que los pacientes con síntomas neuróticos, los pacientes *borderline* mantienen el contacto con la realidad la mayor parte del tiempo; sin embargo, en circunstancias de estrés, el paciente *borderline* puede hacer una regresión breve a un estado psicótico. Marjorie, una mujer casada de veintinueve años, acudió a un terapeuta por una depresión y una desarmonía matrimonial cada vez más alarmantes. Era una mujer inteligente y elocuente, y se comunicó relajadamente durante las primeras ocho sesiones. Aceptó con entusiasmo hacer una sesión conjunta con su marido, pero luego, durante la sesión, se mostró inusualmente escandalosa y beligerante. Abandonó la fachada de autocontrol y empezó a atacar a su marido por sus supuestas infidelidades. Acusó a su terapeuta de ponerse de parte de él («¡Los hombres siempre formando piña!») y los acusó a ambos de conspirar contra ella. La repentina transformación de una mujer relajada y levemente deprimida en una furiosa paranoica es bastante característica del cambio súbito de perspectiva de la realidad que se observa en el individuo *borderline*.

Anomalías de funcionamiento no específicas

Los pacientes con TLP tienen gran dificultad para tolerar la frustración y contener la ansiedad. En el sistema de Kernberg, el comportamiento impulsivo es un intento por difuminar esa tensión. Por otro lado, las herramientas de sublimación que se imponen no funcionan; es decir, como son incapaces de canalizar las frustraciones y el malestar de manera socialmente adaptativa, optan a veces por forzarse a mostrar empatía, calidez o culpa, pero son estrategias manipulativas, gestos aprendidos de memoria, pura exhibición, y no verdaderas manifestaciones de un sentimiento. De hecho, el paciente *borderline* puede actuar como si hubiera olvidado por completo una explosión de dramatismo que se ha producido solo momentos antes, de manera muy parecida a la del niño que tras una tremenda rabieta tiene inesperadamente en la cara una gran sonrisa.

Pensamiento primitivo

El individuo *borderline* es capaz de desenvolverse bien en un entorno laboral o profesional estructurado. Pero bajo la superficie se esconden serias dudas, sospechas y temores, que nacen de unos procesos de pensamiento sorprendentemente primarios y simples, encubiertos por una fachada estable de tópicos aprendidos y ensayados. Cualquier circunstancia que atraviese la estructura protectora puede desatar un torrente de caóticas pasiones ocultas en el interior del individuo. El ejemplo de Marjorie que acabamos de ver ilustra este aspecto.

Las pruebas psicológicas proyectivas revelan también los procesos de pensamiento primitivos propios de la organización de la personalidad *borderline*. Esta clase de pruebas –como la prueba de Rorschach y el test de apercepción temática (TAT)– evocan asociaciones con estímulos ambiguos, como manchas de tinta o imágenes, en torno a las cuales el paciente crea un relato. Las interpretaciones de los individuos *borderline* suelen parecerse a las de los pacientes esquizofrénicos y otro tipo de pacientes psicóticos. A diferencia de las respuestas coherentes y organizadas que suelen observarse entre los pacientes con síntomas neuróticos, las de los pacientes *borderline* suelen incluir imágenes extrañas y primitivas; por ejemplo, es posible que el individuo *borderline* vea unos animales feroces devorándose unos a otros allí donde la persona neurótica ve una mariposa.

Mecanismos de defensa primitivos

La escisión (véase el capítulo dos) es el mecanismo que emplea el individuo con TLP para preservar sus percepciones extremas del mundo –la noción de que las personas y los objetos son buenos o malos, amistosos u hostiles, dignos de amor o de odio– y escapar de la ansiedad que le crean esa ambigüedad e incertidumbre.

En la conceptualización de Kernberg, la escisión conduce a menudo al pensamiento mágico: las supersticiones, fobias, obsesiones y compulsiones se utilizan como talismanes para alejar los miedos inconscientes. De la escisión nacen además varios mecanismos de defensa:

- **Idealización primitiva:** colocar insistentemente a una persona u objeto en la categoría de lo «absolutamente bueno» para evitar la ansiedad que acompañaría al hecho de reconocer los defectos de esa persona u objeto.
- **Desvalorización:** una implacable percepción negativa de una persona u objeto; lo contrario de la idealización. Con este mecanismo, el individuo *borderline* evita sentirse culpable de sus arrebatos de furia: la persona «absolutamente mala» se los merece.
- **Omnipotencia:** sentimiento de poder ilimitado gracias al cual se siente incapaz de fracasar o, a veces, incluso de morir. (La omnipotencia es también un rasgo común de la personalidad narcisista).
- **Proyección:** negar rasgos de sí mismo que considera inaceptables y atribuírselos a otros.
- **Identificación proyectiva:** una forma de proyección más compleja en la que el proyector se implica en una relación de manipulación constante con otra persona, que es el objeto de la proyección. La otra persona «se reviste» de las características que son inaceptables para el proyector, y él trabaja para asegurarse de que se siguen expresando de continuo.

Por ejemplo, Mark, un joven casado al que se le ha diagnosticado TLP, considera inaceptables sus impulsos sádicos e iracundos y los proyecta en Sally, su esposa. A continuación, en su línea radical, la percibe como «una mujer que está siempre furiosa». Ve un trasfondo sádico en todo lo que hace Sally. Inconscientemente, él la provoca para hacerla enfadar, y de ese modo confirma sus proyecciones: «Yo no estoy enfadado, la que está enfadada eres tú». De este modo, Mark teme lo que percibe en Sally, y al mismo tiempo lo controla.

Concepto patológico del yo

Kernberg concibe como *alteración de la identidad* la falta de un sentido de identidad central estable del individuo *borderline*. La identidad *borderline* tiene la consistencia de la gelatina: puede adoptar la forma de cualquier molde que la contenga, pero se escurre de las manos si se intenta recoger. Esa falta de sustancia conduce directamente a las alteraciones de la identidad esbozadas en el criterio 3 de la descripción del TLP que presenta el DSM-5 (véase el capítulo dos).

Concepto patológico de los demás

Así como la alteración de la identidad describe la falta de un concepto estable del yo, la *constancia del objeto* hace referencia a la falta de un concepto estable de los demás. Al igual que la autoestima del individuo *borderline* depende de las circunstancias del momento, su actitud hacia los demás se basa en el encuentro más reciente que haya tenido con ellos, en lugar de en una percepción más estable y fundamentada en una serie de experiencias consistentes y conectadas a lo largo del tiempo.

A menudo es incapaz de retener el recuerdo de una persona u objeto cuando no está presente. Como el niño que se apega a un objeto transicional que representa una tranquilizadora figura materna (Linus a su manta, en los dibujos animados de *Snoopy*), el individuo con TLP utiliza objetos, como fotos y prendas de ropa, para simular la presencia de otra persona. Por ejemplo, cuando alguien con características *borderline* tiene que estar fuera de su casa aunque sea por un tiempo breve, suele llevarse una diversidad de objetos personales como recordatorio tranquilizador del entorno familiar. Los osos o cualquier otro animal de peluche lo acompañan a la cama, y coloca con cuidado las fotos de la familia por la habitación. Si se queda en casa mientras su pareja se va de viaje, suele mirar largamente su foto o su lado del armario y oler su almohada, buscando la reconfortante sensación de lo familiar.

Muy a menudo, para el individuo *borderline*, el tópico «ojos que no ven, corazón que no siente» es tremendamente real. El terror se apodera de él cuando se separa de un ser querido, porque la separación le parece permanente. Como no es capaz de utilizar adecuadamente la memoria para retener una imagen, olvida el aspecto que tiene ese ser que es objeto de su preocupación, el sonido de su voz, la sensación de estar a su lado. Para escapar del pavor que le produce sentirse solo y abandonado, trata de aferrarse desesperadamente: llamando, escribiendo, utilizando cualquier medio para mantener el contacto.

A lo largo del último siglo, los avances en la conceptualización del trastorno *borderline* nos han dado una mayor comprensión de estos pacientes y la posibilidad de ofrecerles un mejor tratamiento. Es de esperar que, en este, seguiremos avanzando en la comprensión de los factores neurobiológicos, genéticos y ambientales que influyen en la humanidad que todos compartimos.

Recursos

MATERIAL IMPRESO

Breve descripción de artículos y libros

«Trastorno límite de la personalidad». *Journal of the California Alliance for the Mentally Ill* 8, n.º 1, 1997. Comentarios de expertos, familias y personas con TLP.

Bokian, N. R., Porr, V. y Villagran, N. E. *New Hope for People with Borline Personality Disorder*. Roseville, California: Prima Publishing, 2002. Un libro de fácil lectura para el público en general, que destaca el buen pronóstico para este trastorno.

Friedel, R. O. *Borderline Personality Disorder Demystified: An Essential Guide for Understanding and Living with BPD*, rev. ed. Boston: De Capo Press, 2018. Una guía de fácil lectura para las familias.

Gunderson, J. G. *Trastorno límite de la personalidad: guía clínica*. Barcelona: Ars Médica, 2002. Trad. Laura Díaz Digon, María Jesús Herrero Gascón. [*Borderline Personality Disorder: A Clinical Guide*, 2.ª ed. Washington D. C.: American Psychiatric Publishing, 2008]. Dirigido principalmente a los profesionales; incluye una lista completa de recursos.

Gunderson, J. G. y Hoffman, P. D. *Understanding and Treating Borderline Personality Disorder: A Guide for Professionals and Families*. Washington, D.C: American Psychiatric Publishing, 2005. Una revisión, de dificultad media, para profesionales clínicos y familias.

Kreisman, J. J. y Straus, H. *Sometimes I Act Crazy: Living with Borderline Personality Disorder.* Hoboken, Nueva Jersey: Wiley, 2004. Revisión detallada de síntomas del TLP, muchos de ellos desde la perspectiva del paciente, y recomendaciones para afrontar el problema; dirigido a las familias.

Relatos familiares y personales

Aguirre, B. A. *Borderline Personality Disorder in Adolescents: A Complete Guide to Understanding and Coping When Your Adolescent Has BPD*. Beverly,

Massachusetts: Fair Winds Press, 2007. Sobre cómo tratar con el adolescente *borderline*.

Gunderson, J. G. y P. D. Hoffman. *Beyond Borderline: True Stories of Recovery from Borderline Personality Disorder*. Oakland, California: New Harbinger Publications, 2016. Relatos personales sobre el TLP.

Kreger, R. *Guia esencial para la familia sobre el trastorno límite de la personalidad: nuevas herramientas y técnicas para dejar de andar sobre cáscaras de huevo*. Madrid: Pléyades, 2018. Trad. Miriam Ramos Morrison [*The Essential Family Guide to Borderline Personality Disorder*. Center City, MN: Hazelden, 2008]. Seguimiento de *Deja de andar sobre cáscaras de huevo*, con sugerencias para la familia.

Kreger, R. y P. T. Mason. *Deja de andar sobre cáscaras de huevo: cómo recuperar el control de tu vida cuando alguien que te importa tiene trastorno límite de la personalidad.* Madrid: Pléyades, 2016. Trad. Miriam Ramos Morrison [*Stop Walking on Eggshells: Taking Your Life Back When Someone You Care About Has Borderline Personality Disorder*, 2.ª ed., Oakland, California. New Harbinger Publications, 2010]. Un manual instructivo.

Kreisman, J. J. *Talking to a Loved One with Borderline Personality Disorder: Communication Skills to Manage Intense Emotions, Set Boundaries & Reduce Conflict*. Oakland, California: New Harbinger Publications, 2018. Técnicas prácticas de comunicación.

Manning, S. Y. *Loving Someone with Borderline Personality Disorder*. Nueva York: Guilford Press, 2011. Sobre el amor en las relaciones con la persona *borderline*.

Moskovitz, R. *Lost in the Mirror: An Inside Look at Borderline Personality Disorder*, 2.ª ed. Dallas: Taylor Publications, 2001. Descripciones íntimas del dolor que acompaña al TLP.

Reiland, R. *Get Me Out of Here: My Recovery from Borderline Personality Disorder*. Center City, Minnesota: Hazelden Publishing, 2004. Relato personal de la autora sobre cómo se recuperó del TLP.

Roth, K. y F. B. Friedman. *Surviving a Borderline Parent: How to Heal Your Childhood Wounds and Build Trust, Boundaries, and Self-Esteem*. Oakland, California: New Harbinger Publications, 2003. Para hijos e hijas de progenitores *borderline*.

Walker, A. *The Siren's Dance: My Marriage to a Borderline: A Case Study*. Emmaus, Pennsylvania: Rodale, 2003. Relato del autor sobre la experiencia de su matrimonio con una mujer *borderline*.

SITIOS WEB*

Desmitificación del trastorno límite de la personalidad
www.bpddemystified.com
Este es un sitio web abierto al público, moderado por el doctor Robert O. Friedel, destacado psiquiatra y autor de *Borderline Personality Demystified* (en inglés).

Centro de recursos para el trastorno límite de la personalidad
bpdresourcecenter@nyp.org
888-694-2273 (Estados Unidos)
Proporciona material educativo y recursos para el tratamiento.

BPD central
www.bpdcentral.com
Uno de los sitios web más antiguos dedicados al TLP, con muchas sugerencias de libros y artículos.

Recuperarse del TLP
www.bpdrecovery.com
Un sitio para personas que se están recuperando del TLP, de enfoque principalmente cognitivo-conductual.

Afrontar los hechos
www.bpdfamily.com
Uno de los sitios web que más información y apoyo ofrecen a las familias.

Información de la clínica Mayo
mayoclinic.com/health/borderline-personality-disorder/DS00442
Información general y respuestas a preguntas.

Alianza nacional de educación para el trastorno límite de la personalidad (NEA-BPD)
www.borderlinepersonalitydisorder.com
Apoyo y educación para pacientes, familiares y profesionales.

* N. de la E.: Aunque los autores hacen referencia a webs en inglés y circunscritas principalmente al ámbito estadounidense, existen organizaciones equivalentes en todos los países de habla hispana. En España por ejemplo es fácil acceder a www.trastornolimite.com, www.fundacionarmaitlp.com o www.lawebdeltlp.org entre muchas otras.

Instituto Nacional de Salud Mental de Estados Unidos
www.nimh.nih.gov/health/publications/borderline-personality-disorder-fact sheet/index.shtml
Información general.

Red de sensibilización sobre trastornos de la personalidad (PDAN)
www.pdan.org
La PDAN trabaja para concienciar a la población del impacto que tiene el TLP en los niños, las relaciones y la sociedad.

Asociación Infomativa sobre los Avances en la Investigación y el Tratamiento del TLP (TARA4BPD)
www.tara4bpd.org
Organización nacional sin ánimo de lucro que aboga por las personas con TLP y sus familias, patrocina talleres y seminarios, gestiona un centro nacional de recursos y referencias, y presenta temas relacionados con el TLP ante los legisladores del Congreso de Estados Unidos.

CENTROS DE TRATAMIENTO EN ESTADOS UNIDOS

McLean Hospital
115 Mill Street
Belmont, Massachusetts
02478 877-372-3068

New York Presbyterian Westchester Behavioral Health Center
21 Bloomingdale Road
White Plains, Nueva York
10605 888-694-5700
914-682-9100

Austen Riggs Center
25 Main Street
Stockbridge, Massachusetts 01262
austenriggs.org/borderline-personality-disorder-treatment
800-51-RIGGS

Silver Hill Hospital
208 Valley Road
New Canaan, Connecticut 06840
866-542-4455
www.SilverHillHospital.org

Notas

1. El mundo del trastorno límite de la personalidad

1. Bridget F. Grant, S. Patricia Chou, Rise B. Goldstein, *et al.* «Prevalence Correlates, Disability, and Comorbidity of DSM-IV Borderline Personality Disorder: Results from the Wave 2 National Epidemiologic Survey on Alcohol and Related Conditions». *Journal of Clinical Psychiatry* 69 (2008): 533-544.
2. Rachel L. Tomko, Timothy J. Trull, Phillip K. Wood, *et al.* «Characteristics of Borderline Personality Disorder in a Community Sample: Comorbidity, Treatment Utilization, and General Functioning». *Journal of Personality Disorders* 28 (2014): 734-750.
3. Klaus Lieb, Mary C. Zanarini, Christian Schmahl, *et al.* «Borderline personality disorder». *Lancet* 364 (2004): 453-461.
4. Mark Zimmerman, Louis Rothschild e Iwona Chelminski. «The Prevalence of DSM-IV Personality Disorders in Psychiatric Outpatients». *American Journal of Psychiatry* 162 (2005): 1911-1918.
5. Donna S. Bender, Andrew E. Skodol, Maria E. Pagano, *et al.* «Prospective Assessment of Treatment Use by Patients with Personality Disorders». *Psychiatric Services* 57 (2006): 254-257.
6. Marvin Swartz, Dan Blazer, Linda George, *et al.* «Estimating the Prevalence of Borderline Personality Disorder in the Community». *Journal of Personality Disorders* 4 (1990): 257-272.
7. James J. Hudziak, Todd J. Boffeli, Jerold J. Kreisman, *et al.* «Clinical Study of the Relation of Borderline Personality Disorder to Briquet's Syndrome (Hysteria), Somatization Disorder, Antisocial Personality Disorder, and Substance Abuse Disorders». *American Journal of Psychiatry* 153 (1996): 1598-1606.
8. Mary C. Zanarini, Frances R. Frankenburg, John Hennen, *et al.* «Axis I Comorbidity in Patients with Borderline Personality Disorder: 6-Year Follow-Up and Prediction of Time to Remission». *American Journal of Psychiatry* 161 (2004): 2108-2114.
9. Renée El-Gabalawy, Laurence Y. Katz y Jitender Sareen. «Comorbidity and Associated Severity of Borderline Personality Disorder and Physical Health

Conditions in a Nationally Representative Sample». *Psychosomatic Medicine* 72 (2010): 641-647.

10. Lachlan A. McWilliams y Kristen S. Higgins. «Associations Between Pain Conditions and Borderline Personality Disorder Symptoms: Findings from the National Comorbidity Survey Replication». *Clinical Journal of Pain* 29 (2013): 527-532.
11. Frances R. Frankenburg y Mary C. Zanarini. «The Association Between Borderline Personality Disorder and Chronic Medical Illnesses, Poor Health-Related Lifestyle Choices, and Costly Forms of Health Care Utilization». *Journal of Clinical Psychiatry* 65 (2004): 1660-1665.
12. Frances R. Frankenburg y Mary C. Zanarini. «Personality Disorders and Medical Comorbidity». *Current Opinion in Psychiatry* 19 (2006): 428-431.
13. Cheng-Che Shen, Li-Yu Hu y Ya-Han Hu. «Comorbidity Study of Borderline Personality Disorder: Applying Association Rule Mining to the Taiwan National Health Insurance Research Database». *BMC Medical Informatics and Decision Making* 17 (2017): 8.
14. Taylor Barber, Whitney Ringwald, Aidan Wright, *et al.* «Borderline Personality Disorder Traits Associate with Midlife Cardiometabolic Risk». *Personality Disorders: Theory, Research, and Treatment* 11 (2020): 151-156.
15. Mehmet Dokucu y Robert Cloninger. «Personality Disorders and Physical Comorbidities: A Complex Relationship». *Current Opinion in Psychiatry* 32 (2019): 435-441.
16. Craig Johnson, David Tobin y Amy Enright. «Prevalence and Clinical Characteristics of Borderline Patients in an Eating-Disordered Population». *Journal of Clinical Psychiatry* 50 (1989): 9-15.
17. Joel Paris y Hallie Zweig-Frank. «A 27-Year Follow-Up of Patients with Borderline Personality Disorder». *Comprehensive Psychiatry* 42 (2001): 482-484.
18. Alexander McGirr, Joel Paris, Alain Lesage, *et al.* «Risk Factors for Suicide Completion in Borderline Personality Disorder: A Case-Control Study of Cluster B Comorbidity and Impulsive Aggression». *Journal of Clinical Psychiatry* 68 (2007): 721-729.
19. Thomas Widiger y Paul T. «Costa Jr. Personality and Personality Disorders». *Journal of Abnormal Psychology* 103 (1994): 78-91.
20. John M. Oldham. «Guideline Watch: Practice Guideline for the Treatment of Patients with Borderline Personality Disorder». *Focus* 3 (2005): 396-400.
21. Robert L. Spitzer, Michael B. First, Jonathan Shedler, *et al.* «Clinical Utility of Five Dimensional Systems for Personality Diagnosis». *Journal of Nervous and Mental Disease* 196 (2008): 356-374.

22. American Psychiatric Association. *Manual diagnóstico y estadístico de los trastornos mentales*, 5.ª ed. [*Diagnostic and Statistical Manual of Mental Disorders,* 5th ed. Washington, D. C.: American Psychiatric Association, 2013)], 663.
23. Lisa Laporte y Herta Guttman. «Traumatic Childhood Experiences as Risk Factors for Borderline and Other Personality Disorders». *Journal of Personality Disorders* 10 (1996): 247-259.
24. Mary C. Zanarini, Lynne Yong, Frances R. Frankenburg, *et al.* «Severity of Reported Childhood Sexual Abuse and Its Relationship to Severity of Borderline Psychopathology and Psychosocial Impairment Among Borderline Inpatients». *Journal of Nervous and Mental Disease* 190 (2002): 381-387.
25. Elizabeth Lippard y Charles Nemeroff. «The Devastating Clinical Consequences of Child Abuse and Neglect: Increased Disease Vulnerability and Poor Treatment Response in Mood Disorders». *American Journal of Psychiatry* 177 (2020): 20-36.
26. Kyle Esteves, Christopher Jones, Mark Wade, *et al.* «Adverse Childhood Experiences: Implications for Offspring Telomere Length and Psychopathology». *American Journal of Psychiatry* 177 (2020): 47-57.
27. Ayline Maier, Caroline Gieling, Luca Heinen-Ludwig, *et al.* «Association of Childhood Maltreatment with Interpersonal Distance and Social Touch Preferences in Adulthood». *American Journal of Psychiatry* 177 (2020): 37-46.
28. Carolyn Z. Conklin y Drew Westen. «Borderline Personality Disorder in Clinical Practice». *American Journal of Psychiatry* 162 (2005): 867-875.
29. Thomas H. McGlashan. «The Chestnut Lodge Follow-Up Study III: Long-Term Outcome of Borderline Personalities». *Archives of General Psychiatry* 43 (1986): 20-30.
30. L. Hastrup, P. Jennum, R. Ibsen, *et al.* «Societal Costs of Borderline Personality Disorders: A Matched-Controlled Nationwide Study of Patients and Spouses». *Acta Psychiatrica Scandinavica* 140 (2019): 458-467.
31. Louis Sass. «The Borderline Personality». *New York Times Magazine,* 22 de agosto de 1982: 102.
32. Mary C. Zanarini, Frances R. Frankenburg, John Hennen, *et al.* «Prediction of the 10-Year Course of Borderline Personality Disorder». *American Journal of Psychiatry* 163 (2006): 827-832.
33. Mary C. Zanarini, Frances R. Frankenburg, D. Bradford Reich, *et al.* «Time to Attainment of Recovery from Borderline Personality Disorder and Stability of Recovery: A 10-Year Prospective Follow-Up Study». *American Journal of Psychiatry* 168 (2010): 663-667
34. Mary C. Zanarini, Frances R. Frankenburg, D. Bradford Reich, *et al.* «Attainment and Stability of Sustained Remission and Recovery Among Patients with Borderline Personality Disorder and Axis II Comparison Subjects: A

16-Year Prospective Follow-Up Study». *American Journal of Psychiatry* 169 (2012): 476-483.

35. Mary C. Zanarini, Frances R. Frankenburg, D. Bradford Reich, *et al.* «Fluidity of the Subsyndromal Phenomenology of Borderline Personality Disorder Over 16 Years of Prospective Follow-Up». *American Journal of Psychiatry* 173 (2016): 688-694.
36. J. Christopher Perry, Elisabeth Banon y Floriana Ianni. «Effectiveness of Psychotherapy for Personality Disorders». *American Journal of Psychiatry* 156 (1999): 1312-1321.

2. Caos y vacío

1. Stefano Pallanti. «Personality Disorders: Myths and Neuroscience». *CNS Spectrums* 2 (1997): 53-63.
2. Jerold J. Kreisman y Hal Straus, *Sometimes I Act Crazy: Living with Borderline Personality Disorder* (Hoboken, Nueva Jersey: Wiley, 2004): 13.
3. K. Schroeder, H. L. Fisher, I. Schafer, *et al.* «Psychotic Symptoms in Patients with Borderline Personality Disorder: Prevalence and Clinical Management». *Current Opinion Psychiatry* 26 (2013): 113-119.
4. Heather Schultz y Victor Hong. «Psychosis in Borderline Personality Disorder: How Assessment and Treatment Differs from a Psychotic Disorder». *Current Psychiatry* 16 (2017): 25-29.
5. Jess G. Fiedorowicz y Donald W. Black. «Borderline, Bipolar, or Both?». *Current Psychiatry* 9 (2010): 21-32.
6. Mark Zimmerman, Caroline Balling, Kristy Dalrymple, *et al.* «Screening for Borderline Personality Disorder in Psychiatric Outpatients with Major Depressive Disorder and Bipolar Disorder». *Journal of Clinical Psychiatry* 80 (2019): 18m12257.
7. Adam Bayes y Gordon Parker. «Differentiating Borderline Personality Disorder (BPD) from Bipolar Disorder: Diagnostic Efficiency of DSM BPD Criteria». *Acta Psychiatrica Scandinavica* 141 (2020): 142-148.
8. M. Zimmerman y T. Morgan. «The Relationship Between Borderline Personality Disorder and Bipolar Disorder». *Dialogues in Clinical Neuroscience* 15 (2013): 79-93.
9. Mark Zimmerman. *Borderpolar: Patients with Borderline Personality Disorder and Bipolar Disorder*. Ponencia en el Psych Congress de San Diego, California, 4 de octubre de 2019.
10. Henrik Anckarsater, Ola Stahlberg, Tomas Larson, *et al.* «The Impact of ADHD and Autism Spectrum Disorders on Temperament, Character, and Personality Development». *American Journal of Psychiatry* 163 (2006): 1239-1244.

11. Ralf Kuja-Halkola, Kristina Lind Juto, Charlotte Skoglund, *et al.* «Do Borderline Personality Disorder and Attention-Deficit/Hyperactivity Disorder Co-Aggregate in Families? A Population-Based Study of 2 Million Swedes». *Molecular Psychiatry* (2021): 341-349.
12. Carlin J. Miller, Janine D. Flory, Scott R. Miller, *et al.* «Childhood Attention-Deficit/Hyperactivity Disorder and the Emergence of Personality Disorders in Adolescence: A Prospective Follow-Up Study». *Journal of Clinical Psychiatry* 69 (2008): 1477-1484.
13. Alexandra Philipsen, Mathias F. Limberger, Klaus Lieb, *et al.* «Attention-Deficit Hyperactivity Disorder as a Potentially Aggravating Factor in Borderline Personality Disorder». *British Journal of Psychiatry* 192 (2008): 118-123.
14. Andrea Fossati, Liliana Novella, Deborah Donati, *et al.* «History of Childhood Attention Deficit/Hyperactivity Disorder Symptoms and Borderline Personality Disorder: A Controlled Study». *Comprehensive Psychiatry* 43 (2002): 369-377.
15. Pavel Golubchik, Jonathan Sever, Gil Zalsman, *et al.* «Methylphenidate in the Treatment of Female Adolescents with Co-occurrence of Attention Deficit/Hyperactivity Disorder and Borderline Personality Disorder: A Preliminary Open-Label Trial». *International Clinical Psychopharmacology* 23 (2008): 228-231.
16. C. Schmahl, M. Meinzer, A. Zeuch, *et al.* «Pain Sensitivity Is Reduced in Borderline Personality Disorder, but Not in Posttraumatic Stress Disorder and Bulimia Nervosa». *World Journal of Biological Psychiatry* 11 (2010): 364-371.
17. Randy A. Sansone y Lori A. Sansone. «Chronic Pain Syndromes and Borderline Personality». *Innovations in Clinical Neuroscience* 9 (2012): 10-14.
18. Matthias Vogel, Lydia Frenzel, Christian Riediger, *et al.* «The Pain Paradox of Borderline Personality and Total Knee Arthroplasty (TKA): Recruiting Borderline Personality Organization to Predict the One-Year Postoperative Outcome». *Journal of Pain Research* 13 (2020): 49-55.
19. Randy A. Sansone y Lori A Sansone. «Borderline Personality and the Pain Paradox», *Psychiatry* 4 (2007): 40-46.
20. James J. Hudziak, Todd J. Boffeli, Jerold J. Kreisman, *et al.* «Clinical Study of the Relation of Borderline Personality Disorder to Briquet's Syndrome (Hysteria), Somatization Disorder, Antisocial Personality Disorder, and Substance Abuse Disorders». *American Journal of Psychiatry* 153 (1996): 1598-1606.
21. Vedat Sar, Gamze Akyuz, Nesim Kugu, *et al.* «Axis I Dissociative Disorder Comorbidity in Borderline Personality Disorder and Reports of Childhood Trauma». *Journal of Clinical Psychiatry* 67 (2006): 1583-1590.
22. Richard P. Horevitz y Bennett G. Braun. «Are Multiple Personalities Borderline?». *Psychiatric Clinics of North America* 7 (1984): 69-87.

23. Julia A. Golier, Rachel Yehuda, Linda M. Bierer, *et al.* «The Relationship of Borderline Personality Disorder to Posttraumatic Stress Disorder and Traumatic Events». *American Journal of Psychiatry* 160 (2003): 2018-2024.
24. Melanie S. Harned, Shireen L. Rizvi y Marsha M. Linehan. «Impact of Co-Occurring Posttraumatic Stress Disorder on Suicidal Women with Borderline Personality Disorder». *American Journal of Psychiatry* 167 (2010): 1210-1217.
25. Jack Tsai, Ilan Harpaz-Rotem, Corey E. Pilver, *et al.* «Latent Class Analysis of Personality Disorders in Adults with Posttraumatic Stress Disorder: Results from the National Epidemiologic Survey on Alcohol and Related Conditions». *Journal of Clinical Psychiatry* 75 (2014): 276-284.
26. Andrew E. Skodol, John G. Gunderson, Thomas H. McGlashan, *et al.* «Functional Impairment in Patients with Schizotypal, Borderline, Avoidant, or Obsessive-Compulsive Personality Disorder». *American Journal of Psychiatry* 159 (2002): 276-283.
27. T. J. Trull, D. J. Sher, C. Minks-Brown, *et al.* «Borderline Personality Disorder and Substance Use Disorders: A Review and Integration». *Clinical Psychological Review* 20 (2000): 235-253.
28. Mary C. Zanarini, Frances R. Frankenburg, John Hennen, *et al.* «Axis I Comorbidity in Patients with Borderline Personality Disorder: 6-Year Follow-Up and Prediction of Time to Remission». *American Journal of Psychiatry* 161 (2004): 2108-2114.
29. Randy A. Sansone y Lori A. Sansone. «Substance Use Disorders and Borderline Personality: Common Bedfellows». *Innovations in Clinical Neuroscience* 8 (2011): 10-13.
30. Drew Westen y Jennifer Harnden-Fischer. «Personality Profiles in Eating Disorders: Rethinking the Distinction Between Axis I and Axis II». *American Journal of Psychiatry* 158 (2001): 547-562.
31. Alexia E. Miller, Sarah E. Racine y E. David Klonsky. «Symptoms of Anorexia Nervosa and Bulimia Nervosa Have Differential Relationships to Borderline Personality Disorder Symptoms». *Eating Disorders* (15 de julio de 2019): 1-14 doi: 10.1080/10640266.2019.1642034.
32. Randy A. Sansone y Lori A. Sansone. «Personality Pathology and Its Influence on Eating Disorders». *Innovations in Clinical Neuroscience* 3 (2011): 14-18.
33. Regina C. Casper, Elke D. Eckert, Katherine A. Halmi, *et al.* «Bulimia: Its Incidence and Clinical Importance in Patients with Anorexia Nervosa». *Archives of General Psychiatry* 37 (1980): 1030-1035.
34. Shirley Yen, Jessica Peters, Shivani Nishar, *et al.* «Association of Borderline Personality Disorder Criteria with Suicide Attempts». *JAMA Psychiatry* 78 (2021): 187-194.

35. Sidra Goldman-Mellor, Mark Olfson, Cristina Lidon-Moyano, *et al.* «Association of Suicide and Other Mortality with Emergency Department Presentation». *JAMA Network Open* 2 (2019); doi: 10.1001/jamanetworkopen.2019.17571.
36. Beth S. Brodsky, Kevin M. Malone, Steven P. Ellis, *et al.* «Characteristics of Borderline Personality Disorder Associated with Suicidal Behavior». *American Journal of Psychiatry* 154 (1997): 1715-1719.
37. Paul H. Soloff, Kevin G. Lynch, Thomas M. Kelly, *et al.* «Characteristics of Suicide Attempts of Patients with Major Depressive Episode and Borderline Personality Disorder: A Comparative Study». *American Journal of Psychiatry* 157 (2000): 601-608.
38. Alexander McGirr, Joel Paris, Alain Lesage, *et al.* «Risk Factors for Suicide Completion in Borderline Personality Disorder: A Case-Control Study of Cluster B Comorbidity and Impulsive Aggression». *Journal of Clinical Psychiatry* 68 (2007): 721-729.
39. Christina M. Temes, Frances R. Frankenburg, Garrett M. Fitzmaurice, *et al.* «Deaths by Suicide and Other Causes Among Patients with Borderline Personality Disorder and Personality-Disordered Comparison Subjects Over 24 Years of Prospective Follow-Up». *Journal of Clinical Psychiatry* 80 (2019): 30-36.
40. D. E. Rodante, L. N. Grendas, S. Puppo, *et al.* «Predictors of Short- and Long-Term Recurrence of Suicidal Behavior in Borderline Personality Disorder». *Acta Psychiatrica Scandinavica* 140 (2019): 158-168.
41. American Psychiatric Association. *Manual diagnóstico y estadístico de los trastornos mentales*, 5.ª ed., DSM-5, 2014 (original del 2013): 663-666.
42. Christian G. Schmahl, Bernet M. Elzinga, Eric Vermetten, *et al.* «Neural Correlates of Memories of Abandonment in Women with and Without Borderline Personality Disorder». *Biological Psychiatry* 54 (2003): 142-151.
43. Norman Rosten, *Marilyn: un relato inédito*. Barcelona: Grijalbo, 1975. Trad. Gloria y Vicente Battista [*Marilyn: An Untold Story* (Nueva York: New American Library, 1967), 112].
44. Natalie Dinsdale y Bernard Crespi. «The Borderline Empathy Paradox: Evidence and Conceptual Models for Empathic Enhancements in Borderline Personality Disorder». *Journal of Personality Disorders* 27 (2013): 172-195.
45. Gregor Domes, Nicole Ower, Bernadette von Dawans, *et al.* «Effects of Intranasal Oxytocin Administration on Empathy and Approach Motivation in Women with Borderline Personality Disorder: A Randomized Controlled Trial». *Translational Psychiatry* 9 (2019) de libre acceso; doi:10.1038/s41398-019-0658-4.

46. Norman Mailer, *Marilyn, una biografía*. Barcelona: Lumen, 1974. Trad. Román García Azcárate [*Marilyn: A Biography*. Nueva York: Grosset & Dunlap, 1973, 86.]
47. Ibid., 108.
48. Robert Wolf, Phillip Thomann, Fabio Sambataro, *et al.* «Orbitofrontal Cortex and Impulsivity in Borderline Personality Disorder: An MRI Study of Baseline Brain Perfusion». *European Archives of Psychiatry and Clinical Neuroscience* 262 (2012): 677-685.
49. Barbara Stanley, Marc J. Gameroff, Venezia Michalsen, *et al.* «Are Suicide Attempters Who Self-Mutilate a Unique Population?». *American Journal of Psychiatry* 158 (2001): 427-432.
50. John G. Gunderson y Lois W. Choi-Kain. «Working with Patients Who Self-Injure». *JAMA Psychiatry* 76 (2019): 976-977.
51. Randy A. Sansone, George A. Gaither y Douglas A. Songer. «Self-Harm Behaviors Across the Life Cycle: A Pilot Study of Inpatients with Borderline Personality». *Comprehensive Psychiatry* 43 (2002): 215-218.
52. P. Moran, C. Coffey, H. Romaniuk, *et al.* «The Natural History of Self-Harm from Adolescence to Young Adulthood: A Population-Based Cohort Study». *Lancet* 379 (2012): 236-243.
53. Paul H. Soloff, Kevin G. Lynch y Thomas M. Kelly. «Childhood Abuse as a Risk Factor for Suicidal Behavior in Borderline Personality Disorder». *Journal of Personality Disorders* 16 (2002): 201-214.
54. Nikolaus Kleindienst, Martin Bohus, Petra Ludascher, *et al.* «Motives for Nonsuicidal Self-Injury Among Women with Borderline Personality Disorder». *Journal of Nervous and Mental Disease* 196 (2008): 230-236.
55. Rosemarie Kleutsch, Christian Schmahl, Inga Niedtfeld, *et al.* «Alterations in Default Mode Network Connectivity During Pain Processing in Borderline Personality Disorder». *Archives of General Psychiatry* 69 (2012): 993-1002.
56. Thomas H. McGlashan, Carlos M. Grilo, Charles A. Sanislow, *et al.* «Two-Year Prevalence and Stability of Individual DSM-IV Criteria for Schizotypal, Borderline, Avoidant, and Obsessive-Compulsive Personality Disorders: Toward a Hybrid Model of Axis II Disorders». *American Journal of Psychiatry* 162 (2005): 883-889.

3. Las raíces del trastorno *borderline*

1. Randy A. Sansone y Lori A. Sansone. «The Families of Borderline Patients: The Psychological Environment Revisited». *Psychiatry* 6 (2009): 19-24.
2. A. Amed, N. Ramoz, P. Thomas, *et al.* «Genetics of Borderline Personality Disorder: Systematic Review and Proposal of an Integrative Model». *Neuroscience & Biobehavioral Reviews* 40 (2014): 6-19.

3. Charlotte Skoglund, Annika Tiger, Christian Rück, *et al.* «Familial Risk and Heritability of Diagnosed Borderline Personality Disorder: A Register Study of the Swedish Population». *Molecular Psychiatry,* publicado en línea el 3 de junio de 2019: 1-10; doi.org/10.1038/s41380-019-0442-0.
4. John G. Gunderson, Mary C. Zanarini, Lois W. Choi-Kain, *et al.* «Family Study of Borderline Personality Disorder and Its Sectors of Psychopathology». *Archives of General Psychiatry* 68 (2011): 753-762.
5. Ted Reichborn-Kjennerud, Eivind Ystrom, Michael C. Neale, *et al.* «Structure of Genetic and Environmental Risk Factors for Symptoms of DSM-IV Borderline Personality Disorder». *JAMA Psychiatry* 70 (2013): 1206-1214.
6. M. A. Distel, J. J. Hottenga, T. J. Trull, *et al.* «Chromosome 9: Linkage for Borderline Personality Disorder Features». *Psychiatric Genetics* 18 (2008): 302-307.
7. Joanne Ryan, Isabelle Chaudieu, Marie-Laure Ancelin, *et al.* «Biological Underpinnings of Trauma and Post-Traumatic Stress Disorder: Focusing on Genetics and Epigenetics». *Epigenomics* 8 (2016): 1553-1569.
8. Jerold J. Kreisman y Hal Straus, *Sometimes I Act Crazy: Living with Borderline Personality* Disorder. Hoboken, Nueva Jersey: Wiley, 2004, 13-15.
9. Katja Bertsch, Matthias Gamer, Brigitte Schmidt, *et al.* «Oxytocin and Reduction of Social Threat Hypersensitivity in Women with Borderline Personality Disorder». *American Journal of Psychiatry* 170 (2013): 1169-1177.
10. Sabine Herpertz y Katja Bertsch. «A New Perspective on the Pathophysiology of Borderline Personality Disorder: A Model of the Role of Oxytocin». *American Journal of Psychiatry* 172 (2015): 840-851.
11. Natalie Thomas, Caroline Gurvich y Jayashri Kulkarni. «Borderline Personality Disorder, Trauma, and the Hypothalamus-Pituitary-Adrenal Axis». *Neuropsychiatric Disease and Treatment* 15 (2019): 2601-2612.
12. Barbara Stanley y Larry J. Liever. «The Interpersonal Dimension of Borderline Personality Disorder: Toward a Neuropeptide Model». *American Journal of Psychiatry* 167 (2010): 24-39.
13. Alan R. Prossin, Tiffany M. Love, Robert A. Koeppe, *et al.* «Dysregulation of Regional Endogenous Opioid Function in Borderline Personality Disorder». *American Journal of Psychiatry* 167 (2010): 925-933.
14. Eric Lis, Brian Greenfield, Melissa Henry, *et al.* «Neuroimaging and Genetics of Borderline Personality Disorder: A Review». *Journal of Psychiatry and Neuroscience* 32 (2007): 162-173.
15. Dan J. Stein. «Borderline Personality Disorder: Toward Integration». *CNS Spectrums* 14 (2009): 352-356.

16. Ning Yuan, Yu Chen, Yan Xia, *et al.* «Inflammation-Related Biomarkers in Major Psychiatric Disorders: A Cross-Disorder Assessment of Reproducibility and Specificity in 43 Meta-Analyses». *Translational Psychiatry* 9 (2019): 1-13.
17. Paul A. Andrulonis, Bernard C. Glueck, Charles F. Stroebel, *et al.* «Organic Brain Dysfunction and the Borderline Syndrome». *Psychiatric Clinics of North America* 4 (1980): 47-66.
18. Margaret Mahler, Fred Pine y Anni Bergman, *The Psychological Birth of the Human Infant*. Nueva York: Basic Books, 1975.
19. Carta de T. E. Lawrence a Charlotte Shaw (18 de agosto de 1927), citada por John E. Mack en *Lawrence de Arabia*. Barcelona: Paidós Ibérica, 2003. Trad. Gemma Andújar [*A Prince of Our Disorder: The Life of T. E. Lawrence*. Boston: Little, Brown, 1976, 31].
20. Sally B. Smith. *Diana in Search of Herself*. Nueva York: Random House, 1999, 38.
21. Jenna Kirtley, John Chiocchi, Jon Cole, *et al.* «Stigma, Emotion Appraisal, and the Family Environment as Predictors of Carer Burden for Relatives of Individuals Who Meet the Diagnostic Criteria of Borderline Personality Disorder». *Journal of Personality Disorders* 33 (2019): 497-514.
22. Andrea Fossati y Antonella Somma. «Improving Family Functioning to (Hopefully) *Improve* Treatment Efficacy of Borderline Personality Disorder: An Opportunity Not to Dismiss». *Psychopathology* 57 (2018): 149-159.
23. Norman Mailer, *Marilyn, una biografía*. Barcelona: Lumen, 1974. Trad. Román García Azcárate [*Marilyn: A Biography* (Nueva York: Grosset & Dunlap, 1973), 86].
24. *The Mail on Sunday* (1 de junio de 1986), citado por Sally B. Smith en *Diana in Search of Herself*: 10.
25. Andrew Morton, *Diana: su verdadera historia*. Barcelona: Editorial Emecé, 1992. Trad. M. Cavándoli, H. González Trejo y R. Arruti [*Diana: Her True Story –In Her Own Words*. Nueva York: Simon & Schuster, 1997, 33-34].
26. John G. Gunderson, John Kerr y Diane Woods Englund. «The Families of Borderlines: A Comparative Study». *Archives of General Psychiatry* 37 (1980): 27-33.
27. Hallie Frank y Joel Paris. «Recollections of Family Experience in Borderline Patients». *Archives of General Psychiatry* 38 (1981): 1031-1034.
28. Ronald B. Feldman y Herta A. Gunman. «Families of Borderline Patients: Literal-Minded Parents, Borderline Parents, and Parental Protectiveness». *American Journal of Psychiatry* 141 (1984): 1392-1396.

4. La sociedad *borderline*

1. Christopher Lasch, *La cultura del narcisismo*. Barcelona: Editorial Andrés Bello, 1999. Trad. Jaime Collyer: 56 [*The Culture of Narcissism*. Nueva York: Norton, 1979, 34].
2. Louis Sass. «The Borderline Personality». *New York Times Magazine* (22 de agosto de 1982): 13.
3. Peter L. Giovacchini. *Psychoanalysis of Character Disorders*. Nueva York: Jason Aronson, 1975.
4. Christopher Lasch. *La cultura del narcisismo*, 23 [*The Culture of Narcissism*, 5]
5. David S. Greenwald. *No Reason to Talk About It*. Nueva York: Norton, 1987.
6. Paul A. Andrulonis, comunicación personal, 1987.
7. Patrick E. Jamieson y Dan Romer. «Unrealistic Fatalism in U.S. Youth Ages 14 to 22: Prevalence and Characteristics». *Journal of Adolescent Health* 42 (2008): 154-160.
8. Organización Mundial de la Salud. «Estimaciones de salud globales. Salud del adolescente y el joven adulto». 2016: https://www.who.int/es/news-room/fact-sheets/detail/adolescents-health-risks-and-solutions (en español).
9. Oren Miron, Kun Hsing Yu, Rachel Wilf-Miron, *et al.* «Suicide Rates Among Adolescents and Young Adults in the United States, 2000-2017». *JAMA* 321 (2019): 2362-2364.
10. Nikki Graf. «A Majority of U.S. Teens Fear a Shooting Could Happen at Their School, and Most Parents Share Their Concern». *Centro de Investigaciones Pew*, 18 de abril de 2018.
11. «Number, Time and Duration of Marriages and Divorces». Washington, D. C.: U.S. Census Bureau, 2005: 7-10; Philip N. Cohen. «The Coming Divorce Decline». *Socius* 5 (2019): 1-6; https://doi.org/10.1177/2378023119873497.
12. Philip N. Cohen. «The Coming Divorce Decline». *Socius* 5 (2019): 1-6; https://doi.org/10.1177/2378023119873497.
13. Christopher Lasch. *La cultura del narcisismo*: 51 [*The Culture of Narcissism,* 30].
14. Centro de Investigaciones Pew. Hoja informativa, 4 de mayo de 2019, https://www.pewforum.org/fact-sheet/changing-attitudes-on-gay-marriage.
15. Robert P. Jones y Daniel Cox. «How Race and Religion Shape Millennial Attitudes on Sexuality and Reproductive Health». (Resultados de la Encuesta sobre la conducta sexual y reproductiva de la generación milenial realizada en Estados Unidos por el Instituto de Investigaciones Públicas en 2015).
16. Jason Fields. «Children's Living Arrangements and Characteristics: March 2002». *Current Popultion Reports*, P20-547. U.S. Census Bureau, 2003.
17. Informe de la Oficina del Censo de Estados Unidos. «American Families and Living Arrangements», 17 de noviembre de 2016.

18. Stephanie Kramer. U.S. «Has Highest Rate of Children Living in Single-Parent Households». Centro de Investigaciones Pew, 12 de diciembre de 2019.
19. Jason Fields, Oficina del Censo de Estados Unidos, 2003.
20. Edward F. Zigler. *A Solution to the Nation's Child Care Crisis*. Ponencia presentada en el Foro Nacional de Políticas de Salud, Washington, D. C. (1987): 1.
21. Departamento de Salud y Servicios Humanos de Estados Unidos. «Administración para la Infancia y la Familia». *Child Maltreatment 2003*. Washington, D. C.: U.S. Government Printing Office, 2003. Síntesis de los hallazgos principales: 4-34.
22. David Brooks. «The Nuclear Family Was a Mistake». *The Atlantic* (marzo de 2020).
23. Departamento de Salud y Servicios Humanos de Estados Unidos. Administración para la Infancia, la Juventud y la Familia. *Child Maltreatment 2007*. Washington, D. C.: U.S. Government Printing Office, 2009: 24.
24. Judith L. Herman, *Father-Daughter Incest*. Cambridge, Massachusetts: Harvard University Press, 1981.
25. Informe del Centro Nacional de Intercambio de Información sobre maltrato y abandono infantiles y sus consecuencias a largo plazo, Washington, D. C., 2005.
26. Susan Jacoby. «Emotional Child Abuse: The Invisible Plague». *Glamour* (octubre de 1984); Edna J. Hunter, citado en *USA Today* (agosto de 1985): 11.
27. W. Hugh Missildine. *Your Inner Child of the Past*. Nueva York: Simon & Schuster, 1963.
28. Judith Wallerstein y J. B. Kelly. «The Effect of Parental Divorce: Experiences of the Preschool Child». *Journal of the American Academy of Child Psychiatry* 14 (1975): 600-616.
29. Ibid.
30. M. Hetherington. «Children and Divorce», en *Parent-Child Interaction: Theory, Research, and Prospect*, ed. R. Henderson, citado en *Psychiatric Opinion* 11 (1982): 6-15.
31. David A. Brent, Joshua A. Perper, Grace Moritz, *et al.* «Post-Traumatic Stress Disorders in Peers of Adolescent Suicide Victims: Predisposing Factors and Phenomenology». *Journal of the American Academy of Child and Adolescent Psychiatry* 34 (1995): 209-215.
32. Chaim F. Shatan. «Through the Membrane of Reality: Impacted Grief and Perceptual Dissonance in Vietnam Combat Veterans». *Psychiatric Opinion* 11 (1974): 6-15.
33. Chaim F. Shatan. «The Tattered Ego of Survivors». *Psychiatric Annals* 12 (1982): 1031-1038.

34. Concern Mounts Over Rising Troop Suicides. CNN.com, 3 de febrero de 2008; www.cnn.com/2008/US/02/01/military.suicides (consultado el 18 de agosto de 2009).
35. Chaim F. Shatan. «War Babies». *American Journal of Orthopsychiatry* 45 (1975): 289.
36. Faith in Flux: Changes in Religious Affiliation in the U.S. [Foro Pew sobre Religion y Vida Pública, 27 de abril de 2009], http://pewforum.org/Faith-in-Flux.aspx (consultado el 7 de julio de 2010).
37. Amanda Lenhart y Mary Madden. «Social Networking Websites and Teens». *Proyecto Pew sobre Internet en la Vida Americana*, 7 de enero de 2007, www.pewinternet.org/Reports/2007/Social-Networking-Websites-and-Teens.aspx (consultado el 2 de septiembre de 2009).
38. Monica Anderson y Jinjing Jiang. «Teens, Social Media, and Technology». Centro de Investigaciones Pew, https://www.pewresearch.org/internet/2018/05/31/teens-social-media-technology-2018.
39. Robin Hamman. «Blogging4business: Social Networking and Brands». Cybersoc.com, 4 de abril de 2007, www.cybersoc.com/2007/04/blogging 4busine (consultado el 14 de septiembre de 2009). Artículo publicado el 4 de abril de 2007 que sintetiza los hallazgos de Microsoft.
40. Jean M. Twenge y W. Keith Campbell. *La epidemia del narcisismo*. Madrid: Ediciones Cristiandad, 2018 [*The Narcissism Epidemic: Living in the Age of Entitlement*. Nueva York: Free Press, 2009, 1-4].
41. Amanda Lenhart. «Teens and Mobile Phones over the Past Five Years». Centro de Investigaciones Pew, 2009.
42. Mass Shooting Tracker. *Mass Shooting Tracker*. Archivado desde el original el 14 de enero de 2018.
43. Michael S. Schmidt. «F.B.I. Confirms a Sharp Rise in Mass Shootings Since 2000». *New York Times*, 24 de septiembre de 2014. Mass Shootings in America 2009-2020. Everytownresearch.org (consultado el 25 de abril de 2020).
44. Healthcare, Mass Shootings, 2020 Presidential Election Causing Americans Significant Stress. American Psychological Association, Encuesta sobre el estrés en Estados Unidos, 2019.
45. «Substance Abuse and Mental Health Services Administration (SAMHSA)». *Key Substance Use and Mental Health Indicators in the U.S.: Results from the 2018 National Survey on Drug Use and Health*. Rockville, Maryland: Center for Behavioral Health Statistics and Quality, 2019.
46. Larry Alton. «We're Underestimating the Role of Social Media in Mass Shootings, and It's Time to Change». Thenextweb.com (consultado el 6 de mayo de 2020).
47. Jonathan Wareham. «Should Social Media Platforms Be Regulated?». *Forbes*, 10 de febrero de 2020.

48. Nili Solomonov y Jacques P. Barber. «Conducting Psychotherapy in the Trump Era: Therapists' Perspectives on Political Self-Disclosure, the Therapeutic Alliance, and Politics in the Therapy Room». *Journal of Clinical Psychology* 75 (2019): 1508-1518.
49. Sarah R. Lowe y Sandro Galea. «The Mental Health Consequences of Mass Shootings». *Trauma, Violence, and Abuse* 18 (2017): 62-82.
50. Sarah R. Lowe y Sandro Galea, 2017, 79-82.
51. Noticias en el canal de televisión MSNBC. *All In with Chris Hayes,* 12 de marzo de 2020 y MSNBC Noticias, 14 de marzo de 2020.
52. Megan A. Moreno. «Cyberbullying». *JAMA Pediatrics* 168 (2014): 500.
53. Mitch van Geel, Paul Vedder y Jenny Tanilon. «Relationship Between Peer Victimization, Cyberbullying, and Suicide in Children and Adolescents: A Meta-analysis». *JAMA Pediatrics* 168 (2014): 435-442.
54. Identity Theft by Households, 2005-2010. Informes Estadísticos del Departmento de Justicia de Estados Unidos, 2011, NCJ 236245. Victims of Identity Theft, 2016. Íbid., 2019, NCJ 251147.
55. GlobalWebIndex (2015). The Demographics of Tinder Users (consultado el 27 de abril de 2020).
56. «Crimes Linked to Tinder and Grindr Increase Seven-Fold». *Daily Telegraph* (GB), 16 de marzo de 2016; Alyssa Murphy. «Dating Dangerously: Risks Lurking Within Mobile Dating Apps». *Catholic University Journal of Law and Technology* 26 (2018).
57. J. Strubel y T. A. Petrie. «Love Me Tinder: Body Image and Psychosocial Functioning Among Men and Women». *Body Image* 21 (2017): 34-38.

6. La familia y los amigos: cómo convivir con el TLP

1. C. Porter, J. Palmier-Claus, A. Branitsky, *et al.* «Childhood Adversity and Borderline Personality Disorder: A Meta-analysis». *Acta Psychiatrica Scandinavica* 141 (2020): 6-20.
2. Jasmin Wertz, Avshalom Caspi, Antony Ambler, *et al.* «Borderline Symptoms at Age 12 Signal Risk for Poor Outcomes During the Transition to Adulthood: Findings from a Genetically Sensitive Longitudinal Cohort Study». *Journal of the American Academy of Child and Adolescent Psychiatry* 59 (2020): 1165-1177.e2.
3. Andrew M. Chanen, Martina Jovev y Henry J. Jackson. «Adaptive Functioning and Psychiatric Symptoms in Adolescents with Borderline Personality Disorder». *Journal of Clinical Psychiatry* 68 (2007): 297-306.
4. David A. Brent, Joshua A. Perper, Charles E. Goldstein, *et al.* «Risk Factors for Adolescent Suicide: A Comparison of Adolescent Suicide Victims with Suicidal Inpatients». *Archives of General Psychiatry* 45 (1988): 581-588.

5. Alexander McGirr, Joel Paris, Alain Lesage, *et al.* «Risk Factors for Suicide Completion in Borderline Personality Disorder: A Case-Control Study of Cluster B Comorbidity and Impulsive Aggression». *Journal of Clinical Psychiatry* 68 (2007): 721-729.
6. Trees Juurlink, Margreet Ten Have, Femke Lamers, *et al.* «Borderline Personality Symptoms and Work Performance: A Population-Based Survey». *BMC Psychiatry* 18 (2018): 202.
7. Jerold J. Kreisman y Hal Straus. *Sometimes I Act Crazy: Living with Borderline Personality Disorder*. Hoboken, Nueva Jersey: Wiley, 2004.
8. Jerold J. Kreisman. *Talking to a Loved One with Borderline Personality Disorder: Communication Skills to Manage Intense Emotions, Set Boundaries & Reduce Conflict*. Oakland, California: New Harbinger, 2018.
9. Barbara Stanley, Marc Gameroff, Venezia Michalsen, *et al.* «Are Suicide Attempters Who Self-Mutilate a Unique Population?». *American Journal of Psychiatry* 158 (2001): 427-432.
10. Randy Sansone, George Gaither y Douglas Songer. «Self-Harm Behaviors Across the Life Cycle: A Pilot Study of Inpatients with Borderline Personality Disorder». *Comprehensive Psychiatry* 43 (2002): 215-218.
11. Leo Sher, Sarah Rutter, Antonia New, *et al.* «Gender Differences and Similarities in Aggression, Suicidal Behavior, and Psychiatric Comorbidity in Borderline Personality Disorder». *Acta Psychiatrica Scandinavica* 139 (supl.) (2019): 145-153.
12. Galit Geulayov, Deborah Casey, Liz Bale, *et al.* «Suicide Following Presentation to Hospital for Non-fatal Self-Harm in the Multicentre Study of Self-Harm: A Long-Term Follow-up Study». *The Lancet Psychiatry* 6 (2019): 1021-1030.
13. Anna Szücs, Katalin Szanto, Aidan Wright, *et al.* «Personality of Late-and Early-Onset Elderly Suicide Attempters». *International Journal of Geriatric Psychiatry* 35 (2020): 384-395.
14. Hannah Gordon, Selina Nath, Kylee Trevillion, *et al.* «Self-Harm Ideation, and Mother-Infant Interactions: A Prospective Cohort Study». *Journal of Clinical Psychiatry* 80 (2019): 37-44.
15. J. J. Muehlenkamp, L. Claes, L. Havertape, *et al.* «International Prevalence of Adolescent Non-Suicidal Self-Injury and Deliberate Self-Harm». *Child and Adolescent Psychiatry and Mental Health* 6 (2012): art. n.º10; doi: 10.1186/1753-2000-6-10.
16. Bryan Denny, Jin Fan, Samuel Fels, *et al.* «Sensitization of the Neural Salience Network to Repeated Emotional Stimuli Following Initial Habituation in Patients with Borderline Personality Disorder». *American Journal of Psychiatry* 175 (2018): 657-664.

7. Buscar, encontrar y comenzar la terapia

1. American Psychiatric Association. «Practice Guideline for the Treatment of Patients with Borderline Personality Disorder». *American Journal of Psychiatry* 158 (supl. octubre de 2001): 4.
2. Paul Links, Ravi Shah y Rahel Eynan. «Psychotherapy for Borderline Personality Disorder: Progress and Remaining Challenges». *Current Psychiatry Reports* 19 (2017): 16.
3. Otto Kernberg. *Borderline Conditions and Pathological Narcissism*. Nueva York: Jason Aronson, 1975.
4. James F. Masterson. *Psychotherapy of the Borderline Adult*. Nueva York: Brunner/Mazel, 1976.
5. Norman D. Macaskill. «Therapeutic Factors in Group Therapy with Borderline Patients». *International Journal of Group Psychotherapy* 32 (1982): 61-73.
6. Wendy Froberg y Brent D. Slife. «Overcoming Obstacles to the Implementation of Yalom's Model of Inpatient Group Psychotherapy». *International Journal of Group Psychotherapy* 37 (1987): 371-388.
7. Leonard Horwitz. «Indications for Group Therapy with Borderline and Narcissistic Patients». *Bulletin of the Menninger Clinic* 1 (1987): 248-260.
8. Judith K. Kreisman y Jerold J. Kreisman. «Marital and Family Treatment of Borderline Personality Disorder», en *Family Treatment of Personality Disorders: Advances in Clinical Practice*, ed. Malcolm M. MacFarlane. Nueva York: Haworth Clinical Practice Press, 2004, 117-148.
9. Bina Nir. «Transgenerational Transmission of Holocaust Trauma and Its Expressions in Literature». *Genealogy* 2 (2018): 49; https://doi.org/10.3390/genealogy2040049.
10. Maria Ridolfi, Roberta Rossi, Giorgia Occhialini, *et al.* «A Clinical Trial of a Psychoeducation Group Intervention for Patients with Borderline Personality Disorder». *Journal of Clinical Psychiatry* 81 (2020): 41-46.
11. Thomas A. Widiger y Allen J. Frances. «Epidemiology and Diagnosis, and Comorbidity of Borderline Personality Disorder», en *American Psychiatric Press Review of Psychiatry*, ed. Allen Tasman, Robert E. Hales y Allen J. Frances, vol. 8. Washington, D. C.: American Psychiatric Publishing, 1989, 8-24.

8. Métodos psicoterapéuticos

1. Anna Bartak, Djora I. Soeteman, Roes Verheul, *et al.* «Strengthening the Status of Psychotherapy for Personality Disorders: An Integrated Perspective on Effects and Costs». *Canadian Journal of Psychiatry* 52 (2007): 803-809.
2. John G. Gunderson. *Trastorno límite de la personalidad: guía clínica*. Barcelona: Ars Médica, 2002. Trad. Laura Díaz Digon y María Jesús Herrero Gascón

[*Borderline Personality Disorder: A Clinical Guide*, 2.ª ed. Washington, D. C.: American Psychiatric Publishing, 2008, 242-243].

3. Cameo F. Borntrager, Bruce F. Chorpita, Charmaine Higa-McMillan, *et al.* «Provider Attitudes Toward Evidence-Based Practices: Are the Concerns with the Evidence or with the Manuals?». *Psychiatric Services* 60 (2009): 677-681.
4. Aaron T. Beck, Arthur Freeman y Denise D. Davis, *Terapia cognitiva de los trastornos de la personalidad*, 2.ª ed. (Barcelona: Paidós Ibérica, 1995. Trad. Jorge Piatigorsky) [*Cognitive Therapy of Personality Disorders*, 2.ª ed. Nueva York: Guilford, 2004].
5. Marsha M. Linehan, *Manual de tratamiento de los trastornos de personalidad límite*. Barcelona: Paidós Ibérica, 2003. Trad. Rafael Santandreu [*Cognitive-Behavioral Treatment of Borderline Personality Disorder*. Nueva York: Guilford, 1993].
6. Marsha M. Linehan. *DBT Skills Training Handouts and Worksheets,* 2.ª ed. Nueva York: Guilford, 2014.
7. Nancee Blum, Bruce Pfohl, Don St. John, *et al.* «STEPPS: A Cognitive-Behavioral Systems-Based Group Treatment for Outpatients with Borderline Personality Disorder –A Preliminary Report». *Comprehensive Psychiatry* 43 (2002): 301-310.
8. Donald Black y Nancee Blum, *Systems Training for Emotional Predictability and Problem Solving for Borderline Personality Disorder: Implementing STEPPS Around the Globe,* 1.ª ed. Nueva York: Oxford University Press, 2017.
9. Jeffrey E. Young, Janet S. Klosko y Marjorie E. Weishaar. *Terapia de esquemas*. Bilbao: Editorial Desclée De Brouwer, S.A, 2015. Trad. Jasone Aldekoa [*Schema Therapy: A Practitioner's Guide*. Nueva York: Guilford, 2003].
10. Otto F. Kernberg, Michael A. Selzer, Harold W. Koeningsberg, *et al.*, *Psychodynamic Psychotherapy of Borderline Patients*. Nueva York: Basic Books, 1989. (Sin traducción al español; existe sin embargo la traducción de: Eve Caligor, Otto F. Kernberg, John F. Clarkin y Frank E. Yeomans, *Terapia psicodinámica para la patología de la personalidad*. Bilbao: Editorial Desclée De Brouwer, S.A., 2020. Trad. Francisco Campillo Ruiz [*Psychodynamic Therapy for Personality Pathology*. Washington, D.C.: American Psychiatric Association Publishing, 2018].
11. Frank E. Yeomans, John F. Clarkin y Otto F. Kernberg, *Psicoterapia centrada en la transferencia: su aplicación al trastorno límite de la personalidad*. Bilbao: Editorial Desclée De Brouwer, S.A., 2016. Trad. Francisco Campillo Ruiz [*A Primer for Transference-Focused Psychotherapy for the Borderline Patient*. Lanham, Maryland: Jason Aronson, 2002].
12. Peter Fonagy. «Thinking About Thinking: Some Clinical and Theoretical Considerations in the Treatment of a Borderline Patient». *International Journal of Psychoanalysis* 72, pt. 4 (1991): 639-656.

13. Anthony Bateman y Peter Fonagy. «Mentalization-Based Treatment». *Journal for Mental Health Professionals* 33 (2013): 595-613.
14. Anthony Bateman y Peter Fonagy. *Tratamiento basado en la mentalización para trastornos de la personalidad: una guía práctica*, 2.ª ed. Bilbao: Editorial Desclée De Brouwer, S.A., 2016. Trad. Fernando Mora. Correc. Pedro Sanz-Correcher y Nuria Tur Salamanca [*Mentalization-Based Treatment for Borderline Personality Disorder: A Practical Guide*. Oxford, UK: Oxford University Press, 2006].
15. Anthony Bateman y Peter Fonagy. «8-Year Follow-Up of Patients Treated for Borderline Personality Disorder: Mentalization-Based Treatment Versus Treatment as Usual». *American Journal of Psychiatry* 165 (2008): 631-638.
16. Maaike Smits, Dine Feenstra, Hester Eeren, *et al.* «Day Hospital versus Intensive Out-Patient Mentalisation-Based Treatment for Borderline Personality Disorder: Multicentre Randomised Clinical Trial». *British Journal of Psychiatry* 216 (2020): 79-84.
17. John Gunderson, *Handbook of Good Psychiatric Management for Borderline Personality Disorder*. Washington, D.C.: American Psychiatric Publishing, 2014.
18. Robert J. Gregory y Anna L. Remen. «A Manual-Based Psychodynamic Therapy for Treatment-Resistant Borderline Personality Disorder». *Psychotherapy: Theory, Research, Practice, Training* 45 (2008): 15-27.
19. Eric M. Plakun. «Making the Alliance and Taking the Transference in Work with Suicidal Borderline Patients». *Journal of Psychotherapy Practice and Research* 10 (2001): 269-276.
20. Allan Abbass, Albert Sheldon, John Gyra, *et al.* «Intensive Short-Term Dynamic Psychotherapy for DSM-IV Personality Disorders: A Randomized Controlled Trial». *Journal of Nervous and Mental Disease* 196 (2008): 211-216.
21. Antonio Menchaca, Orietta Perez y Astrid Peralta. «Intermittent-Continuous Eclectic Therapy: A Group Approach for Borderline Personality Disorder». *Journal of Psychiatric Practice* 13 (2007): 281-284.
22. John F. Clarkin, Kenneth N. Levy, Mark F. Lenzenweger, *et al.* «Evaluating Three Treatments for Borderline Personality Disorder: A Multiwave Study». *American Journal of Psychiatry* 164 (2007): 922-928.
23. Josephine Giesen-Bloo, Richard van Dyck, Philip Spinhoven, *et al.* «Outpatient Psychotherapy for Borderline Personality Disorder: Randomized Trial of Schema-Focused Therapy vs. Transference-Focused Psychotherapy». *Archives of General Psychiatry* 63 (2006): 649-658.
24. Antoinette D. I. van Asselt y Carmen D. Dirksen. «Outpatient Psychotherapy for Borderline Personality Disorder: Cost-Effectiveness of Schema-Focused Therapy vs. Transference-Focused Psychotherapy». *British Journal of Psychiatry* 192 (2008): 450-457.

25. Shelley McMain, Tim Guimond, David Steiner, *et al.* «Dialectical Behavior Therapy Compared with General Psychiatric Management for Borderline Personality Disorder: Clinical Outcomes and Functioning Over a 2-Year Follow-Up». *American Journal of Psychiatry* 169 (2012): 650-661
26. Robert J. Gregory y S. Sachdeva. «Naturalistic Outcomes of Evidence-Based Therapies for Borderline Personality Disorder at a Medical University Clinic». *American Journal of Psychotherapy* 70 (2016): 167-184.

9. Medicamentos: la ciencia y la promesa

1. Ted Reichborn-Kjennerud. «Genetics of Personality Disorders». *Psychiatric Clinics of North America* 31 (2008): 421-440.
2. Randy A. Sansone y Lori A. Sansone. «The Families of Borderline Patients: The Psychological Environment Revisited». *Psychiatry* 6 (2009): 19-24.
3. Bernadette Grosjean y Guochuan E. Tsai. «NMDA Neurotransmission as a Critical Mediator of Borderline Personality Disorder». *Journal of Psychiatry and Neuroscience* 32 (2007): 103-115.
4. Antonia S. New, Marianne Goodman, Joseph Triebwasser, *et al.* «Recent Advances in the Biological Study of Personality Disorders». *Psychiatric Clinics of North America* 31 (2008): 441-461.
5. Bonnie Jean Steinberg, Robert L. Trestman y Larry J. Siever. «The Cholinergic and Noradrenergic Neurotransmitter Systems and Affective Instability in Borderline Personality Disorder», en *Biological and Neurobehavioral Studies of Borderline Personality Disorder*. Washington, D. C.: American Psychiatric Publishing, 2005, 41-62.
6. Katja Bertsch, Ilinca Schmidinger, Inga D. Neumann, *et al.* «Reduced Plasma Oxytocin Levels in Female Patients with Borderline Personality Disorder». *Hormones and Behavior* 63 (2013): 424-429.
7. Mary C. Zanarini, Catherine R. Kimble y Amy A. Williams. «Neurological Dysfunction in Borderline Patients and Axis II Control Subjects», en *Biological and Neurobehavioral Studies of Borderline Personality Disorder*. Washington, D. C.: American Psychiatric Publishing, 2005, 159-175.
8. José Manuel de la Fuente, Julio Bobes, Coro Vizuete, *et al.* «Neurologic Soft Signs in Borderline Personality Disorder». *Journal of Clinical Psychiatry* 67 (2006): 541-546.
9. Eric Lis, Brian Greenfield, Melissa Henry, *et al.* «Neuroimaging and Genetics of Borderline Personality Disorder: A Review». *Journal of Psychiatry and Neuroscience* 32 (2007): 162-173.
10. Niall McGowan, Guy Goodwin, Amy Bilderbeck, *et al.* «Actigraphic Patterns, Impulsivity and Mood Instability in Bipolar Disorder, Borderline Personality

Disorder and Healthy Controls». *Acta Psychiatrica Scandinavica* 141 (2020): 374-384.

11. American Psychiatric Association. «Practice Guideline for the Treatment of Patients with Borderline Personality Disorder». *American Journal of Psychiatry* 158 (supl. octubre de 2001).
12. Mary C. Zanarini y Frances R. Frankenburg. «Omega-3 Fatty Acid Treatment of Women with Borderline Personality Disorder: A Double-Blind Placebo-Controlled Pilot Study». *American Journal of Psychiatry* 160 (2003): 167-169.
13. Christopher Pittenger, John H. Krystal y Vladimir Coric. «Initial Evidence of the Beneficial Effects of Glutamate-Modulating Agents in the Treatment of Self-Injurious Behavior Associated with Borderline Personality Disorder», (carta al editor), *Journal of Clinical Psychiatry* 66 (2005): 1492-1493.
14. Kyle Lapidus, Laili Soleimani y James Murrough. «Novel Glutamatergic Drugs for the Treatment of Mood Disorders». *Neuropsychiatric Disease and Treatment* 9 (2013): 1101-1112.
15. Ulrike Feske, Benoit Mulsant, Paul Pilkonis, *et al.* «Clinical Outcome of ECT in Patients with Major Depression and Comorbid Borderline Personality Disorder». *American Journal of Psychiatry* 161 (2004): 2073-2080.
16. Kfir Feffer, Sarah K. Peters, Kamaldeep Bhui, *et al.* «Successful Dorsomedial Prefrontal rTMS for Major Depression in Borderline Personality Disorder: Three Cases». *Brain Stimulation* 10 (2017): 716-717.
17. American Psychiatric Association. *Manual diagnóstico y estadístico de los trastornos mentales* 3.ª ed. (DSM-III-R) [*Diagnostic and Statistical Manual of Mental Disorders*. Washington, D. C.: American Psychiatric Association, 1987], 16.
18. Michael H. Stone. *The Fate of Borderline Patients: Successful Outcome and Psychiatric Practice*. Nueva York: Guilford, 1990.
19. Wiebke Bleidorn, Patrick Hill, Mitza Back, *et al.* «The Policy Relevance of Personality Traits». *American Psychologist* 74 (2019): 1056-1067.
20. Mary C. Zanarini, Frances R. Frankenburg, John Hennen, *et al.* «The McLean Study of Adult Development (MSAD): Overview and Implications of the First Six Years of Prospective Follow-Up». *Journal of Personality Disorders* 19 (2005): 505-523.
21. Andrew E. Skodol, John G. Gunderson, M. Tracie Shea, *et al.* «The Collaborative Longitudinal Personality Disorders Study: Overview and Implications». *Journal of Personality Disorders* 19 (2005): 487-504.
22. John G. Gunderson, Robert L. Stout, Thomas H. McGlashan, *et al.* «Ten-Year Course of Borderline Personality Disorder: Psychopathology and Function from the Collaborative Longitudinal Personality Disorders Study». *Archives of General Psychiatry* 68 (2011): 827-837.

10. Comprensión y curación

1. Andrew Morton. *Diana, su nueva vida*. Barcelona: Salamandra, 1994 [*Diana: Her New Life*. Filadelfia: Trans-Atlantic Publications, 1995, 155].

Apéndice A. Modelos alternativos para diagnosticar el TLP

1. *Manual diagnóstico y estadístico de los trastornos mentales,* 5.ª ed. (DSM-5). Editorial Médica Panamericana, 2014 [*Diagnostic and Statistical Manual of Mental Disorders*, 5th ed., Washington, D. C.: American Psychiatric Association, 2013], 645.
2. Lee Anna Clark, Bruce Cuthbert, Roberto Lewis-Fernandez, *et al.* «Three Approaches to Understanding and Classifying Mental Disorder: ICD-11, DSM-5, and the National Institute of Mental Health's Research Domain Criteria (RDoC)». *Psychological Science in the Public Interest* 18 (2017): 72-145.
3. *Manual diagnóstico y estadístico de los trastornos mentales*, 5.ª ed. (DSM-5) [*Diagnostic and Statistical Manual of Mental Disorders,* 5th ed.], 663-666.
4. *Clasificación internacional de las enfermedades,* 10.ª rev. (ICD-10) Ginebra: Organización Mundial de la Salud, 1992.
5. *Clasificación internacional de las enfermedades,* propuesta de la 11.ª rev. (ICD-11) Ginebra: Organización Mundial de la Salud, 2019.
6. Joel Yager y Robert E. Feinstein. «Potential Applications of the National Institute of Mental Health's Research Domain Criteria (RDoC) to Clinical Psychiatric Practice: How RDoC Might Be Used in Assessment, Diagnostic Processes, Case Formulation, Treatment Planning, and Clinical Notes». *Journal of Clinical Psychiatry* 78 (2017): 423-432.
7. K. Bertsch, editor de sección. «The NIMH Research Domain Criteria (RDoC) Initiative and Its Implications for Research on Personality Disorder». *Current Psychiatry Reports* 21 (2019).

Apéndice B. Evolución del trastorno *borderline*

1. Michael H. Stone. «The Borderline Syndrome: Evolution of the Term, Genetic Aspects, and Prognosis». *American Journal of Psychotherapy* 31 (1977): 345-365.
2. Adolph Stern. «Psychoanalytic Investigation of and Therapy in the Border Line Group of Neuroses». *Psychoanalytic Quarterly* 7 (1938): 467-489.
3. Gregory Zilboorg. «Ambulatory Schizophrenia». *Psychiatry* 4 (1941): 149-155.
4. Paul Hoch y Philip Polatin. «Pseudoneurotic Forms of Schizophrenia». *Psychiatric Quarterly* 23 (1949): 248-276.
5. Gustav Bychowski. «The Problem of Latent Psychosis». *Journal of the American Psychoanalytic Association* 4 (1953): 484-503.

6. *Manual diagnóstico y estadístico de los trastornos mentales*, 2.ª ed. (DSM-II) [*Diagnostic and Statistical Manual of Mental Disorders*. Washington, D. C.: American Psychiatric Association, 1968].
7. Helene Deutsch. «Some Forms of Emotional Disturbance and the Relationship to Schizophrenia». *Psychoanalytic Quarterly* 11 (1942): 301-321.
8. Robert P. Knight. «Borderline States». *Bulletin of the Menninger Clinic* 17 (1953): 1-12.
9. Roy R. Grinker, Beatrice Werble y Robert C. Drye, *The Borderline Syndrome* (Nueva York: Basic Books, 1968).
10. Otto Kernberg. «Borderline Personality Organization». *Journal of the American Psychoanalytic Association* 15 (1967): 641-685.
11. Otto Kernberg, *Borderline Conditions and Pathological Narcissism*. Nueva York: Jason Aronson, 1975.

Índice temático

B

C

D

E

F

G

H

I

J

K

L

Q

R

S

U

V

W

Y

Sobre los autores

Jerold J. Kreisman es un distinguido psiquiatra clínico, investigador y educador que ha dado numerosas conferencias en Estados Unidos y fuera del país. Además de artículos, capítulos de libros y un blog («I Hate You, Don't Leave Me») para la revista *Psychology Today*, es autor de *Sometimes I Act Crazy: Living with Borderline Personality Disorder*, con Hal Straus, y *Talking to a Loved One with Borderline Personality Disorder*. El doctor Kreisman es miembro vitalicio distinguido de la Asociación Estadounidense de Psiquiatría.

Hal Straus es autor, o coautor, de siete libros sobre psicología, salud y deportes. Ha publicado numerosos artículos en revistas estadounidenses como *American Health*, *Men's Health, Ladies' Home Journal* y *Redbook*. Se ha jubilado recientemente de su cargo de director de publicaciones de la Academia Estadounidense de Oftalmología.